WELTFINANZSYSTEM AM LIMIT

Für unsere Kinder und Ihre Zukunft

Bericht an die **Global Marshall Plan Initiative** _____

DIRK SOLTE

WELTFINANZSYSTEM

AM LIMIT

Einblicke in den „Heiligen Gral" der Globalisierung

Geleitwort von
Prof. Dr. Dr. h.c. mult. Wolfgang Eichhorn

Terra Media Verlag
Berlin

DIRK SOLTE
Weltfinanzsystem am Limit
Einblicke in den „Heiligen Gral" der Globalisierung

Zu dem Autor
PD Dr. Dirk Solte ist Stellvertreter des Vorstands des Forschungsinstituts für
anwendungsorientierte Wissensverarbeitung/n (FAW/n).

Er ist Privatdozent für Betriebswirtschaftslehre an der Universität St.Gallen
HSG (Schweiz) und Leiter der BWA-Kommision „Steuern und Finanzmarkt".

Korrespondenzadresse:
FAW/n, Lise-Meitner-Straße 9, D-89081 Ulm
Telefon 0731 − 50 39 200, Telefax 0731 − 50 39 111
E-Mail: solte@faw-neu-ulm.de

1. Auflage 2007
© by Dirk Solte

Published by Terra Media Verlag, Berlin
Alle Rechte vorbehalten.

Die Deutsche Bibliothek − CIP-Einheitsaufnahme
Ein Titelsatz für diese Publikation ist bei der Deutschen Bibliothek erhältlich

Umschlaggestaltung: Marcus Merz, Ulm
Satz und Gestaltung: Marcus Merz, Ulm
Schrift: Univers und Baskerville

Inhalt

Anhänge

Verzeichnis der Abbildungen

Hinweis zu den Abbildungen:

Für die Quellenangaben des in den Abbildungen verwendeten Zahlenmaterials sei verwiesen auf Anhang A. Sämtliche währungsbezogenen Daten sind — sofern nicht etwas anderes explizit angegeben — bewertet zu Tagespreisen / laufenden Preisen (current prices).

Verzeichnis der Erläuterungen

Begriffe

Zusammenfassungen

Anmerkungen

Geleitwort

Die wissenschaftliche Literatur zu Themen wie Geldtheorie und Geldpolitik, Währungstheorie und Währungspolitik, Finanztheorie und Finanzpolitik, Außenhandelstheorie und Außenhandelspolitik bietet national wie international eine Fülle wichtiger Erkenntnisse. Allerdings: Diese Erkenntnisse vergrößern bzw. vertiefen unser Wissen auf diesen Gebieten leider jeweils nur in abgegrenzten Einzelfragestellungen. So nützlich das auch ist: Eine umfassende **wissenschaftliche Analyse** des globalen Geld-, Währungs- und Finanzsystems steht noch aus.

Während dieser beklagenswerte Zustand noch anhält, tummeln sich selbsternannte „Experten" auf dem Bestseller-Markt der Marke „Globalisierung". Mit nach Belieben ausgewähltem und angeordnetem Material, insbesondere mit aus dunklen Quellen gewonnenen Zahlen, wird der baldige Zusammenbruch („Crash", „Kollaps") des Weltfinanzsystems heraufbeschworen. In oberflächlich konstruierten Szenarien wird das schon heute bestehende, traurig machende Bild von milliardenfacher Armut und Arbeitslosigkeit bei stark wachsendem Reichtum weniger Millionen zu einem Horrorgemälde erweitert. Sieht unsere Zukunft wirklich so schrecklich aus? Das mag so sein. Doch die Weltuntergangspropheten sind allesamt nicht in der Lage, ihre Prophezeiungen wissenschaftlich überzeugend aus systemischen Zwängen abzuleiten. Also müssen Verschwörungstheorien herhalten: Eine verschworene Gemeinschaft böser, nur an ihrer eigenen Bereicherung und Macht interessierter Kapitalisten ist an allem schuld.

Bevor solchen Verschwörungstheorien Glauben geschenkt wird, sollte erst einmal wissenschaftlich untersucht werden, ob nicht das globale System der nationalen und internationalen Wirtschafts- und Finanzordnungen das Malheur verschuldet im folgenden Sinne: Obwohl hervorragende Politiker und Wissenschaftler an den einzelnen Ordnungen, d. h. Regelwerken, nach bestem Wissen und Gewissen gearbeitet haben und arbeiten, und obwohl die Wirtschaftssubjekte im Rahmen der Regeln handeln, steigt das Risiko eines katastrophalen Zusammenbruchs des globalen Finanzsystems und damit der Wirtschaftssysteme von Jahr zu Jahr.

Eine solche wissenschaftliche Untersuchung mit dem **Charakter einer Gesamtschau** liegt nun zu dieser für unser aller Wohl und Wehe eminent wichtigen Fragestellung vor. **Dirk Solte hat sich ihr in jahrelanger Forschungsarbeit gewidmet.** Dies wurde ermöglicht durch das Forschungsinstitut für anwendungsorientierte Wissensverarbeitung/n (FAW/n) in Ulm und seine Stifter und gefördert durch den Bundesverband für Wirtschaftsförderung und Außenwirtschaft (BWA) mit Sitz in Berlin. Das Ergebnis ist dieses Buch: „Weltfinanzsystem am Limit. Einblicke in den ‚Heiligen Gral‘ der Globalisierung".

Die Quintessenz des Buches ist bedrückend: Der Autor stellt — gestützt auf Daten zur Entwicklung des Weltfinanzmarktes von 1970 bis 2005 — die Gründe zusammen für die unheilvolle Entwicklung: Die weltweite Ungleichheit der Einkommens- und Vermögensverteilung zwischen Arm und Reich vergrößert sich Jahr für Jahr und wird dabei unerträglich. Als Verfasser dieses Geleitworts appelliere ich an Reich, sich zu überlegen, was es heißt und wie unangenehm es werden kann, als immer reicher werdendes Archipel das immer ärmer und unruhiger werdende Meer als Bedrohung um sich zu haben: Wo bleiben die erwünschten „Meeresfrüchte", wie sehen die reichen Inseln nach den zunehmenden Sturmfluten aus?

Aus der Fülle der von Dirk Solte genannten Gründe für diese unheilvolle Entwicklung seien hier die drei wichtigsten stichwortartig zusammengefasst:

(1) Es existiert keine konsistente Ordnung (im Sinne von politisch gesetztem Regelsystem) für das Weltfinanzsystem. Eher wird zunehmend dereguliert, die Akteure sollen sich selbst regulieren.

(2) Der weltweite Kapitalverkehr kann staatliche Grenzen und steuerliche Hürden weitgehend ignorieren.

(3) Die Staaten stehen in einem immensen Standortwettbewerb, der zu Steuerdumping und Steuerumgehung führt. Es ist ihnen nicht gelungen, die dabei schwindenden Steuereinnahmen über eine Besteuerung globaler Transaktionen und Aktivitäten zu kompensieren.

So mancher Anhänger der Idee einer freien Marktwirtschaft wird sich über die Entwicklungen (1), (2), (3) auf den ersten Blick freuen. Auf den zweiten Blick wird er wohl nachdenklich werden, insbesondere dann, wenn er die von Dirk Solte überzeugend abgeleiteten Folgen aus (1), (2), (3) bedenkt. Die wichtigsten dieser Folgen sind:

• Es kommt zu einer **Umverteilung** von Einkommen und Vermögen **von unten nach oben**, von Vielen zu Wenigen, von Personen zu Kapitalinstitutionen.

• Wenn die jetzige „Ordnung" des Weltfinanzsystems so bleibt wie sie ist, läuft alles auf einen **weltweiten Zusammenbruch der Finanzstrukturen** hin. Der Verfasser nennt in diesem Zusammenhang einen Zeitraum von 10 bis 20 Jahren; er gibt für die ökonomisch führenden Staaten an, wann die jährlichen Schuldzinsen ihrer öffentlichen Hände deren Steuereinnahmen übersteigen werden, **wenn sich nichts ändert**.

- Um den Kollaps zu vermeiden, könnten „starke" Staaten an ein Umlenken und Vergrößern von Steuersubstrat („Die Quelle der Besteuerung") und an damit einhergehende zusätzliche Steuereinnahmen denken **verbunden mit Einschränkungen des sozialen Ausgleichs** bei sich und den „schwächeren" Staaten.

- Die stärksten privaten Finanzmarktunternehmen sind inzwischen in der Lage, durch eine Fülle ausgeklügelster Finanzkonstruktionen und Finanzoperationen für den jeweils relevanten Zeitraum **die** Geldmenge zu (be)schaffen, die sie gerade brauchen, gleich ob in US $, Euro oder Yen. Die inflationären Gefahren einer überbordenden Geldmenge sind hinlänglich bekannt. Bei den Akteuren bilden sich gigantische Geld- und Sachvermögen. Sollten sie die Geldvermögen mehr als bisher einer Anlage in knappen Rohstoffen, erstklassigem Grund und Boden, erfolgreichen Unternehmen und begehrten Immobilien widmen, **droht Inflation auf diesen Märkten**. Man kann sich aber auch vorstellen, dass die Vermögenden hochverschuldeten **Staaten** „helfen" werden und ihnen ihre Infrastruktur (z. B. Teile ihrer Straßen-, Schienen-, Elektrizitätsnetze) finanzieren oder abkaufen. Diese Staaten wären dann **als Zinszahler und auch sonst von den neuen Eigentümern abhängig**. Die neuen Eigentümer würden — ob sie das nun wollen oder nicht — das Sagen haben.

Diese knappen Auflistungen zeigen bereits, wie wichtig dieses Buch ist für die zunehmende Zahl der Bürger unserer Welt einschließlich der Politiker, die sich Sorgen um unsere wirtschaftliche und gesellschaftliche Zukunft machen.

Diese Sorgen sind leider nur zu begründet; die Lage ist nicht nur problematisch, sondern sie trägt Züge einer fast unausweichlichen Bedrohung in sich. Insbesondere für Europa, Deutschland und die deutschen Bundesländer (und unter diesen wiederum für die leistungsfähigsten) besteht die Gefahr, immer mehr von der noch verbliebenen wirtschaftlichen Souveränität zu verlieren, und das in einer Zeit, in der andere Erdteile, Staaten und Regionen sowie global agierende nichtstaatliche Finanzimperien wirtschaftliche Vormachtstellungen ausbauen.

Der Autor Dirk Solte konnte sich am Forschungsinstitut für anwendungsorientierte Wissensverarbeitung (FAW, jetzt FAW/n) mehrere Jahre in Wechselwirkung mit seinen Institutskolleginnen und -kollegen, vor allem auch dem Institutsleiter Prof. Dr. Dr. F. J. Radermacher, gründlich mit seinem brisanten Thema befassen. Die wertvollen Erkenntnisse und Vorschläge des Instituts insbesondere vor dem Hintergrund der Globalisierung und ihrer Wirkungen sind unentbehrlich. Wenn es nicht schon existierte, müsste man es erfinden. Den Stiftern des Instituts, mittelständischen Unternehmen, meist eigentümergeführt, und Institutionen aus dem öffentlichen und genossenschaftlichen Bankenbereich sei an dieser Stelle Dank gesagt.

Die bei der Erarbeitung des Wissens über das Weltfinanzsystem erworbenen Einblicke und tiefen Kenntnisse sollten jetzt für ein **neues weitergehendes Forschungsprojekt des FAW/n** verwendet werden, zu dessen Finanzierung sich nach der Lektüre hoffentlich genügend viele betroffene Akteure finden werden. Das neue Forschungsprogramm sollte **Vorschläge für eine konsistente Weltfinanzordnung** zum Gegenstand haben, die einerseits nicht überreguliert ist, andererseits aber die im Buch geschilderten Schwächen und Gefahren des derzeitigen Weltfinanzsystems beseitigt und stattdessen Stärken wie Nachhaltigkeit und Transparenz besitzt.

Neben der Konzeption einer solchen konsistenten Ordnung sollte weiterhin auch **ein Weg aufgezeigt werden**, wie man vom Status quo ausgehend in realistischen Schritten — und ohne Kollaps — zu einem **langfristig tragfähigen Weltfinanzsystem** wechseln kann. Diese Aufgabe ist äußerst anspruchsvoll, aber sie hat zentrale Bedeutung für unsere Zukunft.

Karlsruhe, Mai 2007

Professor Wolfgang Eichhorn
Dr. rer. nat., Dr. rer. pol. h.c. mult.
Universität Karlsruhe (TH)

Gastprofessuren in Berkeley (UCB),
Los Angeles (USC), Rio de Janeiro (UFRJ),
Vancouver (UBC) und Wien (WU)

Vorwort

Die internationalen Entwicklungen und Veränderungen der letzten Jahre im Rahmen der Globalisierung und ihre Auswirkungen auf die Wirtschaft und Gesellschaft sind vielfältiger Natur und
schwer durchschaubar. Aber die negativen Auswirkungen auf die mittelständische Wirtschaft,
auf eine vernünftige Verteilung zwischen Arm
und Reich, vor allem auch die weltweiten Implikationen einer nicht ausreichend regulierten globalen Ökonomie werden immer stärker sicht- und

spürbar. Als besonders kritisch ist dabei der Finanzsektor einzuschätzen, der in
den letzten Jahren eine erstaunliche Ertragssteigerung ausweisen konnte und
z. B. für das Wachstum des Bruttoinlandsprodukts in den USA eine besondere
Rolle spielt. Die Marktkapitalisierung dieser Branche hat in den letzten Jahren
dramatisch zugenommen. Mittlerweile beträgt die Summe der Finanzunter-
nehmenswerte fast ein Drittel aller börsennotierten Marktkapitalisierungen,
eine eigentlich absurde und auf jeden Fall ungesunde Entwicklung. Vor 25 Jahren lag der Umfang bei weniger als einem Achtel. Das bedeutet mehr als eine
Verdoppelung!

Es ist zu vermuten, dass spezifische Mechanismen des Finanzmarktes, insbesondere auch die dort in jüngster Zeit mehrfach modifizierten Regulierungen,
einen signifikanten Einfluss auf diese Entwicklung haben. Das, was wir erle-
ben, muss zugleich etwas zu tun haben mit der Zunahme der Verschuldung
der reichen Industriestaaten, speziell der exorbitanten Schuldensituation in den
USA. Dazu korrespondiert, dass viele international operierende ökonomische
Akteure, im besonderen auch aus dem Bereich des Finanzsektors, immer weniger Steuern zahlen, wobei damit einhergehend und nicht überraschend Divi-

dendenzahlungen und Marktwert steigen. Die Wechselwirkung mit den großen Vermögen, den immer größere Ausmaße annehmenden Aufkäufen von Unternehmen, Immobilien und anderen realen Sachwerten ist eng. Wichtig ist ebenso die Beobachtung, dass es eine massive Ausweitung der Geldmengen gegeben hat und gibt. Dies insbesondere da, wo es um Kreditgewährung in Form von Schuldverschreibungen geht.

Entscheidende Veränderungen der Finanzmarktregulierungen in den letzten Jahren, die diese Entwicklung erst ermöglicht haben, betreffen etwa in den USA die Aufhebung der Trennung der verschiedenen Rollen im Finanzmarkt und international die Veränderungen der Absicherungspflichten gemäß Basel II, abhängig vom Rating der Kreditnehmer. Eine Konzentration der Kreditvergabe auf gut bewertete Kreditnehmer lässt eine maßlose Vergrößerung der Geldmenge zu. Hier ist besonders bemerkenswert, dass Kredite an die erfolgreichen Industrieländer zur Abdeckung der Defizite in den öffentlichen Haushalten mittlerweile überhaupt keine Hinterlegungspflicht von Eigenkapital mehr auslösen, also eine Ausweitung der Kreditmenge und damit eine Neuschöpfung von Geld an dieser Stelle besonders einfach möglich ist.

Es ist schwierig, tragfähige Informationen und tiefere Einblicke bzgl. der genauen Abläufe zu bekommen. Erwähnt sei beispielsweise, dass die USA die Feststellung der Geldmenge M3 vor kurzem ausgesetzt hat und dass Zeitreihen in internationalen Statistiken hinsichtlich der Zuordnung von Schuldtiteln (Finanzsektor oder Staat) sogar rückwirkend geändert wurden. Das Weltfinanzsystem ist eine komplexe Materie und die Akteure auf diesem Markt, die über besondere Hebelmöglichkeiten verfügen, legen keinen besonderen Wert darauf, dass die Allgemeinheit versteht, was vor sich geht. Das gilt ebenso für beteiligte Insider, die ganz andere Sorgen, aber auch Interessen haben. Selbst wo Informationen verfügbar gemacht werden, sind es nur einzelne kleine Puzzle-Teile in einem großen Bild. Häufig sind wichtige Informationsbausteine in umfangreiche Gesetzestexten oder anderen Dokumenten versteckt. Es ist schwer, das große Bild, den großen Zusammenhang, zu erkennen. Es gibt dafür nicht viel Hilfe. Im besonderen sind die entsprechenden Gesetze und Regulierungen vielfach verteilt und extrem undurchsichtig. Eine problematische Ausgangssituation.

Das FAW/n in Ulm ist ein Think-Tank, der sich mit aktuellen Globalisierungsprozessen und Fragen einer besseren Globalisierungsgestaltung beschäftigt. Es wurde in unserer Arbeit zunehmend deutlich, dass im Weltfinanzsektor wesentliche Triebkräfte für die Veränderungen im weltweiten Geschehen lokalisiert sind, die wir seit Jahren mit Sorge beobachten. Auch sind in diesem Bereich offenbar die stärksten Interessen am Erhalt des Status Quo, also an einer nicht-zukunftsfähigen Regelung der Welt-Governance zu finden. Das FAW/n hat sich deshalb dieses Themas angenommen und es aus eigenen Mitteln über nunmehr zwei Jahre bearbeitet. Die wesentlichen Beiträge gehen auf Herrn PD Dr. Dirk Solte zurück.

Auf Initiative des BWA (Bundesverband für Wirtschaftsförderung und Außenwirtschaft), der diesem Thema eine grundsätzliche Bedeutung beimisst, trägt das FAW/n u. a. durch wissenschaftliche Fundierung dazu bei, für eine breite Verankerung und Intensivierung der Thematik auch im gesellschaftlichen und politischen Raum zu sorgen. Ein wichtiger Motor hierfür ist die Kommission „Steuern und Finanzmarkt" des Verbandes. Hier wird der enge Zusammenhang zu Fragen der Besteuerung und der Fairness und Angemessenheit in diesem Bereich deutlich, ein Thema, das vom BWA engagiert bearbeit wird.

Es ist nicht auszuschließen, dass sich in der vorliegenden Arbeit, beim Versuch eine komplexe Materie zu durchdringen, Fehler eingeschlichen haben. Wir haben vom FAW/n aus das uns Mögliche getan, dieses auszuschließen. Aber das ist keine Garantie. Wir würden uns deshalb über Hinweise und Gesprächsangebote und über eine Wechselwirkung mit interessierten Leserinnen und Lesern freuen. Das FAW/n wird zusammen mit dem BWA die Thematik weiter verfolgen. Das vorliegende Buch dokumentiert die bisherige Arbeit des Instituts in diesem wichtigen Bereich und bildet zugleich eine Grundlage zur Diskussion. Wir hoffen, dass viele diese Möglichkeit wahrnehmen werden.

Ich danke an dieser Stelle allen, die diese Arbeit ermöglicht haben. Einerseits den Stiftern und Stifterunternehmen des FAW/n, die uns unterstützen, ebenso unseren Projektpartnern und unseren Förderern im FAW/n-Förderkreis. Ich danke ebenso unseren Partnern im Bundesverband für Wirtschaftsförderung und Außenwirtschaft (BWA) und den akademischen Einrichtungen und Organisationen, die mit uns in der Bearbeitung der Thematik kooperieren. Ich danke des Weiteren allen im Haus, die sich in die Arbeit eingebracht haben, ganz besonders Herrn PD Dr. Dirk Solte, der mit großer Einsatzkraft, viel Elan und scharfem Verstand, aber auch mit großer Ausdauer und Beharrlichkeit diese Analysen durchgeführt hat und weiter verfolgen wird. Ich hoffe sehr, dass dieses Buch helfen wird, die Diskussion über ein wichtiges Thema weiter voran zu bringen. Wenige Themen sind für die Zukunft der Welt wie für ein Gedeihen der Wirtschaft so wichtig wie dieses.

Ulm, Februar 2007

F. J. Radermacher

Prof. Dr. Dr. F. J. Radermacher
Vorstand des Forschungsinstituts für anwendungsorientierte
Wissensverarbeitung (FAW/n), Ulm

Präsident des Bundesverbandes für Wirtschaftsförderung und
Außenwirtschaft (BWA), Berlin

Mitglied des Club of Rome

Einleitung

Die vorliegende Arbeit beschäftigt sich mit Entwicklungen im Bereich des Weltfinanzsystems. Den Ausgangspunkt für die im weiteren ausgeführten Fragestellungen bzw. Erklärungsansätze bildet das im Anhang A dokumentierte Datenmaterial zum Weltfinanzsystem, das aus unterschiedlichen, öffentlich zugänglichen Quellen zusammengestellt wurde. Dabei wurde versucht, die Daten soweit möglich aufeinander abzustimmen (dies betrifft u. a. die bei der jeweiligen Ausgangs-statistik zugrunde gelegten — und voneinander abweichenden — Wechselkurse). Dieses Datenmaterial zeigt auf, welche Entwicklung der weltweite Finanzmarkt nach dem einseitigen Aufkündigen der „Bretton-Woods Vereinbarung" durch die USA (im Jahr 1971) und dem damit verbundenen Wechsel zu „Fiat-Money" (ohne Golddeckung) und flexiblen Wechselkursen genommen hat.

Die Analyse des Datenmaterials hat eine Reihe von Fragen aufgeworfen. Zu deren Beantwortung wurde zunächst versucht, wichtige Akteursgruppen — teilweise auch Einzelakteure —, Systemkomponenten und Institutionen, als die wesentlichen, den Finanzmarkt konstituierenden Elemente zu identifizieren. Darüber hinaus waren relevante Dokumente, Gesetze bzw. Gesetzesänderungen zu erkennen und auszuwerten. Ziel war der Einstieg in ein **systemisches Verständnis des Weltfinanzsystems**. Der dabei gewonnene Einblick in die Organisation des Finanzmarktes, prinzipielle Ablaufstrukturen und wesentliche Begriffe sind in Anhang B dokumentiert. Ein kleines Glossar (Anhang C) soll den neu in die Thematik einsteigenden Leserinnen und Lesern dienen.

Das derzeitige Weltfinanzsystem ist nicht nachhaltig!

In Summe ergibt sich aus der Analyse ein Gesamtszenario mit der Erkenntnis, dass

a) das in Teilen weitgehend deregulierte Weltfinanzsystem,

b) der freie Kapitalverkehr und

c) der Standortwettbewerb über Steuerdumping und inkonsistente Finanz- und Steuersysteme bei fehlendem Ausgleich z. B. über eine Besteuerung globaler Transaktionen und Aktivitäten

das weltweite Ungleichgewicht zwischen Arm und Reich permanent vergrößert. Es kommt zu einer Umverteilung von Vermögen von unten nach oben, von vielen zu wenigen und zu einer Verlagerung des unternehmerischen Engagements: Verzicht auf Personal, um Gewinne aus Kapitalanlagen zu erzielen.

Ohne ein Gegensteuern ist ein weltweiter Kollaps der Finanzstrukturen innerhalb der nächsten 10 bis 20 Jahre unvermeidbar, u. a. da bei einem „Weiter so" dann bereits bei einzelnen „führenden" Staaten die jährlichen Schuldzinsen der Öffentlichen Hand ihre Steuereinnahmen übersteigen würden. Zwei Alternativszenarien zum Kollaps werden hier — je nach Wahl der Maßnahmen des Gegensteuerns — als wahrscheinlich angesehen: zum einen das „erfolgreiche" Umlenken von Teilen der Besteuerungsbasis (z. B. Gewinne, Arbeitsplätze und darüber Löhne / Gehälter) und damit verbundenen Steuereinnahmen zu wenigen „starken" Staaten in Kombination mit einem weiteren Rückbau des sozialen Ausgleiches („Brasilianisierung") besonders in den „schwachen" Staaten. Zum anderen eine „balancierte Lösung" über ein international abgestimmtes, nachhaltiges Steuer- und Finanzsystem.

Mit dem vorliegenden Text werden keine Vorwürfe gegen bestimmte Marktakteure erhoben. Alle Marktakteure (natürlich nicht die kriminellen) agieren unter den bestehenden Rahmenbedingungen — wenngleich sie hierauf teilweise Einfluss ausgeübt haben — und sind teilweise sogar durch bestehende Gesetze verpflichtet, in diesem Rahmen das Bestmögliche zu erreichen.

Es ist aber durchaus das Ziel der Ausarbeitung, auf — aus der Sicht des Autors — als „problematisch" einzustufende Entwicklungen, Konstruktionen bzw. Regelungen / Deregulierungen hinzuweisen. Daher liegt der Fokus des Textes eher auf problematischen Aspekten des Weltfinanzsystems und nicht auf den „unproblematischen" und offensichtlich sinnvollen Aktivitäten und Regelsetzungen. Dadurch kommt es zwangsläufig zu einer einseitigen „Färbung" des vorliegenden Textes, der insbesondere keinen Anspruch auf Vollständigkeit erhebt und als Diskussionsbeitrag zu verstehen ist.

Die Grundposition des vorliegenden Textes zum Weltfinanzsystem ist — und dies gilt insbesondere auch für den Bereich der Steuergesetzgebung —, dass individuelle Zwänge und Interessenslagen der zuständigen nationalen Regulierungsstellen, Regierungen und anderer Akteure (bzw. deren Nöte und Zielsetzungen) in einem weltweiten Umfeld inkohärenter Teilgesetze und Regelungen zu Rahmenbedingungen geführt haben, die dem Gedanken der Nachhaltigkeit und der dafür als notwendig erachteten sozialen und kulturellen „Balance" entgegen stehen.

Das Ziel der Bemühungen ist das Aufdecken von entsprechenden Problempunkten und der Versuch, Erklärungs- und Lösungsansätze für die aufgeworfenen Fragestellungen zu finden. Die Problempunkte sind weitgehend die Folge systemischer Zwänge aufgrund fehlender oder inkonsistenter rechtlicher Vereinbarungen. Sie resultieren u. a. aus einer Delegation von Handlung, z. B. auf Vermögensverwalter, die dann auch legitim ihre persönliche Gewinnerzielungsabsicht verfolgen. Verschwörungstheorien wird hier nicht nachgegangen.

I. Entwicklung des Weltfinanzmarktes

Eine Analyse der Finanzmarkt-Daten (detailliertes Zahlenmaterial ist in Anlage A enthalten), gerade auch in Hinblick auf die so genannten „verbrieften" Finanzvermögenswerte (Aktien, Geldmarktanteile, Bonds, Notes und andere Schuldtitel) führt — weltweit betrachtet — zu folgendem Bild der Entwicklung:

Daten in Mrd/bn $ (zu laufenden Preisen)	1970	Steigerung 1970–1992 pro Jahr	1992	Steigerung 1992–2001 pro Jahr	2001	Steigerung 2001–2005 pro Jahr	2005
GDP weltweit	3.370	9,35%	24.101	3,00%	31.456	9,03%	44.455
1. Zentralbankgeld und Giralgeld							
M0 (Zentralbankgeld)	157	10,26%	1.347	3,45%	1.828	14,14%	3.103
M1 (M0 zzgl. Giralgeld)	744	11,29%	7.832	1,18%	8.701	15,43%	15.444
M2 (M1 zzgl. Termineinlagen)	1.855	11,15%	18.983	2,66%	24.035	11,04%	36.540
→ Anteil M2 / Finanzvermögen	39,3%		37,0%		25,6%		24,6%
2. debt securities	1.930	11,53%	21.307	6,84%	38.635	11,89%	60.555
3. OTC Derivate	0	n.a.	293	32,91%	3.788	25,62%	9.433
Geld, debt securities und Derivate	3.785	11,39%	40.582	5,63%	66.458	12,52%	106.528
→ Geld etc. / GDP	112,3%		168,4%		211,3%		239,6%
4. Stocks (market cap.)	935	11,72%	10.714	11,06%	27.544	11,06%	41.909
Finanzvermögen gesamt	4.720	11,45%	51.295	6,96%	94.002	12,10%	148.438
→ Finanzvermögen / GDP	140,1%		212,8%		298,8%		333,9%
Renditepotential (bei 5%)	236		2.565		4.700		7.422
→ Renditepotential / GDP	7,0%		10,6%		14,9%		16,7%

Abb. 1: Entwicklung des Weltfinanzmarktes 1970 - 2005

In Summe ergibt sich für Ende 2005 ein Volumen von Geld und handelbaren Finanzmarktprodukten mit einem Nominalwert von fast 150 Billionen[1] $. Bei einer angenommenen Durchschnittsrendite von nur 5 % resultiert daraus ein mögliches Einkommen aus Finanzvermögen von ca. 7,5 Billionen $ p. a. Dies alleine wäre schon 16,7 % des aktuellen weltweiten GDP! (1970: 7,0 %; 1992: 10,6 %; 2001: 14,9 %). Hierbei sind Einkommen wie bspw. aus Vermietung und

---

[1] Mit einer Billion sind in diesem Text immer 1.000.000.000.000 (= 1.000 Milliarden) gemeint. Im englischen Sprachraum wird dieser Wert mit „Trillion" bezeichnet.

Verpachtung, die über Sachvermögenswerte[1] erwirtschaftet werden, noch nicht eingerechnet.

Finanzvermögen ist immer auch eine Verbindlichkeit/Verschuldung

Jede Form von Geldvermögen (aber auch z. B. Aktien oder Schuldverschreibungen) ist immer auch eine Verbindlichkeit, d. h. eine Schuld eines anderen (vgl. hierzu auch die Ausführungen in Anlage B.2; detailliertere Ausführungen finden sich beispielsweise in [27],[53]). Zentralbankgeld, d. h. Bargeld und Sichteinlagen bei der Zentralbank, „entsteht" entweder indem die Zentralbank mit „neu geschöpften Geld" eine Vermögenskomponente von jemand anderem erwirbt oder jemand anderem einen Kredit in Form neu geschöpften Zentralbankgeldes gewährt. Man bezeichnet dieses Geld auch als „Fiat-Money", weil es quasi aus dem Nichts entsteht. Für die Zentralbank ist das Zentralbankgeld eine Verbindlichkeit. Entsprechend entsteht „Geschäftsbankengeld", wenn eine Geschäftsbank von einer Nichtbank einen Vermögensgegenstand kauft (gegen Gutschrift einer Bankeinlage) oder einem Bankkunden einen Kredit einräumt und ihm hierfür Giralgeld (das neu geschöpft wird) auf seinem Konto gutschreibt. Geschäftsbankengeld ist eine Verbindlichkeit der Geschäftsbank. Bei einem Kredit verleiht die Geschäftsbank insofern kein Geld, das irgendjemand eingezahlt hat, sondern sie gewährt einen „Zentralbankgeld-Anspruch". Der Kunde erhält nur eine Zusage der Bank, ihm bei Bedarf entsprechend viel Zentralbankgeld auszuzahlen. Vielfach ist dieses Zentralbankgeld für eine Abwicklung von Bezahlvorgängen nicht erforderlich (vgl. hierzu auch Anlage B.1.1).

Hinsichtlich der Fälligkeit solcher „Geldansprüche" fasst man diese in „Geldmengen" zusammen, wobei die gewählten Abgrenzungen international nicht einheitlich sind. Mit M0 bezeichnet die Europäische Zentralbank EZB das insgesamt von der Zentralbank geschöpfte Geldvolumen (Bargeld und Zentralbankeinlagen). M0 zuzüglich dem geschöpften Geschäftsbankengeld (Bargeld und täglich fälliges Guthaben auf Girokonten) bildet bei der europäischen Zentralbank die Geldmenge M1. Die Geldmenge M2 umfasst bei der EZB darüber hinaus noch die Geldansprüche, die erst nach Ablauf einer verabredeten Laufzeit (bis zu zwei Jahren) oder einer Kündigungsfrist (bis zu drei Monaten) fällig werden (Termingelder und Spareinlagen). Es gibt darüber hinaus noch weitere Geldmengenabgrenzungen, in denen auch Schuldverschreibungen und andere „Zentralbankgeldansprüche" mit ganz unterschiedlichen Laufzeiten oder Fristen einbezogen werden. Die Geldmengenabgrenzungen sind nicht standardisiert und können daher trotz gleicher Benennung voneinander abweichen. Spareinlagen mit einer gesetzlichen Kündigungsfrist von drei Monaten werden bei der Deutschen Bundesbank bspw. erst in der Geldmenge M3 erfasst.

---

[1] Hierzu gehören z. B. Grundbesitz, Immobilien, langlebige Konsum- und Wirtschaftsgüter, Unternehmen, die keine Aktiengesellschaften sind, Patente, Schürf- und Förderrechte, Silber, Gold, Platin u.v.m. Unter Sachvermögenswerten werden alle materiellen oder immateriellen Werte verstanden, die nicht als verbriefte Titel im Finanzmarkt gehandelt werden.

Entscheidend ist für unsere Betrachtung u. a., dass jede Form von Kredit als Vermögensgegenstand (im Sinne eines Geldanspruchs) gesehen werden kann, den jemand anderes besitzt. Des Weiteren können genauso auch jedwede Formen von Derivaten als Vermögensgegenstände betrachtet werden. Alle diese Vermögensgegenstände haben ihren (Nominal) Wert und ihre — jeweils spezifische — Wertentwicklung und erwirtschaften eine Rendite (wenngleich der Wert und auch die Rendite manchmal Null werden kann). Hinzu kommen dann noch alle „unverbrieften" Sachvermögenswerte, die aber in offiziellen Statistiken nur unzureichend oder gar nicht erfasst werden. Geld (Zentralbankgeld und Giralgeld, d. h. Geschäftsbankengeld) als Vermögensgegenstand hat dabei derzeit die schlechteste Werthaltigkeit („Fiat-Money", d. h. nur eine „good faith" Deckung) und die schlechteste Rendite. Dies hängt letztendlich mit der Entwicklung der Geldmenge, besser gesagt der Entwicklung der Liquidität zusammen, die nicht zuletzt auf Grund der zunehmenden Staatsverschuldung und durch die Etablierung elektronischer Kommunikations- und Handelsabwicklungsplattformen — insbesondere den Security Settlement Systemen (vgl. hierzu Kap. X) — in den letzten Dekaden immens zugenommen hat.

Betrachten wir die Entwicklung des Weltfinanzmarktes unter dem Vermögensaspekt, dann hat sich das Volumen der mittlerweile weitestgehend auch handelbaren Finanzvermögenswerte (d. h. nur des finanziellen Besitzes) in einem Zeitraum von 35 Jahren (1970 – 2005) von weniger als (nominal) 5 Bill. $ auf fast (nominal) 150 Bill. $, d. h. um mehr als (nominal) 140 Bill. $ erhöht. Dazu korrespondiert unweigerlich ein Kreditvolumen (d. h. eingegangene finanzielle Verbindlichkeiten) in derselben Höhe. Dabei ist auch die Relation der Schulden in Bezug auf das Weltbruttoinlandsprodukt (der in einem Jahr geleisteten Wertschöpfung über Güter und Dienstleistungen) ein wichtiger Indikator für den Grad der Verschuldung. Das Volumen von Geld und Giralgeld (Kredite im engeren Sinne) und verbrieften Sicherheiten (also insbesondere Schuldverschreibungen inkl. aller Derivate) hat sich von ca. 112 % in Bezug auf das Weltbruttoinlandsprodukt im Jahr 1970 auf fast 240 % im Jahr 2005 gesteigert. Und dies sind nur die handelbaren Finanzvermögenstitel. Hinzu kommen die leider nicht bezifferbaren — unverbrieften — Sachvermögenswerte, die letztlich gegen Finanztitel getauscht werden können, teils z. B. auch im Rahmen von Privatisierungen. Über die aktuelle Verteilung dieser unverbrieften Sachwerte gibt es leider kaum verwertbares bzw. gesichertes Zahlenmaterial. Ein erster Versuch hierzu ist die Studie [22]. Besonders auffällig ist im Finanzmarkt die volumenmäßige Entwicklung von verbrieften Titeln einschließlich davon abgeleiteter Titel, den so genannten Derivaten. Betrachtet man hierzu beispielsweise das Verhältnis von „Geld", genauer der Geldmenge M2, d. h. dem täglich verfügbaren Giral- und Zentralbankgeld zzgl. der Termineinlagen, zum gesamten Finanzmarkt, so betrug 1970 der Anteil von M2 am Finanzmarkt ca. 40 %, 2005 lag er nur noch bei ca. 25 %. Der Anteil der verbrieften Titel (inkl. Aktien und Derivate) am gesamten Finanzmarkt hat sich demgegenüber also von ca. 60 % (1970) auf 75 % (2005) erhöht.

Eckdaten der Steigerungen im Weltfinanzmarkt 1970 – 2005
(zu laufenden Preisen / current prices)

Das Finanzvermögen, das gleichzeitig auch eine Verschuldung darstellt ist gegenüber dem Wertschöpfungssegment überproportional gewachsen:

- Bar- und Giralgeld: 20 fach
- Schuldverschreibungen: 30 fach
- Aktien: 40 fach

- Gesamtfinanzvermögen: 30 fach
- Rendite aus Finanzvermögen: 30 fach

Dabei hat sich das weltweite Bruttoinlandsprodukt nur um das 13 fache gesteigert. Der Anteil des Einkommens aus Finanzvermögen am Bruttoinlandsprodukt hat sich weit mehr als verdoppelt. D. h. der Anteil des Einkommens aus Erwerbsarbeit ist entsprechend gesunken. Diese Entwicklung war aber noch stärker: Es ist ja noch das Einkommen aus Sachvermögen (z. B. Einnahmen aus Patenten, Unternehmensgewinnen von Nicht-Aktiengesellschaften etc.) zu berücksichtigen.

Es stellt sich die Frage, wie es zu dieser starken Ausweitung des Weltfinanzmarktes in diesem vergleichsweise kurzen Zeitraum kommen konnte und wer letztendlich dieses große Volumen an Finanzvermögenstiteln aufkauft bzw. aufgekauft hat? Wer sind die Schuldner und wer sind die Gläubiger?

II. Wie kommt es zu der starken Ausweitung des Finanzmarktes, gerade auch in Relation zum Welt-GDP?

Drei wichtige Gründe wachsender Verschuldung

- SCHULDENBASIERTE FINANZIERUNGEN
  - Konsum
  - Wohnungsbau
  - Unternehmerisches Investment
  - Haushaltsdefizite
  - Handelsbilanzdefizite
  - militärische Interventionen
  - etc.
- „STEUERDUMPING" UND „STEUERUMGEHUNG"
  - Öffentliche Neuverschuldung
- FINANZMARKTDEREGULIERUNG
  - Innovative Finanzmarktprodukte
  - Vermögensverbriefung
  - Geldsurrogate

Zunächst soll versucht werden, eine Begründung für das in Bezug auf das Weltbruttoinlandsprodukt (GDP – Gross Domestic Product) überproportionale Wachstum an Finanzvermögen (resp. an finanziellen Verbindlichkeiten) zu finden.

Es liegt nahe, dass dies nicht mit einem einzigen Ansatz erklärt werden kann, sondern dass es eine Reihe von Faktoren gibt, die diese Entwicklung unterstützt und vorangetrieben haben. Dazu gehört die vermehrte Aufnahme von Krediten der privaten Haushalte für Konsum und Wohnungsbau (vgl. hierzu auch Kap. III), sowie kreditfinanziertes unternehmerisches Engagement. All dies kann zu einer Ausweitung der Geldmengen führen.

Dann ist auch offensichtlich, dass der zunehmende Grad der **Verschuldung der öffentlichen Haushalte** zu einer Ausweitung führt bzw. geführt hat. In den USA war dies beispielsweise auch die Folge einer Reihe militärischer Interventionen, wie beispielsweise Vietnam im Vorfeld des Zusammenbruchs der Bretton-Woods Vereinbarung, in jüngster Zeit der Irak-Krieg. Aber auch das nunmehr über fast drei Jahrzehnte tendenziell wachsende **Handelsbilanzdefizit der USA** ist ein offensichtlicher Faktor, der zu einer zunehmenden Verschuldung führt.

Daten in Mrd/bn $ (zu laufenden Preisen)	1970	Summe 1960–1970	1992	Summe 1960–1992	2001	Summe 1960–2001	2005	Summe 1960–2005
Aussenhandelsbilanz-Saldo USA	2,25	374,77	-39,21	-707,22	-362,80	-2.352,67	-716,73	-4.596,66
Zahlungsbilanz-Saldo USA	2,33	1.044,65	-50,08	-149,55	-388,96	-2.052,16	-791,51	-4.508,91
Ausgaben für Verteidigung USA	81,69	684,50	298,35	4.702,19	304,88	7.225,95	495,34	8.930,67

Abb. 2: Außenhandels-, Zahlungsbilanzsalden und Verteidigungsausgaben der USA

Zunächst nicht ganz so offensichtlich ist der im Zuge der Globalisierung immer mehr auch über die **Steuergesetzgebung geführte Standortwettbewerb** und die damit verbundenen legalen Möglichkeiten globaler Akteure, Steuerzahlungen zu umgehen [54],[55],[63]. Hinzu kommen die illegalen Steuerhinterziehungen durch kriminelle Aktivitäten. Da gleichzeitig aber auch die für die Erzielung von Mehrwert, Gewinnen und Wohlstand erforderliche Infrastruktur (im weitesten Sinne) des jeweiligen Standortes auf hohem Niveau gehalten werden muss, kommt es zu einer **Schuldenfinanzierung der Steuerausfälle** durch die öffentliche Hand.

Die (nominalen) Zahlen zum Weltfinanzsystem (vgl. auch Anlage A für Details) zeigen auf, dass alleine die über Schuldverschreibungen aufgenommenen Schulden der öffentlichen Hände beispielsweise in den Dollar- und Euro-Währungsräumen in der Zeit von 2001 bis 2005 jährlich um durchschnittlich ca. 6,9 % bis 8,3 %, in der Zeit davor von 1992 bis 2001 um durchschnittlich 5,6 % bis 7,1 %

gestiegen sind. Die Bruttoinlandsprodukte sind hingegen in diesen Zeiträumen durchschnittlich nur um 3,4 % bis 5,3 % (2001 bis 2005), bzw. 4,3 % bis 5,4 % (1992 bis 2001) gestiegen.

Daten in Mrd/bn (zu laufenden Preisen)	1970	Steigerung 1970–1992 pro Jahr	1992	Steigerung 1992–2001 pro Jahr	2001	Steigerung 2001–2005 pro Jahr	2005
Debt securities Government (inkl. Gov. Agencies)							
USA (in $)	455	12,17%	5.691	5,60%	9.290	8,31%	12.786
EURO12 (in €)	390	8,24%	2.226	7,10%	4.128	6,92%	5.394
Weltweit (in $)	920	12,57%	12.450	5,64%	20.405	12,20%	32.333
GDP							
USA (in $)	1.009	8,71%	6.338	5,35%	10.128	5,31%	12.456
EURO12 (in €)	1.079	7,01%	4.795	4,30%	7.004	3,37%	7.995
Weltweit (in $)	3.370	9,35%	24.101	3,00%	31.456	9,03%	44.455
Öffentliche Verschuldung über debt securities pro GDP							
USA (GDP in $)	45,11%	9,74%	89,80%	4,86%	91,73%	7,88%	102,65%
EURO12 (GDP in €)	36,16%	3,53%	46,43%	3,91%	58,95%	4,36%	67,47%
Weltweit	27,30%	5,77%	51,66%	3,47%	64,87%	7,91%	72,73%

Abb. 3: Öffentliche Verschuldung über Verbriefungen

Anders formuliert: In Bezug auf das Bruttoinlandsprodukt ist die reale Steuerquote / Abgabenquote (d. h. die tatsächlich gezahlten Steuern / Abgaben) 1970 bis 1992 durchschnittlich um mindestens 9,74 % (Dollarraum) bzw. 3,53 % (Euroraum) zu niedrig gewesen, um den Schuldenstand (nominal) konstant zu halten, 1992 bis 2001 um 4,86 % im Dollarraum und 3,91 % im Euroraum und seit 2001 dann durchschnittlich um 7,88 % im Dollarraum und 4,36 % im Euroraum zu niedrig.

Die Neuverschuldung der öffentlichen Hand über Schuldverschreibungen — weltweit — betrug in der Zeit von 2001 bis 2005 durchschnittlich ca. 7,91 % des Weltbruttoinlandsproduktes. Die Gesamtverschuldung der öffentlichen Hand allein über Schuldverschreibungen betrug 2005 bereits fast 73 % des Welt-GDP. Dabei sind andere Formen der Kreditaufnahme und weitere Verbindlichkeiten **noch nicht einmal** berücksichtigt, d. h. die Gesamtverbindlichkeiten sind noch höher (vgl. hierzu Kap. IX). Die Verschuldung wäre sogar noch größer, wenn nicht über den „Ausverkauf" von öffentlichem Vermögen (d. h. über „Privatisierungen") Einnahmen erzielt werden (dies hat allerdings natürliche Grenzen [99]).

Setzt man global eine Abgabenquote von 30 % an[1], dann müsste das Weltbruttoinlandsprodukt also um mehr als 25 % wachsen[2], um zumindest die Neuverschuldung über Verbriefung zu stoppen. Alternativ müsste die reale Abgabenquote adäquat angehoben bzw. die Ausgaben der öffentlichen Hand um diesen Betrag gesenkt werden. Wohl gemerkt innerhalb von einem Jahr müssten dieses Wachstum bzw. diese Maßnahmen erfolgen. Selbst wenn das Bruttoinlandsprodukt — bei 30 % Abgabenquote — um 50 % steigen würde, benötigte man bei sonst gleich bleibenden Faktoren fast 15 Jahre, um die bislang aufgenommenen öffentlichen Schulden zu tilgen.

Ein solch enormes Wachstum würde gleichzeitig aber auch die Verfügbarkeit einer entsprechenden Kaufkraft erfordern, selbst wenn man die Produktionskapazitäten für ein solches Wachstum als ausreichend einschätzen würde. Das Wachstum müsste also hinreichend stark als Einkommen bei den Konsumenten ankommen, für Konsum genutzt und nicht als Vermögen „geparkt" werden. Ob dies adäquat erreicht werden kann, erscheint mehr als zweifelhaft, so dass auch in Zukunft mit einer entsprechend hohen Neuverschuldung zu rechnen ist, bis eine Lösung dieses Problems gefunden wird (ggf. über eine drastische Inflation, trans-

---

[1] Die durchschnittliche Abgabenquote in Bezug auf das jeweilige Bruttoinlandsprodukt bei den OECD-Staaten liegt laut OECD-Statistik bei 36 %. Unter Berücksichtigung, dass die Steuerquote in den sich entwickelnden Ländern weitaus niedriger ist, werden 30 % als realistisch abgeschätzte Obergrenze angesehen.

[2] 30 % (Abgabenquote) von 26,36 % (notwendiges Wachstum) ergeben 7,91 % (Neuverschuldung).

nationale Steuern bzw. generell eine abgestimmte Steuergesetzgebung, die zu einer höheren Steuerquote führt; vgl. hierzu die Zukunftsszenarien in Kap. XIII).

Hier kommt noch hinzu, dass sich das Volumen der Neuverschuldung (ohne effektive gegensteuernde Maßnahmen) gerade auch durch jeden Versuch einer isolierten nationalen Steuerreform (wie beispielsweise auch bei [103]), die das Ziel verfolgt, über eine Reduktion von Steuersätzen „Steuersubstrat" zurück zu gewinnen, noch erhöhen wird. Denn zum einen entlastet man ja das bislang im eigenen Lande versteuerte Steuersubstrat und entzieht in Folge einer solchen Steuerreform den anderen Ländern das „zurück eroberte" Steuersubstrat. In einer globalökonomischen Betrachtung reduziert sich also insgesamt das Volumen der Steuerzahlung. Nur dann, wenn daraus wirklich ein hinreichend hohes Wachstum des Bruttoinlandsproduktes mit entsprechend zunehmenden Steuereinnahmen resultiert, kann eine Neuaufnahme von Schulden der öffentlichen Hand verringert oder entbehrlich werden.

Warum ist ein hohes Wachstum des Bruttoinlandsproduktes ohne Inflation in den entwickelten Ländern unrealistisch?

Es gibt mehrere Gründe, weshalb man ein hohes Wachstum des realen (d. h. inflationsbereinigten) Bruttoinlandsproduktes als völlig unrealistisch einschätzen muss. Für die entwickelten Länder, d. h. die ökonomisch starken Staaten, sind insbesondere die folgenden Gründe zu nennen:

- Sättigung beim Konsum mit der Folge geringer Wachstumsraten des Konsums
- Produktivitätssteigerungen
- Kapital- und Vermögensakkumulation.

Dabei sind die konkreten Wirkungen auf die jeweilige entwickelte Volkswirtschaft maßgeblich vom sozialen Ausgleich abhängig [57],[89].

Zunächst gilt für die Betrachtung einer geschlossenen, entwickelten Volkswirtschaft Folgendes:

1. Die Grundbedürfnisse der Bürgerschaft werden auf einem sehr hohen Niveau gedeckt. Ein aus unbefriedigten, dringenden oder sogar lebensnotwendigen Bedürfnissen heraus gegebener Wachstumszwang ist nicht gegeben. Es muss also für ein Wachstum ein zusätzlicher Konsumwunsch oder -bedarf „geweckt" werden, der dann letztendlich aber über eine zusätzlich von der Käuferschicht zu erbringende Arbeitsleistung oder über Produktivitätssteigerungen zu bezahlen ist. Betrachtet man hierzu trivialisierend eine Volkswirtschaft, die nur aus einem Landwirt (der Grundbesitzer ist) und einem Bäcker besteht, muss sich auch der Bäcker etwas Neues einfallen lassen, wenn er vom Landwirt ein bislang nicht angebautes Gemüse möchte. Bei gleichbleibender Produktivität müssen also für ein Wachstum alle mehr arbeiten.

2. Steigt die Produktivität der Arbeit in einer Volkswirtschaft ohne (reales) Wirtschaftswachstum, dann werden Arbeitsplätze überflüssig. In dem trivialisierenden Beispiel bedeutet das: Wenn der Landwirt eine genügend vielseitige Backmaschine erfindet, wird für ihn der Bäcker (bzw. seine bisher erbrachte wertschöpfende Handwerker-Tätigkeit) überflüssig. In diesem Fall wird der Landwirt sogar autark. Es stellt sich dann die Frage, ob die eingesparten Aufwendungen bei den Profiteuren (im Beispiel der Landwirt) zu zusätzlichen Konsumwünschen führen oder zur Vermögensakkumulation genutzt werden. Nur bei einem erhöhten bzw. neuen Konsumwunsch des Landwirts hat der Bäcker eine Chance auf bezahlte Beschäftigung. Dabei sollte man sich klar machen, dass bei einer „vernünftigen" Verteilung des sich aus dem Produktivitätsfortschritt ergebenden Profits eine maximale Steigerung des Bruttoinlandsprodukts möglich wäre, denn dann könnten alle bei gleichem Arbeitseinsatz mehr Waren und Dienstleistungen produzieren [74].

3. Eine „ungünstige" hohe Kapital- und Vermögensakkumulation, die dazu führt, dass die Profite, die z. B. aus Produktivitätssteigerungen resultieren, nur bei Wenigen landen, ergibt auch bei hohem Konsumniveau ein Problem. Die Folge ist ein Arbeitskräfteüberhang und damit ein Rückgang der kaufkräftigen Nachfrage. Was soll man dem Bäcker in dieser Situation empfehlen? Die Kaufkraft ist dahin gewandert, wo ohnehin schon genug ist. Dies kann zwar dazu führen, dass Angebots- und Preisspektrum im „oberen Segment" des Marktes steigen. Vom (preislich) mittleren Segment muss sich aber auch Kaufkraft in das untere Segment verschieben, um den gesamtvolkswirtschaftlichen Kaufkraftverlust abzufangen. Die zwei „Marktklassen an den Rändern" entfernen sich zunehmend voneinander, der „Mittelstand" verschwindet [82].

Offene Volkswirtschaften können ein Wachstum durch Export von Gütern und Dienstleistungen (Befriedigung externer Konsumnachfrage) oder durch Import von Steuersubstrat (Umlenkung von externer Wertschöpfung in die eigene nationale Ökonomie) anstreben. In einer globalökonomischen Betrachtung bleiben aber die oben skizzierten Sachverhalte bestehen. Die Frage ist dann nur, wo die Bäcker sind.

Ein echtes Wachstum des Weltbruttoinlandsproduktes mit dem Ziel, die Grundbedürfnisse aller Menschen zu befriedigen, kann es in Konsequenz nur bei einem vernünftigen sozialen Ausgleich geben [57]. In einer weltweiten Perspektive ist man jedoch diesbezüglich in einem mehr als bedrohlichen Zustand [69]. Weltweit betrachtet ist die Ungleichheit noch größer als in Brasilien.

Eine Frage, die sich nun gerade im Hinblick auf die öffentliche Verschuldung stellt, ist: In welcher Form findet die Verschuldung statt und wer kommt in den Besitz der dazu korrespondierenden Schuldtitel als Teil seines Vermögens? **Wem schuldet die Allgemeinheit so viel?**

Auf der einen Seite ist es einsichtig, dass in der Regel kein Staat ein Interesse daran haben kann, eine als erforderlich angesehene oder zwingend notwendige Verschuldung der öffentlichen Hand weitgehend über die Schaffung neuen Giralgeldes, also über Kredite bei Geschäftsbanken zu realisieren. Das damit verbundene Wachstum der unmittelbar für den Konsum verfügbaren Geldmenge M1 (Zentralbankgeld und täglich fällige Giralgeldeinlagen) würde bei nicht fallender Geldumlaufgeschwindigkeit unweigerlich zu inflationären Tendenzen führen, wenn der damit injizierten zusätzlichen Geldmenge nicht ein erhöhtes Angebots-/Produktionsvolumen gegenüber steht [53].

Quantitätsgleichung, Geldumlaufgeschwindigkeit, Geldfaktor, Inflationsdruck

In der Volkswirtschaftslehre stellt die sogenannte *Quantitätsgleichung* (Fisher's equation of exchange) dem Gesamtvolumen aller Bezahlvorgänge eines Jahres in einer Volkswirtschaft die dafür notwendige Geldmenge gegenüber:

$$\sum_{i=1}^{n} q_i \cdot p_i = u \cdot M$$

Dabei bezeichnet u die *Umlaufgeschwindigkeit* des Geldes und q_i die i-te Güter- oder Dienstleistungsquantität (Anzahl), deren Einheit mit dem Preis p_i bezahlt wurde. Die Aufsummierung auf der linken Seite der Gleichung ergibt den Betrag (die Summe) aller Zahlungen. Die Summe aller Bezahlvorgänge ist mehr als das, was über das Bruttoinlandsprodukt BIP (Gross Domestic Product – GDP) erfasst wird. Denn im GDP wird bspw. nicht der Umfang (Wert) an Vorleistungen, die bei der Herstellung von Produkten einfließen, berücksichtigt, sondern nur der Wert der hergestellten Endprodukte, also im Prinzip nur alles, was von „Endkunden" gekauft wird. Der „Schwarzmarkt" wird dabei geschätzt und ebenfalls eingerechnet. Zusätzlich sind im GDP z. B. kalkulatorische Mieten auf selbst genutzten Wohnraum enthalten, bei denen kein Bezahlvorgang stattfindet. Bei einer detaillierten und exakten Darstellung der Auswirkung von Geldmengenveränderungen auf das Bruttoinlandsprodukt müsste dies berücksichtigt werden. Dann wären aber auch die Auswirkungen eines zunehmenden Bartering-Geschäftsvolumens (Warenaustausch zwischen Unternehmen ohne Bezahlvorgänge) zu diskutieren. Im Text wird aus Gründen einer vergleichsweise leichten Nachvollziehbarkeit der angestellten Überlegungen aber von solchen Details abstrahiert und nur eine (stark) vereinfachende Sichtweise zur Verdeutlichung der Wirkungszusammenhänge gewählt, und die Gleichung GDP $= u \cdot M$ diskutiert,

also als Vereinfachung die Beziehung GDP $= \sum_{i=1}^{n} q_i \cdot p_i$ für den Waren- und Dienstleistungsmarkt angenommen. Eine etwas detailliertere Betrachtung erfolgt in Kap XIII.

Die Geldumlaufgeschwindigkeit u in der Quantitätsgleichung wird oft mit Hilfe der Gleichung selbst wie folgt definiert:

$$u = \frac{\sum_{i=1}^{n} q_i \cdot p_i}{M}$$

Dann ist die Gleichung eine „Tautologie", d. h. sie gilt immer, da die Umlaufgeschwindigkeit u nicht in der Ökonomie beobachtet, sondern aus den beobachteten Werten der rechten Seite berechnet wird. So ist die Quantitätsgleichung für die betrachteten Fragestellungen nur sehr bedingt anwendbar. Im vorliegenden Text wird daher dieser berechenbare Wert für u als *Geldfaktor* bezeichnet und bei den Analysen stattdessen eine „reale" Umlaufgeschwindigkeit zugrunde gelegt und Annahmen über deren Wert und Wertentwicklung gemacht. Die Umlaufgeschwindigkeit u soll dabei die Häufigkeit abschätzen, mit der in einem Jahr ein und dieselbe Geldeinheit für einen Bezahlvorgang genutzt wird. In gewisser Hinsicht kann u so als Maßzahl für das Zahlungsverhalten in einer Volkswirtschaft interpretiert werden. Dann ergibt sich für jeden Teilausschnitt von betrachteten Zahlungsvorgängen die dafür notwendige Geldmenge tautologisch, also

$$M = \frac{\sum_{i=1}^{n} q_i \cdot p_i}{u} \text{ , bzw. } M_{GDP} = \frac{GDP}{u_{GDP}}$$

So können dann mit Hilfe der Quantitätsgleichung wichtige Erkenntnisse gewonnen werden, z. B. über Zusammenhänge zwischen Geldmenge, Geldmengenwachstum und Inflation. Denn das in einer Volkswirtschaft verfügbare Geld, insbesondere Zentralbankgeld und Geschäftsbankengeld (Giralgeld), kann in Zahlungsvorgängen genutzt werden. Die Summe aller Zahlungsvorgänge in einem Zeitabschnitt t (z. B. in einem Jahr) entspricht dabei der dafür notwendigen Geldmenge, multipliziert mit deren Umlaufgeschwindigkeit, d. h. wie häufig eine bestimmte Geldeinheit in dem Zeitabschnitt t für Zahlungsvorgänge benutzt wird. Ein monetäres Gleichgewicht in einer Ökonomie ist dann gegeben, wenn nicht mehr und auch nicht weniger Geld vorhanden ist, als bei einem gegebenen Zahlungsverhalten zur Abwicklung sämtlicher Bezahlvorgänge nötig ist. Ist jedoch mehr Geld in einer Ökonomie vorhanden, so resultiert aus diesem Geld eine Überschussliquidität, ein potentieller Kaufkraftüberhang. Dieser Kaufkraftüberhang kann sich auf einen Markt inflationär auswirken, wenn die Umlaufgeschwindigkeit des Geldes nicht abnimmt oder wenn — beispielsweise im Wertschöpfungssegment — das Angebot an Waren und Dienstleistungen nicht zunimmt. Das Produkt aus Überschussliquidität (dem „Zuviel" an Geld) und Umlaufgeschwindigkeit wird in diesem Text als *Inflationsdruck* bezeichnet.

Wenn man stark vereinfachend das Volumen der Bezahlvorgänge in einer Volkswirtschaft mit dem Bruttoinlandsprodukt GDP gleichsetzt (siehe Kasten), ergibt sich in einer quantitätstheoretischen Betrachtungsweise die Beziehung

GDP $= u \cdot M$ (Bruttoinlandsprodukt $=$ Umlaufgeschwindigkeit $\cdot$ Geldmenge). D. h. bei einer gleichbleibenden realen (d. h. aus dem tatsächlichen Zahlungsverhalten abgeleiteten) Umlaufgeschwindigkeit u müsste sich das Bruttoinlandsprodukt bei steigender Geldmenge M um ein Mehrfaches (u) erhöhen. Die Betrachtung der letzten Jahren (vgl. auch Anlage A für Details) zeigt hier aber ein weitaus geringeres GDP-Wachstum.

Daten in Mrd/bn (zu laufenden Preisen) oder in %	2001	...	2004	2005	Inflation 2002–2005
GDP Deflatoren					
USA (in $)	2,40%	...	2,84%	3,02%	10,09%
EURO12 (in €)	2,70%	...	1,95%	1,91%	8,86%
					Wachstum ggü. 2001
GDP					
Weltweit in $	31.456	...	41.258	44.455	12.999 (= 41,32%)
Weltweit in €	35.122	...	33.184	35.685	563 (= 1,60%)
Geldmenge M1					
Weltweit in $	8.701	...	14.113	15.444	6.743 (= 77,50%)
Weltweit in €	9.715	...	11.351	12.397	2.683 (= 27,61%)
Finanzvermögen aller Millionäre					
Weltweit in $	26.200	...	30.700	33.300	7.100 (= 27,10%)
Anzahl der Millionäre (in Mio)	7,10	...	8,20	8,70	1,60 (= 22,54%)
					Neuverschuldung seit 2001
Debt securities Government (inkl. Gov. Agencies)					
Weltweit in $	20.405	...	30.548	32.333	11.928 (= 58,46%)
Weltweit in €	22.783	...	24.570	25.955	3.172 (= 13,92%)
Inflationsdruck der Neuverschuldung (nur öff. Hand)					**2001–2005**
auf weltweites GDP in $					268,32%
auf weltweites GDP in €					88,88%

Abb. 4: Geldmenge, Finanzvermögen, Verschuldung und Inflationsdruck

Für den Zeitraum von vier Jahren (2002 bis 2005) wird die Inflation (GDP Deflator) mit ca. 8,9 % im Euro-Raum und ca. 10,1 % in den USA in den öffentlichen

Statistiken angegeben [101],[102]. Bewertet in $ (laufende Preise zu Marktwechselkursen / current prices) ist in diesem Zeitraum das Welt-GDP zwar von ca. 31,5 Bill. $ auf 44,5 Bill. $ (US-Trillions), also um rund 40 % gewachsen, der Dollar hat jedoch in diesem Zeitraum gegenüber dem Euro fast 30 % an Wert verloren. Bewertet in Euro ergibt sich daraus ein Wachstum des Welt-GDP von 35,1 Bill. € auf gerade einmal 35,7 Bill. €, also nur ein Zuwachs von 1,6 %, der weit geringer als die Inflation in den beiden Währungsräumen ist. Die M1-Geldmenge ist dabei im Gesamtvolumen um ca. 6,7 Bill. (bewertet in $) bzw. 2,7 Bill. (bewertet in €) gestiegen. Der GDP-Geldfaktor bzgl. M1, d. h. der Quotient von GDP und M1 ist gesunken, woraus ein erhöhter Anteil nicht Konsum orientiert eingesetzter Giralgelder abzuleiten ist. Denn von einer prinzipiellen Änderung des Zahlungsverhaltens ist in einem so kurzen Zeitraum nicht auszugehen, d. h. die tatsächliche Umlaufgeschwindigkeit des für den Konsum im weitesten Sinne eingesetzten Geldes hat sich im Wesentlichen nicht geändert.

Bei einer im Güter- und Dienstleistungsmarkt als im Wesentlichen (vgl. hierzu auch Kap. XIII) konstant angenommenen Umlaufgeschwindigkeit bzgl. M1 hätte allein die Neuverschuldung der öffentlichen Hand über Schuldverschreibungen in diesem Zeitraum (Volumen ca. 11,9 Bill. $ bzw. 3,2 Bill. €), wenn sie zu einer entsprechenden Ausweitung von M1 geführt hätte, zu einem **additiven Inflationsdruck von ca. 268 % ($) bzw. ca. 89 % (€)** geführt (Volumen des „neuen Geldes" multipliziert mit der tatsächlichen Umlaufgeschwindigkeit in Relation zum GDP).[1]

Weil Inflation im Wesentlichen ausgeblieben ist, ist anzunehmen, dass der größte Teil dieses Schuldvolumens **nicht** im Güter- und Dienstleistungsmarkt (als Giralgeld), sondern im Finanz- und Sachvermögensmarkt (ohne größere Giralgeldschöpfung) platziert worden ist, d. h. als **nominaler Vermögenszuwachs** (das Volumen bzw. der Zuwachs des Vermögens bzgl. Sachwerten wie

---

[1] Bei der Berechnung des aus der Neuverschuldung der öffentlichen Hand resultierenden Inflationsdrucks wird für das Zahlungsverhalten (die Umlaufgeschwindigkeit u bzgl. GDP) der Wert 10 angesetzt. Der Inflationsdruck gibt an, wie stark das GDP nominal wachsen müsste, wenn die Neuverschuldung zu einer Ausweitung der im Konsum aktiven Geldmenge führt.

Grundstücke, Immobilien etc. kann aus den Finanzmarktdaten **nicht** abgeleitet werden). Wenn man den Zahlen im „World Wealth Report" [21] Glauben schenken kann, so ist der weitaus größte Teil dieses **Finanzvermögenzuwachs bei den aktuell (2005) ca. 8,7 Millionen reichsten Bürgern der Welt** gelandet. Allein das Finanzvermögen dieser kleinen Gruppe beträgt ziemlich genau das Volumen öffentlicher Schuldverschreibungen (vgl. hierzu auch [82]). Über das zusätzliche Sachvermögen (d. h. aller materiellen und immateriellen Besitztümer, die nicht als verbriefte Titel im Finanzmarkt gehandelt werden) gibt es keine geeigneten Statistiken; die Studie [22] macht aber zur Verteilung des Sachvermögens eine vergleichbare Aussage.

Eine Frage ist daher, ob bzw. in welcher Weise der Weltfinanzmarkt geeignete „Gestaltungsmöglichkeiten" bietet, z. B. durch die Ausnutzung der Steuergesetzgebung (der Staaten und z. B. über Doppelbesteuerungsabkommen der Staaten untereinander) und der Finanzmarkt-Deregulierung, damit gerade diese „finanzielle Elite" in so hohem Maße profitieren kann. Und dies führt zu einem dritten Grund für die Ausweitung des Finanzmarktes, nämlich zum Segment „innovativer Finanzmarktprodukte".

In ihrer ursprünglichen Ausprägung (Giralgeldschöpfung) stellen Kredite bei Finanzinstitutionen über die Kreditlaufzeit gebundene Aktiva dar, die gemäß den nationalen / internationalen Vereinbarungen (Basel- / Basel II-Accord [14]) zu einer entsprechenden zeitlichen Bindung von Eigenkapital führen — ausgenommen sind hierbei Kredite von hoch gerateten Staaten (keine Eigenkapitalbindung erforderlich) — wobei bei einer Refinanzierung das Ausfallrisiko im Allgemeinen in dem Finanzinstitut verbleibt.

Diesen „Mängeln" konnte nun mittels geeigneter Innovationen u. a. der Informations- und Kommunikationstechnologie u. a. über die Etablierung der so genannten „**Security Settlement Systems**" zur elektronischen (Echtzeit-)Abwicklung des Handels (d. h. Eigentumsübertragung und Bezahlung) „innovativer" Finanzmarktprodukte (von denen es mittlerweile weit über 7.000 verschiedene Arten geben soll) entgegen gewirkt werden. Die Security Settlement Systeme, die über Kommunikations-Netzwerke mit den Händlern (Broker, Dealer) und den Banken (u. a. als Intermediäre der Vermögenden), sowie mit den Zahlungssystemen von Bankverbünden und Zentralbanken verbunden sind, realisieren eine Plattform, bei der prinzipiell jeder, der eine „**verbriefte Sicherheit**" („debt securities") in Form eines Datenbankeintrags in ein so genanntes „Securities Depository" einstellen kann, eine Art **Geldsurrogat** schafft, das nicht — so wie das Giralgeld — bankenaufsichtlich vom Staat reguliert ist, sondern von den Akteuren selbst.

[Verbriefte Sicherheiten / Debt Securities]

Der Begriff „verbriefte Sicherheiten / debt securities" wird in offiziellen Statistiken stellvertretend für prinzipiell jede Form von Schuldverschreibungen genutzt. Eine „Sicherheit" (in Form eines Sachwertes) muss dabei aber in Wirklichkeit nicht hinterlegt sein. „Sachwerte" als Pfand sind sogar eher die Ausnahme. In weitaus größerem Volumen sind „ungedeckte Schuldverschreibungen" die Regel, also lediglich eine „good faith"-Deckung der Schuld. Selbst bei den so genannten „Asset Backed Securities" müssen die „Assets" (Aktiva) nicht Sachvermögenswerte sein. Es kann sich auch hier lediglich um Forderungen handeln (sogar im Extremfall bspw. um zukünftig zu erwartende, aber noch nicht sichere Einnahmen). Treffender ist insofern der Begriff „verbriefte Schuld" oder „debt obligations", der darauf abzielt zu verdeutlichen, dass damit im Prinzip jede Form eines handelbaren Rückzahlungsanspruchs auf Geld, d. h. eines gewährten Kredites, gemeint ist.

Entscheidend ist z. B. auch, dass an die Emission von Schuldverschreibungen weitaus geringere Anforderungen hinsichtlich Dokumentation etc. gestellt sind als dies bspw. bei Sicherheiten in Form von Aktien der Fall ist. Formaljuristisch bzw. bankenaufsichtlich müssen Schuldverschreibungen **nicht registriert** werden, sofern die Schuldverschreibungen nicht direkt der breiten Öffentlichkeit angeboten werden sollen. In Europa wird dieses Segment bislang durch die Richtlinie 93/22/EWG [8] erfasst, die bis Mitte 2007 durch die Richtlinie 2004/39/EG [9] ersetzt werden soll.

In den USA ist das wichtigste Gesetz zur Finanzmarktderegulierung der Gramm-Leach-Bliley Act [48], der den bekannten Glass-Steagall Act (von 1932/33) ersetzt hat, der unter anderem die strikte (auch institutionelle) Trennung von kommerziellen Bankgeschäften und dem Investment Banking festgeschrieben hatte (Trennbanken-System). Nunmehr ist aber auch der Einbezug von z. B. Versicherungsleistungen und die Bildung von Finanzkonglomeraten erlaubt, was auch den in Deutschland vorherrschenden Typus der Universalbanken (ohne Trennung von Depositen-, Kredit- und Investment-Geschäft) erweitert [4],[5],[6]. In Europa erfolgt eine Neuformulierung der Gesetze im Zuge der europäischen Harmonisierung im Rahmen der Errichtung eines Binnenmarktes für Finanzdienste (seit 1973). Aktuell folgen die Reformmaßnahmen seit 1999 einem neuen Aktionsplan [35]. Wenngleich diese Bemühungen u. a. auf einen besseren Schutz von Anlegern ausgerichtet sind, schaffen sie doch, gerade für „professionelle Anleger" und Finanzinstitutionen einen höheren Grad an Freiräumen und Intransparenz [9].

Insgesamt kann prinzipiell von einer Unbegrenztheit des Emissions- und Transaktionsvolumens von „Geldsurrogaten" ausgegangen werden.

Man wird aber vermuten: Die auf die emittierten Schuldverschreibungen zu zahlenden Zinsen führen dazu, dass deren Emission unter Beachtung strikter betriebswirtschaftlicher Kriterien vorgenommen wird, bzw. betriebswirtschaftlich motiviert ist. Daher stellt sich konkret die Frage nach den für Emissionen relevanten Kriterien bzw. Beweggründen. Hier sind im besonderen Maße die Körperschaftssteuergesetze in Europa bzw. die **Unternehmenssteuergesetze** auf weltweiter Ebene von Relevanz, die **als eine signifikante Triebfeder für das Wachstum des Schuldverschreibungssegments im Finanz- und Corporate-Bereich** gesehen werden.

Maßgeblich in diesem Zusammenhang ist beispielsweise in Deutschland die Gesetzeslage im Hinblick auf § 8 KStG [60], mit der man versucht hat, die zunächst erkannten steuerumgehenden grenzüberschreitenden Gestaltungsmöglichkeiten für Unternehmen (zur „Umqualifizierung" von Gewinnen) einzugrenzen. Die Gesetze lassen aber immer noch Optionen in Verbindung mit dem „anonymen" Kapitalmarkt offen (vgl. hierzu auch z.B. [64]), die sich in der realen und konkreten Ausgestaltung dann allerdings komplizierter darstellen als in der hier zur Verdeutlichung ausgeführten „Prinzipskizze" (siehe nachfolgenden Kasten; vgl. hierzu auch [54],[56]).

Zinszahlungen auf Fremdkapital (und das sind eben neben den konventionellen Krediten in Form von neu generiertem Giralgeld, das vom Bankensektor geschaffen wird, auch Schuldverschreibungen eines Unternehmens oder einer Bank) stellen für das Fremdkapital aufnehmende Unternehmen als Dauerschuldzinsen Aufwand dar und bewirken damit eine Gewinnminderung (vor Steuern; es erfolgt in Deutschland lediglich die hälftige Zurechnung der Dauerschuldzinsen bei der Gewerbesteuer, aber keine Besteuerung bei der Körperschaftssteuer). Im Gegensatz dazu sind für einen Fremdkapitalgeber, beispielsweise mit Sitz in Irland (alternative günstige Standorte sind z. B. auch die Benelux-Staaten, die Kanalinseln oder auch die Schweiz), die eingenommenen Zinszahlungen aus dem gewährten Fremdkapital nahezu steuerfrei. (Alternativ kann man auch Konstruktionen wählen, bei denen solche Zahlungen bei Auslandstöchtern anfallen und bei geeigneter Steuersituation repatriiert — d. h. in das Stammhaus zurückgeführt — werden.) Nun würde dies zunächst einmal bedeuten, dass eine Firma mit Sitz in Irland, die Fremdkapital gewähren will, über genügend Liquidität verfügen müsste. Aber auch dies kann vor dem Hintergrund der aktuell geltenden Gesetzgebung bei geeigneten Zugriffsmöglichkeiten auf den Primärmarkt (dieser wird durch die Gruppe der Erstzeichner von Neu-Emissionen gebildet, vgl. hierzu Kap. V.) umgangen werden.

Umqualifizierung von Gewinnen

Eine prinzipielle Darstellung für eine mögliche Ausgestaltung der Umqualifizierung von Gewinnen „ohne Liquidität" wird hier kurz gegeben:

a) Ein Spezialfond kauft Aktienartige Titel von einer Firma am steuerbegünstigten Standort z. B. in Form von ADR's („American Depositary Reciepts" [24] im Volumen so, dass die geplante Dividende dem Zins der Schuldverschreibung aus b) entspricht). Bezahlt wird ggf. statt mit „freiem" Geld mit einem „daylight overdraft", der noch am selben Tag über c) wieder ausgeglichen wird ($\Rightarrow$ keine Meldung an die Bankenaufsicht, d. h. keine Erhöhung der Giralgeldmenge; tatsächlich gewährt sogar die Fed (Federal Reserve Bank) in den USA solche „daylight overdrafts" [41]). Alternativ könnten die Mittel (sofern irgendwelche Securities verfügbar sind) auch kurzfristig über ein RePo (Repurchase Agreement; zur Definition vgl. z. B. [2],[98]) am Kapitalmarkt aufgenommen werden.

b) Die Firma, die den steuerlichen Gewinn reduzieren möchte, emittiert Schuldverschreibungen (Volumen so, dass die Zinszahlungen den Gewinn in dem gewünschten Umfang reduzieren). Diese werden mit dem (temporär für den gesamten „Deal" geschaffenen oder beschafften) Giralgeld aus a) von der Firma am steuerbegünstigten Standort gekauft ($\Rightarrow$ Akt der — anonymen — Fremdmittelgewährung).

c) Die Firma, die den steuerlichen Gewinn reduziert hat, erwirbt (neu geschaffene) Anteile am Spezialfond, wodurch der „daylight overdraft" (oder das RePo) des Spezialfonds wieder ausgeglichen wird. Da der Spezialfond Gewinne aus Aktiengeschäften macht, unterliegen die ausgeschütteten Gewinne bei der Firma (als Körperschaft) am Standort Deutschland keiner Besteuerung.

Dies stellt eine Prinzipskizze für das Übersetzen von Fremdkapitalschuldzinsen in Gewinne oder Dividenden aus Aktien dar, die in der Realität in unterschiedlichster Ausgestaltung realisiert sein kann. Beispielsweise auch so, dass ein Fond (z. B. ein Publikums-Fond) Aktien einer Reihe ausgewählter Unternehmen hält und dieser Fond dann mit einem Unternehmen, das seinen Vor-Steuergewinn reduzieren will, zwei inhaltlich, aber nicht juristisch miteinander gekoppelte Geschäfte vereinbart:

a) den Kauf von Aktien (oder Anteile an Aktien-Fonds) mit der Verpflichtung eines Rückkaufes zu einem höheren Kaufpreis und

b) den Verkauf von Schuldverschreibungen mit einer an das Aktiengeschäft a) gekoppelten Laufzeit.

Finanztechnisch bedeuten diese Geschäfte, dass bei der gegenwärtigen Setzung von Regeln für das Finanzsystem und im Besonderen die Unternehmensbesteuerung eine **legale Reduktion eines Steueraufkommens** ohne die zwingende Notwendigkeit einer tatsächlichen Verfügbarkeit von Giralgeldliquidität (also mit und ohne dem Vorhandensein liquiden Kapitals) bei den Akteuren realisiert werden kann bzw. dies in signifikantem Umfang bereits erfolgt [54].

Ergänzend sei hierzu noch bemerkt, dass über die hierzu beispielhaft geschilderte Konstruktion, sofern sie einmal für eine geeignete Länderkombination (z. B. Deutschland / Irland) formaljuristisch legal unter Beachtung aller relevanten, steuergesetzlich festgelegten Bedingungen realisiert worden ist, von global operierenden Unternehmen auch Gewinne aus Ländern, die die obige Konstruktion (also beispielsweise die Anrechnung von Fremdkapital-Zinsen als Aufwand) nicht unterstützen, legal nach Deutschland transferiert werden können (beispielsweise über geeignete Verrechnungspreise, Lizenzen und andere Konstruktionen), um dann in dem geschilderten Szenario nahezu steuerfrei gestellt zu werden. Es ist nicht auszuschließen, dass hieraus sogar ein Teil des Exportes aus Deutschland resultiert, also z. B. Dienstleistungen in Form von Beratungen und anderen Leistungen, die dem Zwecke dienen, gezielt Gewinne in Deutschland anfallen zu lassen und dann die geschilderte Konstruktion zur „Steueroptimierung" zu nutzen, weil bei „kluger" Gestaltung die real in Deutschland zu zahlenden Unternehmenssteuern (nicht die nominal nach Gesetz vorgeschriebenen Werte) im internationalen Vergleich niedrig sind [55].

Aber auch Steuervergünstigungen, beispielsweise auf repatriierte — d. h. von einer Auslandstochter zur Konzernmutter transferierte — Gewinne, stellen steuerliche Anreize dar, die zu Finanzflüssen führen können, in denen, politisch nicht gewollt, Gewinnanteile enthalten sind, die so einer Besteuerung im Land, in dem die Erträge erwirtschaftet wurden, entzogen werden.

Letztenendes kommt es immer nur darauf an, den jeweils „günstigsten" Weg zu finden, einen Gewinn (oder eine Vermögenskomponente) „steueroptimierend" zu dem gewünschten Endempfänger zu leiten. Die damit verbundenen Kosten (und die dabei zu leistenden Steuerzahlungen bzw. Abgaben) sollen geringer sein, als nominal in den Gesetzen vorgesehen.

Kann man das Volumen, das Geschäfte zur Steueroptimierung heute haben können, abschätzen? Oder anders gefragt, welche „Gewinne" können heute über die Schuldverschreibungen generiert werden?

Im Jahre 2005 lag das Weltbruttoinlandsprodukt (bewertet in $ zu Markt-Wechselkursen) bei ca. 44,5 Bill. $ (US-Trillions). Wenn man hiervon einmal 25 % als Bruttobetriebsüberschuss (vor Steuern) annimmt, wäre dies ein Volumen von 11 Bill. $. Eine Reduktion des (Unternehmen-) Steueraufkommens (inkl. der Sozialbeiträge) über die oben geschilderten Mechanismen von z. B. 40 % auf z. B. 20 % bedeutet dann einen Steuerausfall von ca. 2,2 Bill. $, bei einer Reduktion von 40 % auf 30 % würden dies auch schon bereits ca. 1,1 Bill. $ pro Jahr sein.

Zum Vergleich: Die Zunahme der Verbindlichkeiten der öffentlichen Haushalte aller Staaten — weltweit — lag im Jahr 2005 bei ca. 2,14 Bill. $. Nimmt man eine durchschnittliche Verzinsung für Schuldverschreibungen von 5 % an, dann wären die daraus resultierenden steuerwirksamen Zinsaufwendungen (Gewinnreduktion) bei den heute emittierten ca. 30 Bill. $ Schuldverschreibungen des nichtöffentlichen Sektors ca. 1,5 Bill. $. Wenn man bei diesem Betrag ansetzt, dass bei den so nicht zu deklarierenden Gewinnen ca. 30 % Steuern umgangen werden, so sind dies etwa 500 Milliarden $ von dem insgesamt umgehbaren Steuerbetrag. Wenn man dann noch bei den etwa 40 Bill. $ Aktien eine Netto-Dividende (Annahme: 5 %) von 2 Bill. $ hinzunimmt, so sind dies in Summe 2,5 Bill. $. Dieser Betrag deckt sich tendenziell mit der Zunahme der Verbindlichkeiten der öffentlichen Hand und dem (nominalen) Gesamtvermögenszuwachs der ca. 8,7 Millionen Millionäre und Milliardäre weltweit in diesem einem Jahr 2005 (vgl. hierzu auch [21],[54],[55],[56],[82] und Kap. IX).

Steueroptimierende Gestaltung ist mittlerweile ein lukratives Dienstleistungssegment, in dem immer wieder neue Modelle entwickelt werden.

Dieses Beratungssegment boomt. Man muss hierzu nur einmal verfolgen, welche Vorschläge selbst im Rahmen periodischer Zeitschriften von Steuerberatern publiziert werden (vgl. hierzu bspw. als weiteres konkretes Beispiel [59]).

Wichtig ist in diesem Zusammenhang noch die mittlerweile gegebene, nahezu freie Handelbarkeit von „Securities" über die schon eingangs erwähnten „Security Settlement Systems". So genannte QIBs (Qualified Institutional Buyer) handeln mit diesen Securities, wodurch für die Händler prinzipiell die Möglichkeit besteht, „ungedeckte Geldsurrogate und ungedecktes Geld" — und dazu gehört neben Zentralbankgeld (für das es seit 1971 keine Umtauschverpflichtung in Gold mehr gibt) und Giralgeld (das nur über die Eigenkapitalquote mit Geld selbst gedeckt ist) auch das Gesamtvolumen der emittierten Schuldverschreibungen — in „werthaltige Assets" zu wandeln. Die Akteure auf diesem Markt haben beispielsweise die Möglichkeit, mit stärkerem Risiko behaftete Schuldverschreibungen in „öffentliche" (d. h. auch für Kleinanleger erreichbare) Publikumsfonds oder bei Großinvestoren (insb. Versicherungen) zu platzieren. Dies geschieht u. a. auch über ein „Veredeln" über Diversifizierungsstrategien in Fonds; der Fond kauft unterschiedliche Papiere / Schuldtitel und refinanziert den Kauf durch die Emission eigener „besser gerateter" Schuldtitel. Dabei wird in einem hohen Maße sogar ausschließlich das Ausfallrisiko transferiert und nur ein Teil der mit den Schuldtiteln verbundenen Zinseinnahmen z. B. über die so genannten Repurchase Agreements weitergegeben. (Bei einem RePo erfolgt der Verkauf einer Sicherheit (Kassa-Geschäft) bei einer gleichzeitigen Verabredung eines Rückkaufs in der Zukunft (Termingeschäft)).

Alternativ werden solche „Risiko-Transfers" auch über „Kredit-Derivate", z. B. über einen so genannten „credit default swap" realisiert oder über die Zwischenschaltung von „Asset Backed Securities".

[Asset Backed Securities]

Asset Backed Securities, d. h. Schuldverschreibungen, denen als Sicherheit eine bilanzielle Aktiv-position (englisch: Asset) hinterlegt ist, stellen eine für Finanzinstitute günstige Möglichkeit einer Kreditvergabe dar. Durch die Sicherheitsleistung sind nur geringe Eigenkapitalquoten für diese Art von Kredit (als Risikoaktiva des Finanzinstituts) erforderlich. Unternehmen haben darüber die Möglichkeit, Anlagevermögen — insbesondere auch stille Reserven — ohne Aktivierung gleich mehrfach für sich arbeiten zu lassen. Dies betrifft bspw. die Produktionskapazitäten, also Ma-schinen, Lager und Fabrikgebäude etc., die für die eigentliche Wertschöpfung des Unternehmens erforderlich sind. „REITS" (Real Estate Investment Trusts), die nunmehr auch in Deutschland ein-geführt werden sollen [19], stellen hier im Prinzip einen Spezialfall dar, begrenzt auf Immobilien, der durch Steuervergünstigungen die Aktivierung diesbezüglicher stiller Reserven bewirken soll. Durch eine „Verpfändung" von Produktionskapazitäten kann kostengünstig Giralgeld geschöpft werden, das, in Finanzanlagen investiert, zusätzliche Erträge erwirtschaften kann. Als Leverage-Strategie kann bspw. das kaskadierte Aufkaufen von Schuldverschreibungen (wie im Kapitel XI.1 geschildert) realisiert werden. Da die Schuldzinsen — bei geeigneter Platzierung — als Aufwand Gewinn mindernd sind, ist dabei insbesondere auch eine kostengünstige Ausgangsliquidität für den Erwerb von Firmenanteilen (natürlich auch eine komplette Firmenübernahme) realisierbar.

„Asset Backed Securities" (i. W. die Verbriefung von Ansprüchen auf Vermö-genswerte oder zukünftige Einnahmen) bzw. die Kreditverbriefung stellen eine sogenannte „Finanzmarktinnovation" dar, die in Deutschland erst seit ca. Mitte der 90er Jahre eingesetzt wird. Im Kern werden dabei Kredite, seien sie gesichert (z. B. über eine Grundschuld, über einen abgetretenen, zukünftig zu erwartenden Einnahmestrom o. ä.) oder ungesicherte Kredite in handelbare „Securities" transformiert. Dies kann man sich so vorstellen, dass ein Spezialfi-nanzinstitut gegründet wird (ein sogenanntes **Special Purpose Vehicle – SPV**, das in besonderen Rechtskonstruktionen auch als Conduit bezeichnet wird), das Aktien bzw. aktienartige Schuldtitel, die nicht notwendigerweise an der Börse gehandelt werden / werden können, als Unternehmensanteile herausgibt. Diese können dann auf sogenannten geregelten / organisierten (nicht aber notwendigerweise regulierten, d. h. der Finanzdienstleistungsaufsicht unterliegenden) Märkten gehandelt werden. Mit den durch die Aktienemission (oder neu emittierte Schuldverschreibungen) eingenommenen Geldern werden die Kredite von der ursprünglich den Kredit gewährenden Bank, ggf. einschließlich der für den Kredit hinterlegten Sicherheiten, aufgekauft. Die Kreditzinsen stellen dann Unternehmensgewinne des Special Purpose Vehicles dar, die als Dividenden (oder Schuldverschreibungs-Coupons) an die Anteilseigner ausgezahlt werden. Kreditausfälle führen zur Reduktion des Unternehmenswertes.

Interessant ist in diesem Zusammenhang insbesondere auch, dass über diese Konstruktion letztlich das über die Kreditvergabe **neu erzeugte Giralgeld umgewandelt wird in ein** aufgrund der existierenden Security Settlement Systems mittlerweile annähernd **gleich liquides Geldsurrogat**. Die SPVs „sammeln" Giralgeld im Tausch gegen SPV-Anteile ein und lösen damit den ursprünglichen Kredit bei der Bank aus ($\Rightarrow$ Reduktion der Giralgeldmenge).

Wie oben schon angedeutet, müssen die entsprechenden Asset Backed Securities nicht Aktien sein, die ja dann der Börsenaufsicht usw. unterliegen würden, sondern es kann sich dabei auch um Schuldverschreibungen der SPVs handeln, die nicht den börsenrechtlichen, bankenaufsichtsmäßigen Regularien unterliegen und damit bei Weitem einfacher und kostengünstiger zu handhaben sind. Hierzu bedient man sich aktuell z. B. auch der Konstruktion von „Aktien-Zertifikaten", also Schuldverschreibungen, deren Coupon und Wert sich aus der oder den damit referenzierten Aktie(n) ableiten, ohne aber wirklich eine Aktie zu sein (im Prinzip sind ADR/ADS hierzu ein Vorbild [24]). Dadurch können Aktien-Zertifikate auch in weitaus größerem Volumen begeben und — außerbörslich — gehandelt werden, ohne signifikante Auswirkung auf den Aktienkurs.

Besonders kritische Aspekte im Finanzmarkt

Große Probleme liegen in den Bereichen Steuergesetzgebung und Regulierung der Finanzmärkte. Die Ausnutzung der fehlenden Harmonisierung auf internationaler Ebene (u. a. da ein
Standortwettbewerb teils über Steuer- und Finanzsysteme geführt wird), die gegebene Intransparenz im Finanzdienstleistungsbereich, „innovative Finanzinstrumente" etc. führen zu einer

- permanenten Neuverschuldung der öffentlichen Hände seit über 35 Jahren; der daraus
  resultierende Sozialabbau trifft insbesondere die ökonomisch ohnehin Schwächeren,
- Liquidität „ohne Ende" in den Händen von Wenigen,
- Umverteilung von Finanz- und Sachvermögen zu den ökonomisch ohnehin
  besonders starken Akteuren,
- Verlagerung der Risiken auf die Allgemeinheit, weg von den ökonomisch
  besonders starken Akteuren.

Dabei staut sich bislang der durch die Verschuldung ($\Rightarrow$ Geldschöpfung) induzierte
Inflationsdruck auf!

III. Wie ist die Verschuldung von „Governmental Agencies" einzuschätzen?

Governmental Agencies (auch **GSE** genannt – **Governmental sponsored Enterprises**) können prinzipiell als besondere Form von Special Purpose Vehicles (vgl. Kap. II) angesehen werden, und zwar initiiert von der öffentlichen Hand. Governmental Agencies sind im Allgemeinen (d. h. insbesondere in den USA) formaljuristisch privatwirtschaftliche, rechtlich eigenständige Finanzinstitutionen, für die üblicherweise keine Haftung durch die öffentliche Hand fixiert wird. Der Weltfinanzmarkt unterstellt den Governmental Agencies von Staaten mit hervorragendem Rating (also z. B. den G7-Staaten) aber nahezu automatisch die gleiche Bonität wie dem Staat selbst. Man erwartet, dass der Staat im Problemfall eine Hilfestellung gibt, was in den USA zumindest für gewisse Fälle auch durch die REFCORP – „The Resolution Funding Corporation" als möglich angesehen werden kann. Die KfW – Kreditanstalt für Wiederaufbau in Deutschland ist als GSE zu werten und als Anstalt öffentlichen Rechts mit prinzipiell möglicher — aber im Einzelfall explizit zu vereinbarender — Haftung des Bundes ausgestaltet [58].

Die Rolle der Governmental Agencies:

- „AUFHÜBSCHUNG" VON KREDITEN
- HANDELBARKEIT DER SO VERBRIEFTEN KREDITE
- „PRIVATISIERUNG" ÖFFENTLICHER VERSCHULDUNG/BÜRGSCHAFTEN

Von ihrer Rolle im Finanzsystem her können die Governmental Agencies als Kreditgeber für ein jeweils spezifisches engeres oder auch weites Kreditsegment betrachtet werden, bei dem erstens die Kredite — wie in Kap. II geschildert — in handelbare Securities umgewandelt werden und zweitens die Bonität des Kreditvolumens, besser gesagt das Rating der Kredite, in ein Rating des Staates umgewandelt wird. Hierbei ist zu erwähnen, dass das Rating von Forderungen (so genannte „Risikoaktiva" der Finanzinstitute) eine wichtige Rolle spielt, u. a. weil es für Banken über die Basel- und Basel II-Verabredungen [14] direkten Einfluss auf die Höhe der banken-aufsichtlich geforderten Eigenkapitalhinterlegung der Institute hat. „Exzellente Papiere" werden aber auch als „hoch liquide" eingestuft, d. h. sie können jeder-zeit für eine temporäre Refinanzierung bei Zentralbanken hinterlegt werden. Die Risikogewichtung von 0,2 (20 %) für Schuldtitel dieser Institutionen (sogenannte GSE debt obligations) stellt derzeit die bestmögliche Gewichtung nichtstaatlicher Titel dar (entspricht der Gewichtung von Bankschuldverschreibungen / Kredi-ten von so genannten „Prime Banks", den best angesehenen Banken der Welt). Des Weiteren ist der Erwerb von Vermögenstiteln für Versicherungen, Pensions-fonds etc. teilweise eingeschränkt (in Deutschland bspw. über das Versicherungs-aufsichtsgesetz [97] und die Anlageverordnung für Versicherungsunternehmen [96]) oder mit einer nachteiligen Bewertung verbunden (bspw. in Deutschland im Rahmen der Bundesaufsichtlich geforderten Stresstests [16]), so dass es für solche Unternehmen vorteilhaft ist, wenn sich Schuldverschreibungen, z. B. über die skizzierte „Veredelung", grundsätzlich als „exzellente Papiere" darstellen lassen. Dies kann noch wichtiger werden, wenn auch für Versicherungen eine Eigenka-pitalhinterlegung für Anlagerisiken eingeführt wird (Solvency II [85]).

Governmental Agencies sind prinzipiell von politischer Seite aus gesehen öffentli-che Förderinstitutionen für besondere, gewünschte Anliegen. In den USA betrifft dies z. B. schwerpunktmäßig den Wohnungsbau (**Fannie Mae, Freddy Mac, FHL Banks**), in Deutschland ist dies beispielsweise das Aufgabenspektrum der **Kreditanstalt für Wiederaufbau** und auf europäischer Ebene das der **Euro-päischen Investitionsbank**. Neben dem Wohnungsbau werden hierüber bei-spielsweise auch Mittelstandskredite oder auch Europa-dienliche Projekte finan-ziert.

debt securities 2005	in den verschiedenen Währungsräumen						
Daten in Mrd/bn $ (zu laufenden Preisen)	USD	EUR	JPY	GBP	CHF	andere	Summe
Finanzsektor (ohne gov. Agencies)	9.539	7.431	627	1.239	250	1.705	20.791
Government (inkl. Gov. Agencies)	12.786	6.720	8.012	946	156	3.712	32.333
davon gov. Agencies	6.275	892	883	112	16	284	8.461
in Prozent	49%	13%	11%	12%	10%	8%	26%
international Organizations	222	240	20	45	10	24	561
Corporate	3.336	1.757	827	518	43	388	6.870
total amounts	25.883	16.148	9.486	2.748	460	5.830	60.555

Abb. 5: Sektorale Verteilung verbriefter Schulden

Vom Finanzierungsvolumen stellen Governmental Agencies mittlerweile einen nicht als marginal, sondern eher schon als erheblich zu bezeichnenden Anteil des Weltfinanzmarktes dar. Das Volumen an ausstehenden Schuldverschreibungen von Governmental Agencies lag Anfang 2005 bei ca. 8,5 Bill. $ (US-Trillions). Davon entfielen alleine ca. 6,3 Bill. $ auf die Governmental Agencies in den USA, nur jeweils weniger als 1 Bill. $ im Euro-Raum und in Japan (vgl. hierzu Anlage A für weitere Details).

Aufgrund ihres Fördercharakters sind die Schuldtitel von Governmental Agencies über viele Jahre in den internationalen Statistiken der Bank für internationalen Zahlungsausgleich (BIS) dem Government-Bereich zugeordnet worden. Erst im März 2003 erfolgte deren Umwidmung mit Zuordnung zu dem Finanzsektor [11], seitdem werden keine separaten Zahlen mehr ausgewiesen. Alle von der BIS veröffentlichten Zeitreihen wurden auch rückwirkend geändert. Insofern, als diese Schuldtitel eigentlich der öffentlichen Seite zuzurechnen sind, ist damit eine korrekte Feststellung der öffentlichen Verschuldung der einzelnen Währungsräume in dieser bekannten Quelle für statistische Daten nicht mehr möglich.

Es stellt sich die Frage, welche ökonomischen bzw. gesellschaftlichen Implikationen mit den Governmental Agencies bzw. die über die Governmental Agencies emittierten Schuldverschreibungen bewirkt werden. Hierzu soll das Segment der Wohnungsbau- bzw. Immobilienfinanzierung betrachtet werden — fokussiert auf die Bedeutung von Immobilien als Teil der Altersabsicherung in der heutigen Gesellschaft. Da selbst nachrangige Darlehen zu günstigen Konditionen vergeben werden, kann faktisch ohne die Schöpfung neuen Giralgelds eine Bestandsimmobilie (im Eigentum eines Bürgers im Rentenalter) bei Bedarf für den Konsum „liquidiert" werden, indem beispielsweise ein Erwerbstätiger (d. h. ein jüngerer Bürger) den Kauf über ein Hypothekendarlehen bei einer Governmental Agency finanziert. Die Governmental Agency kann sich durch die Emission und den Verkauf von eigenen, d. h. neu emittierten Schuldtiteln, beispielsweise über einen Pensionsfond (oder eine Lebensversicherung etc.) refinanzieren. Der Pensionsfond kann nur deshalb diese Schuldtitel kaufen, weil sie das entsprechend hohe Rating erstklassiger Staaten aufweisen. Es wird insofern die Haftung des Staates unterstellt, obwohl dies formaljuristisch nicht gegeben ist und man daher im Ernstfall nicht einen stützenden staatlichen Eingriff einfordern kann.

Es ist aber bei dieser Beispielskonstruktion ersichtlich, dass hier kein prinzipieller Unterschied zur umlagegesicherten Rentenfinanzierung gegeben ist, insofern, als diese „Rentenbeitragszahlung" sich in ihrer Höhe aus dem Zinssatz ableitet, der für die Kredite zu zahlen ist. Zielführend ist dies immer dann, wenn zum einen die Immobilienpreisentwicklung in einem Korridor verläuft, bei dem die zum Zeitpunkt der Veräußerung erzielte Liquidität für die Lebensgestaltung im Alter ausreicht und zum anderen die daraus resultierende Zinsbelastung von den neuen Erwerbern getragen werden kann. Dies entspricht insofern prinzipiell der Last von Rentenkassen (und deren Beitragszahlern), bei denen sicherzustellen ist, dass die auszuzahlenden Renten über die eingenommenen Rentenbeiträge finanziert werden können.

Jedoch ist hier zu beachten, dass es sich bei einer **Verschuldung** entweder um eine von der Intention her temporäre **Vermögensumschichtung** oder um einen vorgezogenen **Konsum zukünftiger Leistungen** handelt, wenn man einmal von dem gezielten Einsatz einer Verschuldung zur Einkommenserzielung u. a. über Steuerreduktionen — wie zuvor geschildert — absieht.

Anders ausgedrückt: Die über durch Kredite finanzierte Immobilienkäufe geleisteten „Rentenzahlungen" werden nicht allein über Beiträge von heute, sondern bereits über Beiträge von morgen und übermorgen finanziert. Da die damit verbundenen Schuldverschreibungen (zur Refinanzierung der Kredite) und die damit zusammenhängenden Zahlungsströme zum großen Teil auch bei Versicherungen landen, wird das Ausfallrisiko für die Zahlungen sogar noch vom Prinzip her in die Gruppe der Beitragszahler, und zwar der aktuellen Beitragszahler, transferiert.

Die derzeitigen Beitragszahler / Kreditnehmer finanzieren so nicht nur die aktuellen Rentenzahlungen über steigende Immobilienpreise mit (obwohl dies bei einer Kapitalbasierten Rente nicht so sein sollte); sondern ihre eigene Leistungsfähigkeit und die gegebenen und zukünftigen Erwerbsmöglichkeiten (d. h. insbesondere auch der nachfolgenden Generation) bestimmen auch noch in signifikantem Maße die Höhe der eigenen z. B. über eine Pensionskasse kapitalbasiert ausgestalteten Rente in der Zukunft, da das Ausfallrisiko in der eigenen Generation verbleibt. Nicht das zählt als Bemessungsgrundlage für die eigene Rente, was man „eingezahlt" hat, sondern die zukünftigen Erlöse abzüglich der Ausfälle.

Dieses Problemszenario ist um so kritischer zu bewerten, je höher eine Immobilie „belastet" ist. Relevant ist auch, wie der dafür zugrunde gelegte **„Verkehrswert der Immobilie"** bestimmt wird. Und hier ist zu beobachten, dass z. B. in den USA mittlerweile — anders als z. B. in Deutschland — ein voller **Marktwert**, der sich **aus einer hedonischen Bewertung** ergibt, angesetzt wird. Eine Steigerung des Marktwertes wird genutzt, um damit weitere, nicht der Verbesserung oder Ausweitung der Immobiliensubstanz, sondern dem Konsum gewidmete Kredite aufzunehmen (mortgage equity withdrawal). **D. h. dieses „Rentenvermögen" wächst nur nominal und nicht real!**

Besonders kritische Aspekte bei GSEs

- Versteckte öffentliche Verschuldung: Governmental Sponsored Enterprises verschulden sich, um politisch, d. h. von der öffentlichen Hand gewünschte Anliegen zu unterstützen.
- Governmental Sponsored Enterprises unterstützen ein Wirtschaftswachstum „auf Pump".
- Das Prinzip „Hoffnung": Kreditfinanzierung von Anlagen mit erhoffter zukünftiger Wertsteigerung zur Altersversorgung durch die Arbeitnehmer selbst; insbesondere durch den schuldenbasierten Kauf von Immobilien, aber auch (über z. B. Pensionsfonds) in Bezug auf Aktien. Über die erhoffte Wertsteigerung soll dabei auch der Kredit getilgt werden. Daraus resultiert gerade in den USA ein Zwang zur permanenten nominalen Wertsteigerung der Anlageobjekte, da sonst u. a. die Alterssicherung zusammenbrechen würde.

IV. Warum holt der Euro-Finanzsektor (ohne Governmental Agencies) gegenüber den USA bei der Verschuldung auf?

Das statistische Zahlenmaterial zeigt auf, dass im Finanzsektor der prozentuale Anteil der €-denominierten Schuldverschreibungen gegenüber den $-denominierten Schuldverschreibungen seit 2001 immer mehr zunimmt.

Daten in Mrd/bn	1970	Steigerung 1970–1992 pro Jahr	1992	Steigerung 1992–2001 pro Jahr	2001	Steigerung 2001–2005 pro Jahr	2005	Steigerung ggü. 2004
Debt securities Finance								
(ohne Gov. Agencies)								
USD (in $)	123	13,54%	2.004	14,29%	6.667	9,37%	9.539	16,26%
EUR (in €)	384	7,09%	1.731	8,60%	3.638	13,16%	5.965	14,38%
Weltweit (in $)	495	11,83%	5.795	8,96%	12.545	13,46%	20.791	14,69%
Weltweit (in €)	905	7,34%	4.300	14,02%	14.007	4,48%	16.690	14,46%
Anteil weltweit								
USD	24,77%	1,53%	34,58%	4,89%	53,15%	-3,61%	45,88%	1,37%
EUR	42,39%	-0,23%	40,26%	-4,75%	25,97%	8,31%	35,74%	-0,07%

Abb. 6: Verschuldung des finanziellen Sektors

Im Folgenden werden zur Begründung zwei Aspekte skizziert. Der erste Aspekt resultiert aus der Überlegung, dass gerade auch von politischer Seite, aufgrund der mittlerweile starken internationalen Verflechtung im Handel und den daraus resultierenden Abhängigkeiten zwischen verschiedenen Staaten, eine möglichst hohe Stabilität bei den Wechselkursen der wichtigen Währungsräume angestrebt wird. Es ist anzunehmen, dass die „schmerzhaften" Erfahrungen bei spekulativen Angriffen auf einzelne Währungsräume, wie beispielsweise durch Hedge Fonds [61] (wie der spektakuläre Angriff des Quantum Fonds von George

Soros auf das britische Pfund) neben den direkten Eingriffsmöglichkeiten von Zentralbanken (z. B. An- und Verkauf von Währungsreserven) und den Handlungsmöglichkeiten über den IWF (z. B. Nutzung der Sonderziehungsrechte) auch den Einsatz steuernder Maßnahmen über andere Akteure des Weltfinanzsystems motiviert, ohne dass dies öffentlich bekannt und publiziert ist.

Der zweite Aspekt, der hier als Antwort auf die Frage skizziert wird, warum die auf € lautenden Schuldschein-Emissionen stärker zunehmen als die auf $ lautenden, ist dabei grundsätzlich anderer Natur und in seiner Tendenz beunruhigender. Denn er zeigt auf, wie es die Deregulierung des Finanzmarktes gewissen Schlüsselakteuren ermöglicht — und hier insbesondere solchen, die über ausreichend Finanzvermögen verfügen und steuernden Zugriff auf Finanzinstitutionen haben —, im weitaus größerem Volumen Sachwerte und hier insbesondere auch Produktionskapital zu erwerben.

Einsatzfelder von Schuldverschreibungen des Finanzsektors

- „Inflationsexport"
- Umgehung von Auflagen der Finanzdienstleitungsaufsicht
  - Mindestreserve
  - Liquidität
  - Solvabilität (insb. auch über „innovative Eigenkapitalinstrumente")
- Realisierung von „Leverage-Strategien"
  - Kreditfinanzierte Aufkäufe

Kommt es zu einer Währungsabwertung, verlieren die Gläubiger zu Gunsten ihrer Schuldner. So könnten selbst die am höchsten verschuldeten Staaten zu den „Gewinnern" bei einer solchen Korrektur gehören.

IV.1 Steuernder Eingriff zur Währungsstabilisierung

Vor dem Hintergrund u. a. des kontinuierlich gegebenen und in den letzten Jahren permanent sehr hohen Außenhandelsbilanzdefizits der USA [93] und der immens hohen Aufwendungen der USA für Verteidigung [40] (vgl. hierzu auch die Abb. 2 in Kap. II) ist ein stetiges Wachstum der öffentlichen Verbindlichkeiten zu verzeichnen (z. Zt. (2005) ca. 9,9 Bill. \$, die im Staatshaushalt — nur federal government! — ausgewiesen werden [95]). Unter Berücksichtigung der in [43] ausgewiesenen Verbindlichkeiten der Einzelstaaten und Kommunen in den USA (ca. 2,3 Bill. \$) und deren Pensionsfonds (ca. 2,7 Bill. \$), sowie den Verbindlichkeiten der Governmental Agencies (ca. 6,3 Bill. \$) liegt der Gesamtbetrag der Verbindlichkeiten der öffentlichen Hand in den USA im Jahr 2005 bei über 21 Bill. \$ (US-trillions); (vgl. hierzu auch Kap. IX.). Als öffentliche „Schulden" weisen die USA in Veröffentlichungen (z. B. auch in den Statistiken des IMF [102] meist nur einen Betrag aus, der dem Volumen von Krediten und Schuldverschreibungen des federal government (also **ohne** Staaten, Kommunen etc.) entspricht. Und dabei wird auch noch argumentiert, dass „intra-governmental debt", also z. B. ein Ausleihen von Geld bei einem (Bundes-)staatlichen Sozial-Fond keine wirkliche Verschuldung sei, obwohl dieser Fond sehr wohl eine Verbindlichkeit gegenüber Dritten hat. Dies ist aber nicht die einzige Ungereimtheit. Der Chef-Controller der USA sieht sich seit über 10 Jahren außer Stande, eine qualifizierte Meinung zum konsolidierten Haushalt des federal government abzugeben (bspw. in [94],[95]). Da fällt die Tatsache, dass das fiskalische Jahr der öffentlichen Hand in den USA am 30.09. endet, fast schon nicht mehr ins Gewicht. Man sollte aber dennoch wissen: Wenn die US-Schulden in Relation zum GDP gesetzt werden, dann werden Daten zweier unterschiedlicher Zeiträume verglichen.

Trotz aller Bemühungen von US-Regierung und Federal Reserve Bank in den vergangenen Jahren, den Dollar „stark" zu halten, ist im Bereich der Sachvermögenswerte (z. B. bei speziellen Immobilien, Unternehmen, Gold etc.) schon länger eine stetige und starke Inflation zu beobachten[1]. Es ist daher zu vermuten, dass sich eine entsprechende Inflation noch über die erfolgte Abwertung der letzten Jahre hinaus auf den Wechselkurs des $ überträgt (vgl. hierzu auch Kap. II und XIII), wenn „Gegenmaßnahmen" nicht mehr greifen. Was wäre hier möglich und denkbar?

Emission von Bank-Schuldverschreibungen zur Währungsstabilisierung:

- „EXPORT" VON INFLATION
- UMWANDLUNG VON SCHULDEN IN GIRALGELD ANDERER WÄHRUNGEN

Werden Importe aus z. B. Europa in die USA in Dollar bezahlt, so kann dies zu einer Verteuerung des Euros führen, d. h. zu einer Abwertung des Dollars. Dies ist besonders dann der Fall, wenn in Europa positionierte Exporteure in größerem Volumen diese Dollar nicht in Dollarpapieren weiter anlegen oder in den USA investieren, sondern — bei gleichbleibender Euro-Geldmenge — die Dollar in Euro wechseln wollen (bspw. Kauf der Dollar durch einen Geldmarkt-Fond). Entgegen gesteuert werden kann dem zunächst einmal dann, wenn die Dollar durch Zentral- oder Geschäftsbanken über eine Euro-Giralgeldschöpfung erworben werden, denn damit ist eine Vergrößerung der Euro-Geldmenge verbunden. Das bedeutet: der Exporteur bekommt in diesem Fall eine Euro-Gutschrift auf seinem Konto (Giralgeld) und im Bankensektor sind auf der Aktivseite die Dollarreserven gewachsen, die beispielsweise in Schuldverschreibungen des US-Staates angelegt werden könnten. Es verbleibt dann allerdings das Abwertungsrisiko bzw. das Wechselkursrisiko hinsichtlich des Dollars im — in diesem Fall europäischen — Finanzsektor.

---

[1] Dies betrifft nicht alle Segmente gleich, sondern im besonderen Maße aktuell (2007) nur noch den preislich oberen und unteren Teil, sowie knappe Ressourcen (vgl. hierzu auch die Ausführungen in Kap. XIII).

Es ist davon auszugehen, dass gerade der Finanzsektor kein Interesse daran hat, dieses Wechselkursrisiko vor dem Hintergrund der oben kurz angerissenen Situation zu halten, da **kurz- bis mittelfristig eine weitere Abwertung des Dollar** (die bei weitem nicht über die derzeitigen Zins-Coupons für Dollar-Anleihen kompensiert wird) zu erwarten ist [44],[62]. Insbesondere unter dieser Prämisse ist es nicht gänzlich auszuschließen, dass die Federal Reserve Bank in Abstimmung mit der US-Regierung z. B. mit ausgewählten europäischen und asiatischen Banken eine Lösung formuliert bzw. vereinbart, um eine Wechselkursstabilisierung, die u. a. aus Sicht der US-Regierung wünschenswert, aber auch international gewünscht ist, zu erreichen (siehe nachfolgenden Kasten). Denn eine Interventionspflicht der Zentralbanken — wie früher im Rahmen der Vereinbarungen von Bretton Woods — ist aktuell nicht mehr gegeben. Systemisch könnte sich aber auch — ohne Verabredung — ein entsprechendes Handeln einstellen oder schon eingestellt haben (siehe hierzu auch Kap. XIV).

Kauf von $-Schuldtiteln mit Giralgeld in anderen Währungen

Der Kauf von $-denominierten Schuldtiteln könnte so ausgestaltet sein, dass z. B. eine europäische Bank das Währungsrisiko einer erworbenen US-Schuldverschreibung gegen eine selbst emittierte Euro-Schuldverschreibung swapt (bei einem „Swap" werden zwei Zahlungsströme „getauscht"). In diesem Fall erhält beispielsweise der Inhaber der Euro-Schuldverschreibung die Zinszahlungen und den Ablösebetrag der US-Schuldverschreibung und umgekehrt. Hierzu würde eine US-Bank (und dies könnte auch die Federal Reserve Bank sein) einen Euro-Kredit bei einer Euro-Bank aufnehmen (⇒ Euro-Giralgeld-Schöpfung), um mit dem so geschaffenen Euro-Giralgeld eine Euro-Schuldverschreibung zu erwerben, die dann gegen einen US-Staatsschuldtitel geswapt wird.

Der skizzierte Weg geht zunächst einmal davon aus, dass ein Dollar-Überschuss aufgrund des Außenhandelsbilanzdefizits als Einlage bei einer europäischen Bank verfügbar wird.

Prinzipiell erscheint es zudem aber auch möglich, durch geeignete Vereinbarungen von Parteien des Primärmarktes — bzw. ein systemisch motiviertes Handeln — auf die Stabilität von Währungen und die Vermeidung von Risiken Einfluss zu nehmen. Hierzu kann der Bankensektor für ein „ausgewogenes" Volumen der weltweit handelbaren Finanztitel sorgen, indem er geeignet viele Bankschuldverschreibungen in „unterrepräsentierten" Währungen zum „Kauf" von Schuldverschreibungen der „überrepräsentierten" Währungen emittiert (nächster Kasten). Das Inflationsrisiko wird so „ausgewogen" auf alle Währungsräume verteilt.

„Risikoloser" Kauf von $-Schuldtiteln mit Währungs-Swap

Will beispielsweise eine Bank des Euro-Raumes eine Dollar-Schuldverschreibung – beispielsweise des US-Staates – erwerben, so könnte hierfür als erster Schritt eine vergleichbare Bank-Schuldverschreibung (in €) emittiert werden. Ein weiterer Schritt wäre der Erwerb der Dollar-Schuldverschreibung mit einem Euro-Äquivalent, z. B. realisiert über die CLS-Bank International (Sitz in New York; www.cls-services.com), die mittlerweile eine zentrale Abwicklungsstelle für multi-currency-payment darstellt. Ein dritter Schritt wäre dann die Fixierung eines Währungsswaps, über den letztendlich neben der Absicherung der Währungsschwankung die Verteilung der Zinscoupons geregelt wird. Bei einer angenommenen Gleichheit der Zinscoupons von Staatsschuldverschreibung und Bankschuldverschreibung würde beispielsweise die die Schuldverschreibung emittierende Bank einen Vorteil bei dem Swap eingeräumt bekommen, beispielsweise in Höhe der Hälfte des Zinscoupons. Alternativ könnte bei einem hinsichtlich der Couponverteilung neutralen Swap die Couponverteilung über ein RePo zwischen der die Bankschuldverschreibung kaufenden Bank und der emittierenden Bank bezüglich der Bankschuldverschreibung erfolgen.

Im Prinzip hat bei dem geschilderten Prozess die Bank, die die Schuldverschreibung emittiert, die Dollarschuldverschreibung des Staates über einen Kredit bei sich selbst in Euro finanziert!

Diese vereinfachte Darstellung möglicher Abwicklungen, die freilich in ganz unterschiedlicher Ausprägung in der Realität ausgestaltet sein kann, zeigt, dass die im so genannten Primärmarkt (vgl. Anlage B.1) zusammengeschlossenen

Banken mindestens eine Möglichkeit besitzen, Wechselkursschwankungen wie folgt entgegenzuwirken: Es wird weltweit für ein gleichmäßiges Wachstum der Geldmengen (in einer sehr weit gefassten Begrifflichkeit, jeweils auf eine Währung bezogen), gesorgt. Dabei kann eingerichtet werden, welche Zinscoupons in welcher Höhe den beteiligten Parteien zufließen. Darüber hinaus ist die Konsequenz eine doppelte Liquidität (Staatstitel und korrespondierende Banktitel) mittels der gegebenen Refinanzierungs-Möglichkeiten, z. B. über RePo-Geschäfte am Kapitalmarkt oder über die Fazilitäten der Zentralbanken.

IV.2 Kreditfinanzierter Erwerb von Sachvermögenswerten

Wie bereits in Kap. II ausgeführt, stellt der Grad der öffentlichen Verschuldung ein signifikantes Inflationsrisiko dar. Wenn man davon ausgeht, dass die entscheidenden Akteure im Weltfinanzmarkt sich dieses Risikos bewusst sind, besteht eine mögliche Gegenstrategie darin, Finanzvermögen zunehmend in Sachvermögen umzuschichten. Das findet auch statt: Insbesondere über Investmentfirmen wurden und werden in immer höherem Umfang Firmenaufkäufe oder Aufkäufe von Immobilienbesitz, auch im Rahmen von Privatisierungsaktivitäten der öffentlichen Hand, realisiert. Diese Aufkäufe werden übrigens maßgeblich über Kredite finanziert (leveraged). Es ist klar, dass diese Engagements sich immer an den weltweit attraktivsten Anlageobjekten bzw. Anlagemöglichkeiten orientieren. Dabei ist entscheidend, wie groß das Angebot an Vermögensobjekten ist, da sich letztendlich daraus (und aus der Nachfrage) der jeweilige Preis bestimmt. Gerade was die Bewertung von Produktionskapital als Vermögensobjekt angeht, ist das jeweilige Umfeld mit prägend, d. h. die Randbedingungen, die an einem jeweiligen Standort gegeben sind.

Wenn man sich vor Augen führt, dass einerseits gerade im Hinblick auf den Dollar eine hohe Inflationsgefahr gegeben ist, auf der anderen Seite der Einigungsprozess in der Europäischen Union und die Existenz des Euro-Raumes auf eine Stärkung und auf Wachstum ausgerichtet sind, ist zu vermuten, dass es insbesondere für Dollarkapital, d. h. Dollarfinanzvermögen, attraktiv war und ist, in europäische Investments einzusteigen (Vergleichbares gilt aus Sicht des Autors immer noch auch für das britische Pfund).

Hier ist nun das Umfeld der Basel II Verabredung relevant. Das betrifft insbesondere die Grundsätze für die Solvabilität von Finanzinstituten [14]. Da nur 8 % Eigenkapital für Risiko gewichtete Forderungen („Risikoaktiva", also insbesondere Kredite) durch ein Finanzinstitut nachgewiesen werden müssen (zur Umsetzung der europäischen Regelung in der Bundesrepublik, siehe [25],[28], vgl. hierzu auch Anlage B.2), kann derart eingebrachtes Kapital je nach Bonität der dann den Kredit aufnehmenden Investmentgesellschaft ein Vielfaches an **Hebelwirkung** erzeugen („Leverage Strategie", „Leveraged BuyOut"). Dies ist die vielleicht wichtigste Folge von Basel II: So wird eine signifikante Ausweitung der Geldmenge ermöglicht. Eine erstklassig gewertete (geratete) Investmentgesellschaft kann so von einer Bank sogar das 62,5-fache an Finanzvolumen als Kredit bekommen, bezogen auf das nachgewiesene Eigenkapital der Bank (sofern die Bank ihren Mindestreserve- und Liquiditätsverpflichtungen nachkommen kann).

Investmentgesellschaften (die ja auch der Gruppe der Finanzinstitute zugeordnet, aber keine „Kreditinstitute" sind) können dazu Schuldverschreibungen emittieren und diese können von Banken und bei entsprechender Bonität sogar auch von Versicherungen aufgekauft werden. Gleiches gilt für die Gruppe der Governmental Agencies (vgl. Kap. III).

Die so gewonnene Liquidität kann dann für den Erwerb von Produktivvermögen und anderen Sachwerten eingesetzt werden. Dabei ist davon auszugehen, dass das so über Kredite neu geschaffene Giralgeld anschließend wieder in Finanzaktiva

angelegt wird (insbesondere zur Laufzeittransformation, um die Liquiditätssituation bei der Kredit gewährenden Bank zu verbessern). Sofern also diese Aktiva vom Finanzsektor bereitgestellt werden, wird das Giralgeld nach dem Erwerb der Sachvermögensobjekte wieder dem Geldkreislauf (im engeren Sinne, d. h. der Geldmenge M1) entzogen. **Produktivwerte und andere Sachvermögen sind so gegen ungesicherte Schuldverschreibungen ausgetauscht worden!**

Risikoloses, frisches Geld durch Multiplikatoreffekt

Ein Investor mit Zugriff auf eine hoch geratete Investmentfirma (z. B. als Eigner), beispielsweise im Rahmen eines Finanzkonglomerats, kann den multiplikativen Effekt ausnutzen, um frisches risikoloses Geld zu generieren. Hierzu legt er beispielsweise 1 Mio.€ an zunächst freiem Kapital bei einem Kreditinstitut als Eigenkapital ein, so dass der hoch gerateten Investmentfirma das 62,5-fache, also 62,5 Mio.€ als neu geschöpftes Giralgeld von dem Kreditinstitut ausgeliehen werden kann, z. B. zum Zinssatz für Interbankkredite (beispielsweise 3 %). Dieser nominelle Aufwand für die Investmentfirma ist aus Sicht des Investors um die Rendite auf das bei der Bank eingelegte Eigenkapital zu reduzieren. Bei einer angenommenen Eigenkapitalrendite von 25 % (wie sie ja bspw. auch den Zielkorridor der Deutschen Bank darstellt; einzelne Finanzdienstleister kommen aktuell auf fast 50 %), liegt dann der um diese Rendite gekürzte Aufwand für das neu geschöpfte Giralgeld bei 1,625 Mio.€ pro Jahr. Da die Investmentfirma nun die Möglichkeit hat, öffentliche Schuldverschreibungen mit beispielsweise 5 % Zins zu erwerben, muss sie lediglich 32,5 Mio.€ des Kredites in solche Papiere anlegen, um den Schuldendienst langfristig abzudecken. Es verbleiben dann 30 Mio.€ an frischem, neu geschöpftem Geld für ein Investment beispielsweise in Sachwerte oder Produktivvermögen. Ein Teil dieser Mittel kann aber auch wiederum als Eigenkapitaleinlage bei Finanzinstituten Verwendung finden.

Da mit dem Gramm-Leach-Bliley Act [48] von 1999 die Trennung von Investmentbanking, konventionellen Bankgeschäften und Versicherungen in den USA aufgehoben wurde, können derartige „Leverage Strategien" nun auch leicht innerhalb von Finanzkonglomeraten organisiert werden. In der Europäischen

Union lassen dies die entsprechenden Gesetze [4],[6] schon immer zu (vgl. auch die Umsetzung in nationales Recht der Bundesrepublik [1],[30],[52],[97] etc.). Allerdings versucht man mittlerweile in Europa über eine erweiterte Beaufsichtigung, erkannten problematischen Konstruktionen und Prozessen über die verschiedenen Produktbereiche hinweg entgegenzuwirken [5].

Der „kreditbasierte" Erwerb von Sachvermögenswerten kann als ein weiterer wichtiger Grund für das Wachstum bei den Geldsurrogaten im Weltfinanzsystem gesehen werden.

Wie hoch sind die potentiellen Volumina zum Kauf von Sachvermögen?

Eine interessante Frage ist, welches Ausmaß der kreditfinanzierte Erwerb prinzipiell annehmen könnte? Hierzu kann man abschätzen, wie hoch das Finanz- und Sachvermögen bei denen ist, die nicht auf die darüber erwirtschafteten Erträge zur Finanzierung der Lebenshaltung angewiesen sind. Dies sind insbesondere die ökonomisch stärksten Akteure. Aus dem World Wealth Report [21] ist zu entnehmen, dass im Jahr 2005 ca. 8,7 Millionäre über ein Finanzvermögen von mehr als 33 Billionen $ verfügt haben. Die Studie „The World Distribution of Household Wealth" [22] kommt hinsichtlich des Sachvermögens zu einer vergleichbaren Aussage bezüglich der Höhe und der Verteilung. Das würde bedeuten, dass weitere ca. 33 Bill. $ an Sachwerten bei den ökonomisch Stärksten allokiert sind. Finanz- und Sachvermögen zusammen haben bei diesen Akteuren also ein Volumen von über 65 Bill.$. Eine Vermögensrendite von 5 % würde für diese Akteure einen jährlichen Mittelzufluss (Ertrag) von mehr als 3 Bill.$ bedeuten (dieser Wert stimmt in etwa mit dem in [21] aufgeführten Finanzvermögenszuwachs der Millionäre überein). Bei einem „Kreditschöpfungs-Hebel" von 62,5 (vgl. hierzu auch Kap. IV.2 und XI.5) ergibt sich daraus ein potentielles Akquisitionsvolumen von ca. 200 Bill.$ pro Jahr. Dieser Betrag übersteigt den in [22] abgeschätzten Gesamtwert des weltweiten Nettovermögens (d. h. aller auf der Welt vorhandenen Sachwerte).

V. Wer kauft die Schuldverschreibungen und andere Finanztitel?

Eine Analyse unterschiedlicher Finanzmarktprodukte zeigt auf, dass „Debt Securities" (Schuldverschreibungen verschiedenster Art) aktuell auf jeweils spezifische Zielsetzungen ausgerichtet sein können und für diese Zielsetzungen auch mit spezifischen Charakteristika ausgestattet werden [51]. Dies betrifft beispielsweise die Ausstattung als ungedeckte Schuldverschreibung ohne Zinscoupon (Zerobonds), Schuldverschreibungen, deren Zinssatz an Leitzinsen (beispielsweise den EURIBOR) oder auch an die Performance eines Aktienindexes gekoppelt sind, Schuldverschreibungen mit Gewinn- und Haftungscharakter (Aktieneigenschaften), verschiedenste Zertifikate u. v. m.. Hinzu kommen dann noch eine Vielzahl unterschiedlichster Derivate (Währungs-Swaps, Futures, Credit default swaps usw.).

Wesentliche Käufergruppen

- INVESTMENTBANKEN
- FONDS
- VERSICHERUNGEN
- GROSSINVESTOREN

Mitentscheidend bei der Frage, wer die entsprechend neu emitierten Schuldverschreibungen bzw. verbrieften Sicherheiten erwirbt, ist neben der Zweckorientierung die **Limitierung der Käufergruppen**, wie sie durch aktuelle Gesetze festgelegt ist. Aktuell sind hier — wie oben bereits angesprochen — u. a. in den USA und in Europa Reformen bei den relevanten Finanzgesetzen vorgenommen worden. Der „Gramm-Leach-Bliley ACT" von 1999 [48] ermöglichte in den USA erst durch die Aufhebung der Vorschrift zur Trennung von Investment Banking, den „klassischen" Bankentätigkeiten und dem Versicherungsgeschäft die Fusion von Traveller und Citicorp zur Citigroup. In Deutschland sind hier mehrere Gesetze relevant u. a. das Gesetz über das Kreditwesen

KWG [30], das Versicherungsaufsichtsgesetz [97], das Investmentgesetz [52] und Einiges mehr (eine Übersicht findet man z. B. auf den Internet-Seiten der Bafin, der Bundesanstalt für Finanzdienstleistungsaufsicht: www.bafin.de). Des weiteren steht hier noch u. a. die Umsetzung der Richtlinie 2004/39/EG [9] über Märkte für Finanzinstrumente (MiFiD) in nationales Recht aus. Diese Umsetzung wurde zunächst bis zum 30. April 2007 verschoben und soll nun am 01. November 2007 in Kraft treten.

Diese Gesetze (sowohl auf amerikanischer als auch auf Seiten der europäischen Union) legen Regeln fest u. a. hinsichtlich der Eigenkapital-Hinterlegung und Liquidität im Bereich der Giralgeldschöpfung, d. h. den Bankgeschäften im engeren Sinne. In Deutschland sind dies der aus den Verabredungen zu Basel / Basel II auf europäischer Ebene abgeleitete Grundsatz I über die **Eigenmittel der Institute** [7],[25],[28] und der Grundsatz II über die **Liquidität der Institute** [29] in Verbindung mit der **Mindestreserveverpflichtung** [38] (als Teilnehmer im Euro-Währungssystem). Umfangreiche Regelungen betreffen des weiteren den Bereich der Aktien [1],[15], bei denen die Regelungen darauf abgestellt sind, dass auch kleinere Investoren und Einzelpersonen als Marktakteure (rein prinzipiell) auftreten könnten.

Davon abgegrenzt werden muss der Gesamtmarkt der verbrieften Sicherheiten, der als von öffentlicher Seite weitreichend unreguliert anzusehen ist, nicht aber als unorganisiert bzw. ungeregelt[1]. Stattdessen legen die Gesetze fest (z. B. in Europa die geplante MiFiD-Richtlinie [9]), dass nur ein ausgewählter „qualifizierter" Kreis von Teilnehmern unbegrenzt für diesen Markt zugelassen ist und auch die gezielte Werbung für „Produkte" dieses Marktes in Richtung auf Kleinanleger und Einzelpersonen untersagt ist bzw. mit restriktiven Auflagen verbunden ist. Daraus resultiert letztendlich eine mehrschichtige, quasi hierarchische Marktstruktur, wie sie in folgender Abbildung vereinfachend skizziert wird.

---

[1] In den USA bspw. regeln die Hauptakteure diesen Markt selbst. Hierfür ist aktuell (2007) die private Institution FINRA (www.finra.org) als Zusammenschluss der NASD (National Association of Securities Dealers, Inc.) und dem Regulierungsbereich der NYSE (New York Stock Exchange) zuständig. FINRA ist selbst an Abwicklungsplattformen wie der DTCC beteiligt, die über die Tochter EuroCCP auch im europäischen Markt aktiv ist.

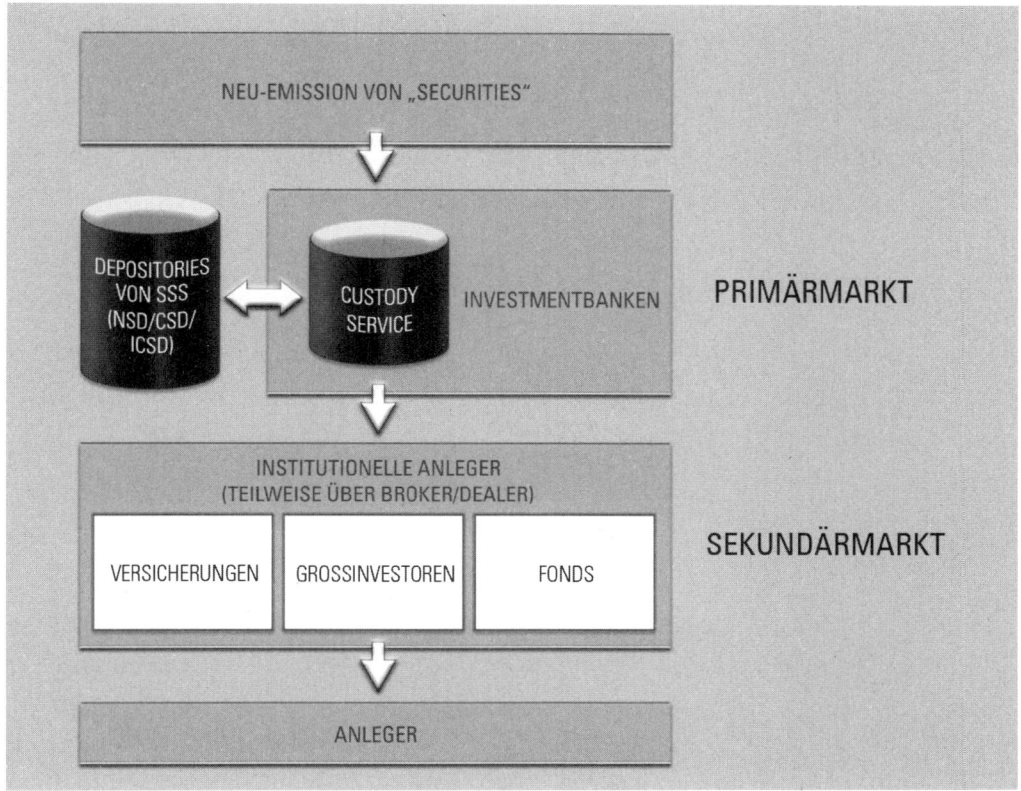

Abb. 7: Struktur des Marktes für verbriefte Sicherheiten (eigene Darstellung)

Den Primärmarkt bildet die Gruppe der als Investmentbanken tätigen Instituti-onen, d. h. die Gruppe derer, die Erstzeichnungen verbriefter Sicherheiten vor-nehmen und ggf. als „Platzeure" sofort an institutionelle oder andere Anleger weiter geben. Die Sicherheiten selbst werden als Datenbankeinträge bei soge-nannten „Custodian-Banken" bzw. in „Securities Depositories" von Security Settlement Systemen eingetragen. (Je nach Umfang werden diese z. B. auch National SDs, Central SDs oder auch International Central SDs genannt.) Der Erstzeichner ist dabei der initiale Eigentümer im Primärmarkt. Emittenten von Schuldverschreibungen benötigen zwingend die Dienstleistung **„Investment Banking",** um eigene Schuldverschreibungen in diesen Markt einzubringen.

Das Segment von Staatsschuldverschreibungen (in den USA die sogenannten governmental debt obligations) bzw. von Schuldverschreibungen anderer öffentlicher Institutionen (in den USA insbesondere der „Governmental Sponsored Enterprises", die sogenannten GSE debt obligations) bzw. von Ländern und Kommunen (in den USA die sogenannten municipal debt obligations) ist mittlerweile in vielen Staaten bzw. bei vielen öffentlichen Emittenten so geregelt, dass nur eine ausgewählte Gruppe von Finanzakteuren, die sogenannten „Primary Dealer" die Erstzeichnung neu emittierter Schuldverschreibungen vornehmen können (üblicherweise über „Auktionen" oder „syndiziert", d. h. individuell vereinbart). In Konsequenz resultiert daraus, dass der Primärmarkt durch eine vergleichsweise kleine Gruppe von Akteuren (auch „market maker" genannt) dominiert wird (weltweit eine Gruppe von ca. 25 Institutionen; für die USA findet man die jeweils aktuelle Liste unter http://www.ny.frb.org/markets/ pridealers_current.html [42]). Als Akteure treten dabei im allgemeinen lokale bzw. regional tätige Tochterunternehmen großer Finanzinstitutionen mit juristischen Organisationsformen auf, die nur minimale Offenlegungspflichten haben (Stand Dezember 2006; vgl. Kasten).

[Primary Government Securities Dealer]

BNP Paribas Securities Corp.	Dresdner Kleinwort Wasserstein Securities LLC.
Banc of America Securities LLC	Goldman, Sachs & Co.
Barclays Capital Inc.	Greenwich Capital Markets, Inc.
Bear, Stearns & Co., Inc.	HSBC Securities (USA) Inc.
CIBC World Markets Corp.	J. P. Morgan Securities Inc.
Cantor Fitzgerald & Co.	Lehman Brothers Inc.
Citigroup Global Markets Inc.	Merrill Lynch Government Securities Inc.
Countrywide Securities Corporation	Mizuho Securities USA Inc.
Credit Suisse Securities (USA) LLC	Morgan Stanley & Co. Incorporated
Daiwa Securities America Inc.	Nomura Securities International, Inc.
Deutsche Bank Securities Inc.	UBS Securities LLC

Vom Primärmarkt ausgehend werden die so neu verfügbaren Produkte (bzw. Finanzvermögenstitel) im Sekundärmarkt (auch als Umlaufmarkt bezeichnet) weiter veräußert. Dabei ist zu sehen, dass dies offensichtlich zu einem überwiegenden Teil über „Repurchase Agreements" und „Security Lending" realisiert wird [45]. Das bedeutet letztendlich, dass, obwohl die „legal Ownership" für einen verabredeten Zeitraum auf den „Käufer" übertragen wird, die sogenannte „Economic Ownership" bei den Investment Banking Institutionen verbleibt. Die Gewinnmarge im Investment Banking ergibt sich so als Differenz zwischen der realen Zins- / Dividendenzahlung des Emittenten und dem über das Repurchase Agreement (bzw. Security Lending) festgelegten Zins für den Tausch des Schuldtitels gegen Giralgeld. (Bei RePo-Geschäften werden die Zins- oder Dividenden-Erträge dem „Economic owner" über die verabredete Preisdifferenz von Kauf und Verkauf weiter geleitet. Man nennt dies „manufactured payment".)

Im Sekundärmarkt sind die „Käufer" der Sicherheiten die Gruppe **institutioneller Anleger**, die über die geeigneten Qualifikationen verfügen. Qualifikationen sind im Wesentlichen Eigenkapitalausstattung, Bilanzsumme und liquide bzw. „nachgewiesene" Giralgeldmittel.

Kleinanleger können nur in sehr geringem Maße Schuldverschreibungen in diesen Märkten direkt erwerben, im allgemeinen auch nur dann, wenn die Schuldverschreibungen selbst bestimmten Kriterien genügen, u. a. auf freiwilliger Basis als Wertpapiere registriert sind (und die entsprechenden Anforderungen hinsichtlich Offenlegung, Dokumentation etc. erfüllen) und darüber dann in den sogenannten regulierten Märkten verfügbar werden. Es stellt sich dann aber immer noch die Frage, in welchem Volumen und zu welchen Konditionen solche verbrieften Sicherheiten in den regulierten Märkten angeboten werden (es gibt hierzu vereinzelt aktuelle Bemühungen für das Segment der Staatsschuldverschreibungen, d. h. der Schuldverschreibungen öffentlicher Institutionen; in

Deutschland beispielsweise über die „Bundesrepublik Deutschland Finanzagentur GmbH" mit dem „ambitionierten" Ziel, bis zu 1–2 % der Schuldverschreibungen direkt bei Kleinanlegern bzw. in dem Sekundärmarkt zu platzieren). Ansonsten steht Kleinanlegern nur die Möglichkeit offen, über Fonds (oder Versicherungen) an diesem Markt (nach Abzug von Ausgabeaufschlägen, Verwaltungsgebühren, Depotgebühren etc.) zu partizipieren. Die Anleger kaufen dabei keine Schuldverschreibungen bzw. verbriefte Sicherheiten, sondern erwerben Anteile des Fonds. Der Fond selbst hält dann zwar Schuldtitel, es ist aber anzunehmen, dass diese Titel in sehr vielen Fällen über RePos erworben sind. Indizien dafür sind zum einen den Ausführungen in [45] zu entnehmen. Zum Anderen weisen die Jahresberichte einer Vielzahl von Fonds regelmäßig auch einen entsprechend hohen Aufwandsposten für „Verluste aus Wertpapier-Geschäften" aus, was auf RePos mit niedrigerem Verkaufspreis aus Sicht der Fonds deutet.

Der Finanzmarkt ist nicht polypolistisch

Zusammenfassend muss man davon ausgehen, dass Finanzkonglomerate (aus Kredit-Banken, Investment-Banken, Versicherungen) maßgeblich bestimmen können, wer welchen Umfang an Finanztiteln halten „darf". Dabei werden auch die jeweiligen Margen aus Zinsertrag und Steuereinsparung „zugeteilt".

Der Finanzsektor ist prinzipiell in der Lage, das gesamte Emissionsvolumen neuer Finanzinstrumente aufzunehmen.

V.1 Wie ist das Zusammenspiel des Marktes für verbriefte Sicherheiten und des Marktes für Giralgeld?

Geld (Zentralbankgeld oder Geschäftsbankengeld / Giralgeld) wird in den Märkten für verbriefte Sicherheiten (genauso wie im Markt für Güter und Dienstleistungen) **nur für den Prozess der Eigentumsübertragung** benötigt. Die

Auswirkung eines Geschäfts auf die (Giral-)Geldmenge ist dabei aber von den Geschäftspartnern abhängig. So ist — wie im Anhang B „Der Finanzmarkt" 6.2 erläutert — der Kauf einer Staatsschuldverschreibung in einer weltweiten Geldmengenbetrachtung etwas grundlegend Anderes, je nachdem, ob eine Bank / ein Kreditinstitut die Schuldverschreibung erwirbt oder eine Nicht-Bank. So führt der Kauf der Schuldverschreibung durch eine Bank / ein Kreditinstitut zu einer Ausweitung der (Giral-)Geldmenge, während der Kauf durch eine Nicht-Bank diese Geldmenge unverändert lässt. Gleiches gilt für neu emittierte Schuldverschreibungen von Unternehmen (Corporate debt obligations). Anders sieht dies bei Schuldverschreibungen des Bankensektors aus. Hier führt der Verkauf einer neu emittierten Bankschuldverschreibung an eine Nicht-Bank zu einer Reduktion der Giralgeldmenge. Die Veräußerung der Bankschuldverschreibung an eine andere Bank ist (Giral-)Geldmengenneutral. Dies gilt jeweils bezogen auf die Geldmengen-Definition in einem engeren Sinne, also beispielsweise für M1 (also für Zentralbankgeld und täglich fällige Sichteinlagen bei Geschäftsbanken).

Wichtig ist in diesem Zusammenhang, dass Giralgeld und Zentralbankgeld nur unter dem Gesichtspunkt extrem kurzfristiger Liquidität eine sinnvolle bzw. erforderliche Anlageform bilden, wobei dieser Liquiditätscharakter für QIBs (Qualified Institutional Buyer) durch die Möglichkeiten des Geldmarktes, z. B. die Option über Repurchase Agreements (u. a. Overnight-RePos bei Zentralbanken) verbriefte Sicherheiten kurzfristig in Giralgeld (oder Zentralbankgeld) zu wandeln, erheblich an Bedeutung verloren hat. Dies umso mehr, als Banken zudem die Möglichkeit haben, während der Geschäftszeiten zusätzliches nicht gemeldetes „temporäres" Giralgeld als „Daylight Overdrafts" zu bilden. Banken können auf diesem Weg ihren Kunden einen auf den Geschäftstag begrenzten Kontokorrentkredit einräumen, der grundsätzlich am jeweiligen Tagesende auszugleichen ist. (Manchen Banken wird diese Möglichkeit in Bezug auf Zentralbankgeld sogar von der Fed, der amerikanischen Federal Reserve Bank, eingeräumt [41]).

Banken werden bemüht sein, zu jedem meldepflichtigen Zeitpunkt Mindestreserve, Liquidität und Eigenkapitalhinterlegung als die zentralen Regulierungen, die bankenaufsichtlich überwacht werden, einzuhalten und hierfür über
den Inter-Bankenmarkt einen Ausgleich herbeiführen (vgl. hierzu auch Anlage
B.1.1). Durch die Informations- und Kommunikationstechnologie ist dies heute
prinzipiell immer möglich, sofern die Banken bereit sind sich gegenseitig Kredite
einzuräumen. Es stellt sich dabei lediglich die Frage der Verteilung der Margen,
d. h. der zu zahlenden Zinsen auf Verschuldungen der öffentlichen Hand, der
Privathaushalte und der Unternehmen. Bankschuldverschreibungen sind in dieser Betrachtung als Giralgeldsurrogate zu sehen, die es den Akteuren — neben
Anderem — ermöglichen, die bestehenden Regulierungen hinsichtlich Mindestreserve, Liquidität und Eigenkapitalhinterlegung weitestgehend zu umgehen.

V.2 Welche Möglichkeiten hinsichtlich des Aufkaufens von Schuldverschreibungen, die neu emittiert werden, resultieren daraus?

Absorption von Schuldverschreibungen durch den Finanzsektor

Prinzipiell kann bei der aktuellen Gesetzeslage das gesamte Emissionsvolumen von Schuldverschreibungen vom Finanzsektor aufgekauft werden, und zwar mit vergleichweise geringem
Eigenkapitaleinsatz.

Neu emittierte Schuldverschreibungen von Nicht-Banken stellen, wenn sie von
Banken gekauft werden, eine Giralgeldschöpfung in dem gleichen Volumen
dar (vgl. hierzu Anlage B.2). Insofern ist das Volumen von Schuldverschreibungen, das der Bankensektor aufkaufen kann, zunächst einmal begrenzt durch

die Anforderungen an Mindestreserve, Liquidität und Eigenkapitalhinterlegung. Dabei spielt die Eigenkapitalhinterlegung bei Schuldverschreibungen von hoch gerateten Staaten keine Rolle, da deren Risikogewicht gemäß Basel / Basel II mit 0 festgelegt ist — d. h. es ist keine Eigenkapitalhinterlegung notwendig. Basel II wirkt hier als eine Möglichkeit zur Ausweitung der Geldmenge. Hinsichtlich der Schuldverschreibungen anderer Institutionen — und auch für „normale" Kredite — kann u. a. über den Mechanismus der RePos (Repurchase Agreements), sowie ABS (Asset Backed Securities) mit Hilfe hoch gerateter Schuldverschreibungen des Finanzsektors das Risikogewicht gezielt auf 20 % zurückgeführt werden, indem die Risiken anderer Emissionen bei Fonds (bzw. „Special Purpose Vehicles" oder Versicherungen) platziert werden. Daraus resultiert ein **Gesamtkreditschöpfungspotential des Finanzsektors in Höhe des 62,5-fachen des nachweisbaren Eigenkapitals** (8 % Eigenkapitalhinterlegung des risikogewichteten Kreditvolumens) **zuzüglich der Kredite an hoch geratete öffentliche Hände**. Erneut wird deutlich, dass Basel II vor allem eine Methode der Ausweitung der Geldmenge ist, wobei bestimmte Akteure auf eben diese Geldmenge als Kredit bevorzugt zugreifen können.

Hinweis: Das anrechenbare Eigenkapital kann selbst wieder aus „innovativen Eigenkapitalinstrumenten" gebildet sein; hinsichtlich des Kernkapitals (Klasse I/TIER I) bis zu 15 %. Das darüber hinaus gehende Eigenkapital kann dann noch in gleicher Höhe wie das Kernkapital bis zu 50 % aus nachrangigen Schuldinstrumenten mit Laufzeitbegrenzung gebildet werden. Da die „innovativen Eigenkapitalinstrumente" anonym im unregulierten Markt gehandelt werden, ist nicht auszuschließen, dass es darüber zum „Tausch" von Titeln — zu kreditbasiertem Eigenkapital — kommt (vgl. auch Kap. XI.5).

Als Mindestreserve wird von „Kreditinstituten" im Euro-Raum das Halten von Zentralbankgeld in Höhe einer Quote von 2 % auf alle Giroeinlagen und Verbindlichkeiten mit einer Laufzeit von weniger als zwei Jahren gesetzlich gefordert (Ausnahme: RePos; dafür gelten 0 % Mindestreserve). Dazu kommt die Einhaltung der Liquiditäts-Grundsätze. Ein Ansatz für Finanzinstitute, um die Höhe der Mindestreserveverpflichtungen zu reduzieren, besteht darin, die Giralgeldeinlagen der Kunden „umzuqualifizieren". Mindestreservepflichtige Sichteinlagen werden hierfür — unter Beachtung der jeweils national gegebenen Gesetzeslage — in mindestreservefreie Bankenverbindlichkeiten gewandelt. Dabei reicht eine Wandlung kurz vor dem Meldezeitpunkt aus; kurz danach kann wieder eine Rückwandlung vorgenommen werden.

Eine Möglichkeit, dies zu realisieren, besteht z. B. darin, Giralgeld zum Meldezeitpunkt, also am Ende eines Bankengeschäftstages, auf ein spezielles Tagesgeldkonto zu überweisen. Dies kann in den USA z. B. ein so genanntes „Eurocurrency Konto" (ein Fremdwährungskonto) sein. In den USA sind solche Fremdwährungskonten seit 1990 von der Mindestreserveverpflichtung befreit. Fremdwährungen werden von den Banken z. B. über „Certificates of deposit" geschöpft, d. h. über eine besondere Form von Bankschuldverschreibungen, die als so genannte Inhaberpapiere frei handelbar sind. Ein Certificate of deposit, das sich während des Geschäftstages im Besitz einer Bank befindet, kann u. a. mittels eines Overnight RePos mit einer Nichtbank (z. B. einem Unternehmen) gezielt zur Reduktion der mindestreservepflichtigen Giralgeldmenge verwendet werden. Für den Kunden ist dies attraktiv, weil er gegenüber dem Giralgeldkonto eine kleine Verzinsung bekommt, die für das Finanzinstitut günstiger ist als die Haltung von Mindestreserven.

Overnight RePos und Eurocurrencies zur Reduktion von Mindestreserveverpflichtungen

Unter einem „Eurocurrency Account" versteht man ein Konto, das auf eine andere Währung lautet als die nationale Währung am Sitz des kontoführenden Finanzinstituts. Dies sind also beispielsweise in den USA Konten, die auf Yen, Pfund Sterling, Euro oder andere Währungen als Dollar lauten. Je nach Fremdwährung bezeichnet man solche Konten dann als Euroyen-, Eurosterling- oder auch Euroeuro-Konten. Europäische Banken (bzw. Auslandstöchter von US-Banken mit Sitz in Europa) können beispielsweise Eurodollar-Konten führen.

Entstanden sind solche Fremdwährungskonten historisch aus einer Anhäufung von Dollar-Währungsreserven, die man aus Sicherheitsgründen (der Sorge, dass ein Konto eingefroren wird) in einem dritten Land verwalten ließ, von dem man ausging, dass dessen Konten nicht eingefroren werden (im konkreten Fall war dies Großbritannien). Im Allgemeinen unterliegen die auf Eurocurrency Accounts verwalteten Geldvolumina nicht den jeweils nur auf die nationale Währung bezogenen finanzdienstleistungsaufsichtlichen Regularien, womit sich Mindestreserveverpflichtungen umgehen lassen.

Angenommen ein europäischer Konzern, der sein Konto bei einer europäischen Bank hat, exportiert Waren in die USA und möchte in Euro bezahlt werden. Die US-Bank des Importeurs belastet dessen Konten hierfür mit einem entsprechenden Dollar-Betrag und „überweist" der europäischen Bank ein auf Euro lautendes „Certificate of deposit", das sich dann im Eigentum der europäischen Bank befindet. Der Exporteur bekommt den Betrag als Euro-Giralgeld gutgeschrieben (Geldschöpfung in Euro). Die US-Bank hat keine Mindestreserveverpflichtung für die Euroeuros (das Certificate of deposit) und die Dollar-Geldmenge hat sich reduziert ohne die Bilanz der US-Bank zu verkürzen. Die europäische Bank kann nun beispielsweise mittels Overnight RePo mit dem Konzern (oder anderen Kunden) jeweils am Ende eines Geschäftstages das Euro-Geld wieder „vernichten" und durch Rückkauf am Geschäftstagesbeginn wieder neu schöpfen.

Dieses Prinzip wird in den USA schon lange praktiziert. Man nennt dies auch „Account-Sweeping".

Zu beachten ist dabei der Liquiditätsaspekt, der aber gezielt über die Ausgabe von Bankschuldverschreibungen geregelt werden kann, sofern in genügendem Volumen jeweils zu den Zeitpunkten der Meldepflicht die Bankschuldverschreibungen (oder andere „Finanz-Assets") über RePos gegen Zentralbankgeld oder Giralgeld „getauscht" werden können. Dies ist eine wichtige Funktion des Geldmarktes, d. h. der Geldmarktfonds und allgemein auch der Publikumsfonds, wird aber auch von einigen Zentralbanken u. a. über die so genannten „Overnight-RePos" unterstützt.

In dieser Konstruktion kann der Bankensektor die Staatsschuldverschreibungen aufkaufen (Erhöhung der Geldmenge) und refinanziert sich über Bankschuldverschreibungen im Inter-Bankenmarkt z. B. über die Zwischenschaltung eines Publikumsfonds oder über die Hinterlegung von Securities bei einer Zentralbank. Dabei ist auch die Nutzung von Daylight Overdrafts unter Ausnutzung von drei Zeitzonen in einer weltweiten Dimension nicht auszuschließen, bei der letztendlich nicht der Aufsicht zu meldende Giralgeldmengen (in Form von nur während der Tageszeit gegebenen Überziehungskrediten) von Zeitzone zu Zeitzone um den Globus wandern, bis genügend Giralgeld von den Girokonten auf Geldmarktkonten oder in Fonds transferiert wurde. Dieser Gesamtprozess ist dann besonders lukrativ, wenn er mit einer Ausnutzung von Möglichkeiten der Steuerumgehung auf einer globalen Ebene gekoppelt wird (vgl. hierzu auch die Ausführungen in Kap. II).

Steueroptimierende Kreditvergabe

Im Kern können Bank-Geschäfte so ausgestaltet sein, dass Kredite an Nicht-Banken in einem mehrstufigen Prozess vergeben werden. In einer ersten Stufe erfolgt ein Austausch einer Schuldverschreibung des Nicht-Bankensektors gegen eine Sicherheit mit Aktieneigenschaft (Aktienpapier) des Finanzsektors (z. B. in Form eines ADR – American Depositary Receipt) von einem Standort mit geringem Steuersatz auf Zinseinnahmen. In der zweiten Stufe die Gewährung von Giralgeld (der Bank der Nicht-Bank) an die Nicht-Bank über ein RePo des Aktienpapiers, sowie in einer dritten Stufe die Refinanzierung des RePos über eine neu emittierte Bankschuldverschreibung, die an die Finanzinstitution im steuerbegünstigten Ausland verkauft wird. Die bankspezifischen Sicherheiten, also Bankschuldverschreibungen und Aktienpapiere verbleiben so im Bankensektor und werden zur Refinanzierung genutzt bzw. als Sicherheiten für den Nichtbanken-Kredit einbehalten. Dem gegenüber wird die Schuldverschreibung des Nichtbankensektors ebenfalls über ein RePo in einem Publikumsfond platziert, wobei ggf. eine Veredelung der Sicherheiten über zwischengeschaltete SPVs (Special Purpose Vehicle) erfolgen kann. Daraus resultiert ein steuertechnischer Profit, sowohl für die Nicht-Bank, als auch für die Finanzinstitution.

VI. Hängt die Ausweitung der Verschuldung des Finanzsektors mit dem Kauf der Schuldtitel anderer Sektoren zusammen?

Eine wichtige Frage ist: In welchem Zusammenhang stehen Emissionen von Schuldverschreibungen des Finanzsektors mit Emissionen des Nicht-Banken-Sektors? Die Beantwortung dieser Frage leitet sich direkt aus den in den vorigen Kapiteln beschriebenen Sachverhalten ab. Es ist davon auszugehen, dass die Schuldverschreibungen des Finanzsektors weitestgehend in enger Beziehung zu den emittierten Schuldverschreibungen des Nicht-Banken-Sektors stehen.

Die Rolle von Schuldverschreibungen des Finanzsektors:

- REDUKTION DER GIRALGELDMENGE
  → Tausch von Giralgeld gegen Geldsurrogate

- ANONYMES EIGENKAPITAL
  → Potentielle Giralgeldschöpfung

- MULTIPLIKATION VON EIGENKAPITAL
  → Aufkaufen von Sachwerten / Produktivvermögen

- „AUFHÜBSCHUNG" VON KREDITEN
  → Platzierungsmöglichkeit im Sekundärmarkt
  (insb. Versicherungen)

Dies ist einmal vor dem Hintergrund von Kreditvergaben zu sehen (über Aufkauf von Schuldtiteln des Nicht-Banken-Sektors), bei denen wie geschildert die Bankschuldverschreibungen gezielt die Giralgeldmenge reduzieren können und dabei gleichzeitig steuerliche Effekte ausgenutzt werden können. Zum anderen dienen Bankschuldverschreibungen der gezielten Aufstockung von Eigenkapital, ohne damit die Eigentümerstrukturen des Bankensektors selbst zu verändern. Bei Verfügbarkeit „freien" Eigenkapitals kann dann „neues Geld" in Form von Krediten oder dem Aufkauf neu emittierter Schuldverschreibungen z. B. von Investmentfirmen zum Aufkaufen von realen (Sach-)Vermögenswerten, insbesondere auch von Produktivvermögen und „privatisiertem" öffentlichen Besitz, generiert werden.

Eine weitere Rolle übernehmen spezielle Schuldtitel des Finanzsektors, die der „Veredelung" von verbrieften Krediten u. a. über Special Purpose Vehicle (SPVs) dienen. Letzteres ist insbesondere im Hinblick auf Refinanzierungsmöglichkeiten bei Zentralbanken von Relevanz (insbesondere auch zur Abdeckung von Mindestreserveverpflichtungen), da die Zentralbanken allgemein für sogenannte Overnight-RePos nur Sicherheiten in einer bestimmten Qualität akzeptieren. Wichtig ist eine „Veredelung" aber auch, damit Versicherungen und andere der Aufsicht unterliegende Investoren in die Lage versetzt werden, ihre von den Versicherten eingesammelte Giralgeldliquidität zum Aufkauf zu nutzen.

Einsatz von Bankschuldverschreibungen:

Der Finanzsektor emittiert gezielt eigene Schuldverschreibungen zur „Steuerung" von

- Liquidität
- Solvabilität (Eigenkapitalbasis)
- Risikoverteilung
- (Giral-)Geldsubstitution

VII. Kann über Schuldverschreibungen des Finanzsektors gezielt auf Geldmengen Einfluss genommen werden?

Als weitere Frage stellt sich die Einflussmöglichkeit des Finanzsektors auf (die inflationsrelevante) Geldmenge. Dies ist u. a. vor dem Hintergrund zu sehen, dass die europäische Zentralbank immer noch als maßgebliches Steuerungsinstrument für die Währungsstabilität die Zentralbank-Geldmenge ansieht. Wie oben schon ausgeführt, kann über die Veräußerung von Bankschuldverschreibungen bzw. Schuldverschreibungen des Finanzsektors an den Nichtfinanzsektor die Geldmenge (im engeren Sinne, also M1) gezielt reduziert werden. Auf der anderen Seite gibt es über die Zentralbanken die Möglichkeit, über RePos entsprechender Schuldtitel — oder auch „Daylight Overdrafts" —, temporär die (Zentralbank-)Geldmenge zu erhöhen.

Eine besondere Konstruktion für das Aufkaufen von staatlichen Dollar-Schuldverschreibungen wird im Folgenden skizziert (siehe aber auch Kap. XIV):
Bei dieser Konstruktion (in allgemeiner Form wurde dies bereits in Kap. IV.1 angedeutet) würde, u. a. vor dem Hintergrund des gegebenen Außenhandelsbilanzdefizits der USA (vgl. hierzu auch Kap. II), eine **US-Staatsverschuldung (in $) zu einer Erhöhung der Euro-Geldmenge** führen (die gleiche Konstruktion ist natürlich auch mit anderen Währungsräumen — insb. Asien — möglich). Das Währungsrisiko würde dabei die amerikanische Zentralbank Fed (Federal Reserve Bank) tragen. In einem ersten Schritt kauft dabei eine europäische Bank (das kann natürlich die europäische Tochter einer US-Bank sein) bei der Federal Reserve Bank Zentralbankdollar und „bezahlt" diese Dollar mit eigenem Giralgeld (Euro), d. h. die Federal Reserve Bank bekommt bei der europäischen Bank eine Einlagengutschrift (genauso könnte die EZB die Zentralbankdollar über neu geschaffene Zentralbankeuro erwerben). Oder die

Zentralbankdollar werden — über eine Euro-Bankschuldverschreibung abgesichert — als Kredit gewährt (z. B. als Overnight-RePo). Mit den Dollar kann die europäische Bank dann einen US-Staatsschuldtitel erwerben.

Durch das gegebene Außenhandelsbilanzdefizit der USA werden im Rahmen von Überweisungen nach Europa die Dollar zum einen als Einlagen von Unternehmen — ggf. auch Haushalten — bei europäischen Banken landen. Damit verbunden sind Zentralbankdollar-Guthaben europäischer Banken auf ihren Konten bei der Federal Reserve Bank. Die Fed könnte dann die Giraldollar der europäischen Unternehmen und Haushalte gegen Giraleuro wechseln. Wenn die Federal Reserve Bank dafür ihr „Guthaben" bei einer europäischen Bank abhebt, bekommt sie dafür die Zentralbankdollar, die die europäische Bank auf ihrem Konto bei der Federal Reserve Bank hat.

In der Gesamtbilanz hat sich dabei die M1-Dollargeldmenge nicht erhöht, aber die M1-Eurogeldmenge.

Das verbleibende Problem ist nun, dass die europäische Bank auf der Einlagenseite eine Euroverpflichtung und auf der Liquiditätsseite eine Dollar-denominierte US-Schuldverschreibung hält, d. h. auf der Passivseite eine Eurogiralgeldverbindlichkeit, sowie auf der Aktivseite eine Dollarforderung. Das Währungsrisiko kann für die europäische Bank bei dieser Konstruktion dadurch ausgeschaltet werden, dass für die Federal Reserve Bank bei einer europäischen Bank ein Eurokredit aufgenommen wird, der gesichert wird mit einer Bankschuldverschreibung derselben Bank. Das Giralgeld wird dann benutzt, um das Dollargiralgeld, das sich als Guthaben aufgrund des Außenhandelsdefizits im Ausland anhäuft, auszuwechseln. Dadurch übernimmt die kreditnehmende Bank „stellvertretend für die Fed" das zukünftige Wechselkursrisiko. Eine Alternative ist der direkt gegen eine Euro-Schuldverschreibung bei der Fed eingeräumte Dollar-Kredit mit einem Währungs-Swap.

Die „Giralgeldschöpfung" ist so in der Eurogeldmenge entstanden und nicht in der Dollargeldmenge. Das heißt das Inflationsrisiko wird aus den USA in einen anderen Währungsraum exportiert.

Risikoloser Kauf von $-Schuldverschreibungen mit neu geschaffenem €-Giralgeld

Der Ablauf einer zentralbankgesicherten (öffentlichen) Verschuldung, der zu einer Ausweitung der Giralgeldmenge in einem anderen Währungsraum führt, kann wie folgt zusammengefasst werden: In einem ersten Schritt gewährt die Federal Reserve einer europäischen Bank einen Zentralbankdollarbetrag gegen die Überlassung einer Eurobankschuldverschreibung. In einem zweiten Schritt kauft die europäische Bank mit den Zentralbankdollar eine Staatsschuldverschreibung in Dollar und im dritten Schritt werden sich Zentralbankdollar-Guthaben (aufgrund des Außenhandelsdefizits) u. a. auch bei europäischen Banken bilden. Die europäischen Unternehmen / Haushalte erhalten Giralgelddollar, die sie in einem fünften Schritt gegen Giralgeldeuro amerikanischer Banken eintauschen, die diese in einem davor liegenden vierten Schritt in Form eines Eurokredites bei europäischen Banken — abgesichert durch die in Schritt 1 erhaltene Eurobankschuldverschreibung — aufnehmen. Die europäische Bank hat dann einen Dollarbetrag in Zentralbankdollar verfügbar, um die nächste Dollarstaatsschuldverschreibung aufzukaufen oder gegen Euro zu tauschen (z. B. bei der europäischen Zentralbank).

Als Zielwährungsraum für diesen „Inflations-Export" wird dabei sinnvollerweise eine Währung mit geringer Inflation gewählt (im aufgezeigten Beispiel €). Typischerweise sind bei niedriger Inflation auch die Kreditzinsen vergleichsweise niedrig, weil die Zentralbanken der entsprechenden Länder vielfach den gemeinhin üblichen ökonomischen Erkenntnissen folgend eine tendenziell expansive Geldpolitik mit dem Ziel von Wirtschaftswachstum verfolgen. Besonders augenfällig ist dies seit einigen Jahren in Japan der Fall, aber auch in der Euro-Region sind die Zinssätze im Vergleich zu den aktuellen amerikanischen Zinssätzen niedrig.

Wenn man solche Währungsräume wählt, profitiert man zunächst einmal schon durch die mögliche Zinsdifferenz zwischen Kreditzins und Schuldscheincoupon. Durch die dann resultierende Ausweitung der Geldmenge im Fremdwährungsraum führt dies dort zu einem Inflationsdruck (was ja bei der geschilderten Konstruktion als Zielsetzung zu sehen ist). Dies führt zu einem zusätzlichen Profit, wenn als Folge der einsetzenden Inflation die Fremdwährung gegenüber der Währung des Schuldscheines abgewertet wird. Denn dann kann der Fremdwährungskredit günstiger zurückgezahlt werden. Es handelt sich bei der beschriebenen Konstellation also vom Prinzip her um einen rückversicherten Carry-Trade.

[Carry-Trade]

Unter einem Carry-Trade versteht man ein kreditfinanziertes Investment in zwei unterschiedlichen Währungen, bei denen das Zinsgefälle ausgenutzt wird. Ist in einem Währungsraum das Zinsniveau besonders niedrig und in einem anderen Währungsraum dagegen höher, so kann ein Investor, der einen Kredit zu einem niedrigen Zinssatz aufnimmt, in dem anderen Land mit diesem aufgenommenen Geld ein Investment tätigen (beispielsweise auch eine Schuldverschreibung des jeweiligen Staates oder einer anderen Institution erwerben, die gegenüber dem Kreditzins eine höhere Rendite als Ertrag zu realisieren gestattet). Der Gewinn ist zunächst einmal die Differenz aus der Investment-Rendite und dem Kreditzins. Kommt es in Folge einer Geldmengenausweitung dann zu inflationären Tendenzen in dem Währungsraum, in dem der Kredit aufgenommen wurde, so ist zu erwarten, dass bei Fälligkeit des Kredites, die sinnvollerweise mit der Auszahlung des Investments (Fälligkeit, Refinanzierung oder Verkauf) zusammenfällt, der Wechselkurs gegenüber dem Zeitpunkt der kreditfinanzierten Investition für den Investor günstiger ist. Nimmt der Investor beispielsweise einen Kredit in Yen mit 1 % Kreditzins auf, wechselt den Yen in US $ (z. B. 110 zu 1) und kauft damit eine US-Schuldverschreibung mit beispielsweise 5 % Rendite, so macht er zunächst einen Gewinn von 4 %. Wenn er nun bei Fälligkeit der US-Schuldverschreibung den Dollarbetrag ausbezahlt bekommt und der Kurs US $ zu Yen nun aufgrund inflationärer Tendenzen in Japan (durch die Geldmengenausweitung) z. B. 120 zu 1 ist, so muss der Investor weniger $ für die Rückzahlung seines in Yen aufgenommenen Kredites aufbringen. Er profitiert insofern gleich doppelt.

Ansonsten ist davon auszugehen, dass der Finanzsektor sehr gezielt — und legal! — das Element Schuldverschreibung einsetzt, um — wie bereits in Kap. II geschildert — „Steueroptimierungen" vorzunehmen.

Einfluss auf volkswirtschaftliche Schlüsselfaktoren:

Der Finanzdienstleistungsbereich hat Möglichkeiten, gezielt auf

- Wechselkurse und
- Kaufkraft (bzw. Inflation) Einfluss zu nehmen.

Zinsdifferenzen zwischen Währungsräumen können „gewinnbringend" ausgenutzt werden.

VIII. Warum hat sich der M1-Geldfaktor in den USA gegenläufig zur restlichen Welt entwickelt?

Mit den zuvor gegebenen Antworten zu den einzelnen Fragen zum Weltfinanzsystem wurden Wege aufgezeigt, wie Dollar-denominierte Schuldverschreibungen so im Markt platziert werden können, dass zu deren Kauf Giralgeld in Fremdwährungen erzeugt wird (vgl. insbesondere Kap. IV.1 und VII). Das bedeutet letztendlich, dass eine **Verschuldung des Dollarraums** zu einer **Geldmengenerhöhung in anderen Währungsräumen** führt.

	1970	Steigerung 1970–1992 pro Jahr	1992	Steigerung 1992–2001 pro Jahr	2001	Steigerung 2001–2005 pro Jahr	2005	Steigerung in 2005	Steigerung seit 1970
M1-USD (in Mrd/bn $)	214	7,4%	1.025	1,6%	1.182	3,7%	1.369	-0,2%	538%
GDP/M1-USD	4,7	1,2%	6,2	3,7%	8,6	1,5%	9,1	6,6%	93%
M1-EUR (in Mrd/bn €)	182	9,0%	1.215	6,8%	2.205	11,6%	3.421	17,6%	1776%
GDP/M1-EUR	5,9	-1,8%	3,9	-2,4%	3,2	-7,4%	2,3	-12,2%	-61%
M1-JPY (in Mrd/bn ¥)	17.992	14,8%	378.000	-4,5%	250.138	11,7%	388.700	5,5%	2060%
GDP/M1-JPY	4,1	-5,2%	1,3	5,2%	2,0	-10,2%	1,3	-4,0%	-68%
M1-GBP (in Mrd/bn £)	15	12,4%	192	11,3%	502	10,7%	755	12,8%	5029%
GDP/M1-GBP	3,5	-0,5%	3,2	-5,1%	2,0	-4,9%	1,6	-7,7%	-54%
M1-CHF (in Mrd/bn SFR)	33	5,9%	116	7,4%	220	7,2%	291	5,4%	784%
GDP/M1-CHF	2,9	0,2%	3,0	-4,9%	1,9	-4,9%	1,6	-2,8%	-45%

Abb. 8: Geldmengen M1 und kalkulierte Geldfaktoren (GDP/M1)

Sofern sich am Zahlungsverhalten in einer Volkswirtschaft (und damit an dem für die Zahlungsvorgänge benötigten Geldvolumen) keine signifikante Änderung ergibt, würde daraus folgen, dass sich der Geldfaktor für täglich fälliges

Geld (Zentralbankgeld und Giralgeld mit täglicher Fälligkeit), d. h. der Quotient aus GDP und M1, im Dollarraum erhöht und in dem entsprechenden Währungsraum, der zum Aufkaufen der Dollarschuldverschreibung fungiert, sinkt. Dies kann in Bezug auf den Dollar-Raum in dem Maße geschehen, bis der Geldfaktor der tatsächlichen Umlaufgeschwindigkeit (gemäß dem Zahlungsverhalten) bezogen auf das GDP gleich kommt, weil sonst eine Deflation (wegen Geldmangel) die Folge wäre. Die Zahlen zum Weltfinanzsystem deuten darauf hin, dass diese Beziehung im besonderen Maße zwischen den USA einerseits und den Euro-Staaten, Großbritannien, der Schweiz und mit Abstrichen auch in Japan andererseits, gegeben ist. Inwieweit dies auch darüber hinaus für weitere Länder gilt, kann dem derzeitigen Stand des verfügbaren Zahlenmaterials nicht konkret entnommen werden. Die Betrachtung von Durchschnittswerten deutet aber in der Tendenz auch auf diesen Zusammenhang hin. Insgesamt gibt es Indizien dafür, dass systemisch motivierte Handlungsmuster entstanden sind mit der Folge: Eine in den USA notwendige **Verschuldung wird über den Weltfinanzmarkt durch Giralgeldschöpfung in anderen Währungsräumen** realisiert.

Dies unterstützt optimal die langjährige US-Politik des starken Dollars. Die USA sind sehr bemüht, einen „starken" Dollar zu haben, nicht zuletzt aufgrund ihres permanenten Außenhandelsbilanzdefizits, gerade auch in den letzten Jahren (vgl. auch Kap. II). Da in den meisten Fällen Importe mit Dollar bezahlt werden, würde ein schwacher Dollar zu einer signifikanten Vergrößerung des Außenhandelsbilanzdefizits führen. Die Frage ist letztlich, wie lange eine solche Politik erfolgreich beibehalten werden kann, die letzten Jahre zeigen ja bereits erste Korrekturen bei der Dollar-Bewertung auf.

In diesem Zusammenhang lohnt es sich auch einmal, die ausgewiesenen Zahlen zum Bruttoinlandsprodukt (GDP – Gross Domestic Product) und hier insbesondere auch die realen Wachstumsraten, die Verbraucherpreisindices und das nominale Wachstum zu diskutieren (detailliertes Zahlenmaterial in Anhang A).

Vergleich Euro-Raum (12 Länder) mit den USA

Daten in Mrd/bn oder %	2001	2002	2003	2004	2005	Durchschnitt 2002–2005	Inflation 2002–2005
GDP Deflatoren							
USA (in $)	2,40%	1,75%	2,13%	2,84%	3,02%	2,43%	10,09%
EURO12 (in €)	2,70%	2,63%	2,09%	1,95%	1,91%	2,15%	8,86%
Inflationswerte Konsum							
USA	2,80%	1,60%	2,30%	2,70%	3,40%	2,50%	10,37%
EURO12	2,30%	2,20%	2,10%	2,10%	2,20%	2,15%	8,88%
						Wachstum 2002–2005	Wachstum abzgl. Inflation
Wachstum reales GDP							
USA (in $)	0,80%	1,60%	2,50%	3,90%	3,20%	11,66%	11,66%
EURO12 (in €)	1,90%	0,90%	0,80%	2,10%	1,30%	5,19%	5,19%
GDP (laufende Preise)							
USA (in $)	10.128	10.470	10.961	11.712	12.456	22,98%	12,61%
EURO12 (in €)	7.004	7.248	7.455	7.741	7.995	14,16%	5,28%

Abb. 9: GDP und Inflation in unterschiedlichen Währungen

Hierbei sollen nicht die (für die USA positiven) Effekte einer — in den USA genutzten — hedonischen Berechnung (Erläuterung im Glossar) des realen GDP im Vordergrund stehen, sondern die Auswirkungen von Wechselkursveränderungen. Die USA weisen insbesondere durch den hedonischen Ansatz gerade auch in den letzten fünf Jahren durchgängig bessere Zahlen als beispielsweise der Euroraum aus (bei dem nur wenige Bereiche des GDP hedonisch bewertet werden). So wird für die Jahre 2002 bis 2005 in Summe für die USA ein reales Wachstum des GDP von ca. 11,7 % in den Statistiken geführt, demgegenüber im Euroraum ein reales Wachstum von nur ca. 5,2 %. In Bezug auf die Konsumorientierte Inflation wird für die USA in diesem Zeitraum eine Inflation von ca. 10,4 %, im Euroraum eine Inflation von etwas unterhalb von 9 % ausgewiesen. Dem steht ein in dem Zeitraum um ca. 23 % gewachsenes nominales Bruttoin- landsprodukt (in Dollar) in den USA und ein um ca. 14,2 % (in Euro) gewach- senes GDP in Europa gegenüber (vgl. auch Anhang A2).

Das als Differenz von nominalem Wachstum und Inflation kalkulierte Wachs- tum zeigt das gleiche Bild; ca. 12,6 % für die USA und nur 5,3 % für den Euro- Raum.

Eine Betrachtung der Entwicklung in **einer** zentralen Währung (z. B. $ / Details in Anhang A1) zeigt hier im Verlauf der letzten fünf Jahre aber etwas Anderes:

Vergleich Euro-Raum (12 Länder) mit den USA

Daten in Mrd/bn oder %	2001	2002	2003	2004	2005	Wachstum 2002–2005	Wachstum abzgl. Inflation
GDP (laufende Preise)							
USA (in $)	10.128	10.470	10.961	11.712	12.456	22,98%	12,61%
USA (in €)	11.312	11.109	9.705	9.430	10.021	*-11,41%*	
Anteil am Welt-GDP	32,20%	32,00%	29,82%	28,39%	28,02%		
EURO12 (in €)	7.004	7.248	7.455	7.741	7.995	14,16%	5,28%
EURO12 (in $)	6.271	6.831	8.420	9.615	9.938	58,48%	
Anteil am Welt-GDP	19,93%	20,88%	22,91%	23,31%	22,35%		
Weltweit (in $)	31.456	32.714	36.751	41.258	44.455	41,32%	
Weltweit (in €)	35.122	34.639	32.499	33.184	35.685	1,60%	

Abb. 10: GDP-Entwicklung in einer Währung

So ist das GDP im Euroraum (bewertet in Dollar) um 58,5 % gestiegen (nominal). Das Weltbruttoinlandsprodukt ist in diesem Zeitraum nominal um 41,3 % ge- stiegen. D. h. das Wachstum des nominalen US-Bruttoinlandsprodukts liegt mit nur 23 % weit unterhalb des weltweiten Nominal-Wachstums (in Dollar). Entsprechend ist auch der Anteil der USA am Weltbruttoinlandsprodukt von 32,2 % (2001) auf 28 % (2005) gesunken. Im gleichen Zeitraum stieg der Anteil des Euroraumes am Weltbruttoinlandsprodukt von 19,9 % (2001) auf 22,4 % (2005).

Hierbei ist dann auch noch zu sehen, dass das Weltbruttoinlandsprodukt bewertet in Dollar (gemäß Marktwechselkursen) nominal im Zeitraum von 1995 bis 2001, d. h. in sechs Jahren, nur wenig, nämlich um 7 % von 29,4 auf 31,5 Bill. $ gestiegen ist, von 2001 dann bis ins Jahr 2005, in vier Jahren aber um 41,3 % auf 44,5 Bill. $.

Vergleich Euro-Raum (12 Länder) mit den USA

Daten in Mrd/bn oder %	1995	Wachstum 1996–2001	2001	Wachstum 2002–2005	2005
GDP (laufende Preise)					
USA (in $)	7.398	36,91%	10.128	22,98%	12.456
Anteil am Welt-GDP	25,17%	27,92%	32,20%	*-12,98%*	28,02%
EURO12 (in €)	5.448	28,56%	7.004	14,16%	7.995
Anteil am Welt-GDP	24,50%	*-18,62%*	19,94%	12,36%	22,40%
Weltweit (in $)	29.391	7,03%	31.456	41,32%	44.455
Wechselkurs $ in €	0,756	47,61%	1,11654	*-28,11%*	0,80273

Abb. 11: GDP-Wachstum

Dieses „Wachstum" resultiert zum größten Teil aus einer Abwertung des Dollars! Bewertet in Euro lag das Weltbruttoinlandsprodukt in 2001 bei 35,1 Bill. Euro, in 2005 bei 35,7 Bill. Euro. Nominal bedeutet dies mit 1,6 % in Bezug auf die Inflation im Euroraum (ca. 8,9 % im Zeitraum 2002 bis 2005) ein erheblich geringeres Wachstum. Ohne den „Inflationsexport" aus dem Dollarraum wären die Zahlen für die USA noch negativer.

Dies alles legt den Schluss nahe, dass selbst die durch die zumindest bis 2005 vergleichsweise erfolgreiche Politik des „starken Dollar" noch als gemäßigt zu bezeichnende **Inflation** des Dollar als Weltwährung (Vermögenstitel) **noch nicht im Produkt- und Dienstleistungsmarkt der USA angekommen ist.** Die aktuellen Entwicklungen (u. a. auch an den Devisenmärkten) deuten darauf hin, dass dies nun in zunehmendem Maße erfolgt).

Staatsverschuldung der USA und Vermögensinflation

Das Bruttoinlandsprodukt der USA basiert signifikant (und Jahr für Jahr in immer höherem Maße) auf Schulden, und viele Werte werden beim Import gegen einen überbewerteten Dollar getauscht. Die hohe Staatsverschuldung und das hohe Außenhandelsbilanzdefizit führen aber offensichtlich nicht zu einer entsprechenden Erhöhung der für den Konsum verfügbaren Dollar-Geldmenge und halten so (unter Zuhilfenahme einer hedonischen Bewertungsmethodik) die Inflation auf einem vergleichsweise niedrigen Niveau, das aber nicht der realen Situation entspricht. Dies legt den Schluss nahe, dass der Konsum in den USA vom Rest der Welt subventioniert wird und zwar in einer Art und Weise, dass eine ansonsten durch die zunehmende, hohe Verschuldung induzierte inflationäre Entwicklung aus den USA exportiert wird bzw. sich diese Inflation auf die attraktiven Segmente des Sachvermögensmarktes verlagert, solange noch Werte, die umverteilt werden können, angeboten werden.

Anders formuliert: Das zu beobachtende teils enorme „Investitionsverhalten" (vgl. auch Kap. IV.2), die zu beobachtenden nominalen Wertsteigerungen, die hohen Inflationsraten bei den attraktiven „realen" Sachvermögensgegenständen, seien es Aktien, ganze Unternehmen, Gold, bestimmte Immobilien, Versorgungseinrichtungen, Grundbesitz, Rohstoffressourcen etc. deuten darauf hin, dass Geld- und Geldsurrogate zu einer „immer heißeren Kartoffel" werden. Bewertet in Euro hat sich das Volumen der Geld- und Geldsurrogate seit 2001 um 13,5 % (ca. 14,2 Bill. €) erhöht, in dieser Zeit ist das Welt-GDP nominal gerade einmal um 1,6 % (+ 0,55 Bill. €) gewachsen!

IX. Drohen Risiken im Währungsbereich (Währungsstabilität nach innen und außen)?

Die Stabilität einer Währung ist prinzipiell ein zentrales Anliegen einer Volkswirtschaft. Zu fragen ist daher, welche Risiken im Weltfinanzsystem akut sind. Zur Beantwortung dieser Frage sei zum einen verwiesen auf „Money and Sustainability – The Missing Link" [62]. In dieser Ausarbeitung wird besonders auf den Aspekt des Außenhandelsbilanzdefizits der USA, das nunmehr über 30 Jahre gegeben ist und gerade in den letzten Jahren ein enormes Ausmaß angenommen hat (vgl. hierzu auch Kap. II), als äußerst kritisch einzuschätzendes Risiko für die Währungsstabilität auf weltweiter Ebene, eingegangen. Dieses Risikopotential wird zudem verstärkt durch die immer weiter **zunehmende Schuldenfinanzierung der US-Ökonomie**, gerade auch, was die öffentlichen Hände und die Privathaushalte anbelangt.

Im Folgenden wird hierzu eine kurze Gegenüberstellung der Verschuldungssituation der USA, der Euro-Staaten, Japans und Deutschlands gegeben, die insbesondere auch berücksichtigt, dass bislang in den öffentlichen Diskussionen und dem Vergleich von Ländern an sich nicht vergleichbare Zahlen gegenüber gestellt werden. So betrachtet man beispielsweise im Falle der USA immer nur die Staatsverschuldung der Bundesebene (United States Government) und stellt dem auf deutscher, japanischer und europäischer Seite die Gesamtverbindlichkeiten von Bund, Ländern und Kommunen gegenüber. Darüber hinaus sind aber in den USA z. B. Förderungen, die auf deutscher Seite über den Bundeshaushalt abgewickelt und / oder ausgewiesen werden, in einem großen Umfang auf die sogenannten „Governmental Agencies" ausgelagert (vgl. hierzu auch Kap. III und VIII), deren Verschuldung mittlerweile (seit März 2003) in den Statistiken der BIS (Bank for international Settlements) nicht mehr unter „Government", sondern unter „Finance" subsumiert (und so an dieser Stelle nicht mehr nachvollziehbar [11]) sind. Man muss daher — soweit verfügbar — verschiedene Einzelstatistiken zusammentragen (und Abschätzungen vornehmen), um die aktuelle Situation abzubilden. Stellt man alle auffindbaren Zahlen zur Verschuldungssituation zusammen, so ergibt sich doch ein anderes Bild, als dies bislang immer zugrunde gelegt bzw. in der Öffentlichkeit diskutiert wird.

2005	Daten in Mrd/bn $	USA	EURO12	Japan	Deutschland	andere Staaten	Welt
	Gesamtverschuldungssituation						
1.	**Bundesebene (Verbindlichkeiten)**	9.915	7.837	8.298	1.285	4.403	35.527
	davon "intragovernmental debt"	3.346	n.a.	n.a.	n.a.	n.a.	n.a.
	davon "held by the public"	4.624	n.a.	n.a.	n.a.	n.a.	n.a.
	davon sonstige Verbindlichkeiten	1.945	793	n.a.	88	n.a.	n.a.
2.	**Länder und Kommunen (Verbindlichkeiten)**	2.338	n.a.	n.a.	697	n.a.	n.a.
	zzgl. Pensionsfond d. Länder (nur USA)	2.735	n.a.	n.a.	n.a.	n.a.	n.a.
3.	**Governmental Agencies ***	6.275	892	883	120	412	8.461
NV.	davon neue Verbindlichkeiten in 2005	1.178	443	153	110	366	2.139
	Veröffentlichter Wert (Verschuldung) **	456	236	256	93	366	1.407
1. · 3.	**Summe öffentliche Hand (Verbindlichkeiten)**	21.263	8.729	9.181	2.102	4.815	43.988
	Veröffentlichter Wert (Verschuldung) **	7.809	7.044	8.298	1.894	4.815	32.333
4.	**Private Haushalte**	11.815	4.778	3.150	1.956	n.a.	n.a.
1. · 4.	**Gesamt**	33.078	13.507	12.331	4.058	n.a.	n.a.
	GDP	12.456	9.960	4.567	2.792	17.472	44.455
	Population in Millionen	296,6	311,4	127,7	82,5	5.716	6.451,4
1.	pro GDP	79,60%	78,69%	181,69%	46,03%	25,20%	79,92%
1. + 2.	pro GDP	120,33%	78,69%	181,69%	71,00%	25,20%	79,92%
1. bis 3.	pro GDP	170,71%	87,64%	201,01%	75,30%	27,56%	98,95%
4.	pro GDP	94,86%	47,97%	68,96%	70,06%	n.a.	n.a.
NV.	pro GDP	9,46%	4,44%	3,34%	3,95%	2,10%	4,81%
1. bis 3.	pro Kopf	71.698	28.034	71.875	25.491	842	6.818
1. bis 4.	pro Kopf	111.539	43.378	96.532	49.209	n.a.	n.a.

* Wert für Deutschland geschätzt

** USA und Japan (WEO); Euro (Eurostat) andere Staaten und Welt gemäß BIS-Daten

Abb. 12: Vergleich der Verschuldung USA, Euro-Raum, Japan, Deutschland, „andere Staaten" und Welt

Wie aus diesen Zahlen ersichtlich wird, ist **die Pro-Kopf-Verschuldung in den USA**, wenn man hierfür die Summe der Verbindlichkeiten der öffentlichen Hand (wie bei den Euro-Staaten auch) zugrunde legt, **genauso hoch wie in Japan und mehr als dreimal so hoch wie in Deutschland und dem Euro-Raum** (unter Hinzunahme der Verbindlichkeiten der Privathaushalte mehr als doppelt so hoch). Diese Situation zwingt die USA vor dem Hintergrund einer extrem niedrigen Sparquote (aktuell negativ) dazu, permanent Kapital zu importieren oder, besser gesagt, Schulden (z. B. in Form von Schuldverschreibungen) zu exportieren. Eine Aufnahme von Krediten im eigenen Lande würde (wie bereits ausgeführt) zu einer entsprechenden Ausweitung der für den Konsum verfügbaren Geldmenge M1 führen mit den entsprechenden inflationären Tendenzen, was die Lage der USA noch zusätzlich verschlechtern würde, da die Importe sich so automatisch verteuern würden.

Es ist davon auszugehen, dass diese Sachverhalte zumindest den relevanten Schlüsselakteuren des Weltfinanzmarktes bewusst sind. Daher ist zu erwarten, dass diese Akteure zumindest in Teilbereichen abgestimmt handeln, bzw. deren Handeln sich systemisch motiviert und dazu führt, dass die in den vorigen Kapiteln geschilderten finanztechnischen Konstruktionen zustande kommen (siehe aber auch Kap. XIV).

Die Zielsetzung einer weitgehenden Wechselkursstabilität und einer sinnvollen Begrenzung der Inflation in Verbindung mit dem auf globaler Ebene stattfindenden Wettbewerb um Kapitalinvestitionen und unternehmerische Ansiedlung, die daraus resultierenden bzw. motivierten Steuerreduktionen, die zu der immer stärker ausufernden Staatsverschuldung führen, **fokussieren mittlerweile in immer stärkerem Maße das weltweite Engagement auf den Vermögensmarkt**. Die Zurücknahme des sozialen Ausgleichs — u. a. aufgrund der Steuerreduktionen auf einer weltweiten Ebene — entzieht zum einen dem

Güter- und Dienstleistungsmarkt Kaufkraft und lenkt investives Engagement darüber hinaus noch in den Vermögensmarkt, ohne dass es eine monetäre Trennung gäbe. D. h. die im Vermögensmarkt zu beobachtende, teils extreme Inflation (z. B. bei speziellen Immobilien, zeitweise aber immer auch im Aktienbereich und bei der Bewertung von Unternehmen, derzeit auch bei Gold und auf anderen Rohstoffmärkten) kann sich unvorhersehbar auf den Güter- und Dienstleistungsmarkt übertragen oder auch dahin verschieben, und zwar spätestens dann, wenn es im Vermögensmarkt nichts Attraktives mehr zu kaufen gibt (Überlegungen über mögliche Zukunftsszenarien erfolgen in Kap. XIII). Dies ist im Zusammenhang mit der Beantwortung der beiden folgenden Fragen (Kapitel X und XI) zu sehen vor dem Hintergrund der in diesem Rahmen abgeleiteten, **derzeitigen Unbegrenztheit der Liquidität**.

Wie hoch ist die öffentliche Neuverschuldung?

Als Vergleichsmaßstab zur Verdeutlichung darüber, wie viel 2,139 Bill. $ sind, d. h. wie hoch die Neuverschuldung der öffentlichen Hände weltweit im Jahr 2005 war, soll die folgende globalökonomische Betrachtung dienen. Es leben zurzeit ca. 6,5 Milliarden Menschen auf diesem Globus. Ca. 1,1 Milliarden davon, also ca. 20 % der Erdbevölkerung, müssen derzeit mit weniger als 1 $ pro Tag ihren Lebensunterhalt bestreiten. Dies ist die Grenze der so genannten „absoluten Armut". Weitere ca. 25 % der Erdbevölkerung müssen mit weniger als 2 $ pro Tag auskommen. Das sind insgesamt ca. 1,7 Milliarden Menschen. Diese zusammen ca. 2,8 Milliarden ärmsten Menschen, also fast die Hälfte der Erdbevölkerung, müssen ihren Lebensunterhalt pro Jahr mit insgesamt weniger als 1,65 Bill. $ bestreiten. Allein die jährliche Neuverschuldung der Währungsräume USA, EURO12 und Japan zusammen genommen (ca. 1,8 Bill. $) übersteigt diesen Betrag. Nimmt man noch die ca. 450 Millionen Menschen, die mit weniger als 3 $ pro Tag auskommen müssen hinzu, so steht in Summe den 3,25 Milliarden ärmsten Menschen auf diesem Globus jährlich ein Betrag von weniger als 2,135 Mill $ zur Verfügung. Die öffentliche Neuverschuldung des Jahres 2005 von ca. 2,139 Bill. $ ist mehr als das, mit dem die Hälfte der Erdbevölkerung in diesem Jahr ihren Lebensunterhalt bestreiten musste.

X. Welche Rolle spielen Security Settlement Systems / Large-Value Payment Systems bezüglich Liquidität und Währungsstabilität?

Als spezielle Software-Lösungen sind mittlerweile für eine Vielzahl von Börsen und elektronischen Handelsplätzen, so genannte Security Settlement Systeme, entstanden, auf denen über Kommunikationsnetze weltweit über entsprechende Computerarbeitsplätze die Eigentumsübertragung und Bezahlung von Geschäften mit „verbrieften Sicherheiten" abgewickelt werden kann. Gerade zur Abschätzung möglicher Inflationsrisiken werden diese Systeme im Folgenden etwas näher betrachtet.

In einer prinzipiellen Sichtweise verleihen Security Settlement Systems den „verbrieften Sicherheiten" Geldcharakteristik, d. h. über die Security Settlement Systems können **verbriefte Sicherheiten als Zahlungsmittel** und **Recheneinheit** eingesetzt und in Verbindung mit Securities Depositories zur **Wertaufbewahrung** genutzt werden. „Verbriefte Sicherheiten" werden so zu einem **Geldsurrogat**, jedoch mit einer besseren Grundrendite als dies bei Zentralbankgeld oder Giralgeld gegeben ist. Da hier aber die limitierenden Mechanismen, wie sie für Zentralbankgeld und Giralgeld gelten, fehlen, kommt es zu einer unkontrollierten Ausdehnung der Menge solcher Geldsurrogate. Das „offizielle Zahlungsmittel" (Zentralbank-) Geld oder das von kommerziellen Banken geschöpfte Giralgeld werden nur als Zwischenmedium bei Tauschakten benötigt.

[Netting]

Teilnehmer von Security Settlement Systemen müssen für die Bezahlung bei einem Kaufgeschäft kein Geld bereitstellen, wenn Verkaufsgeschäfte – im Verlauf eines Handelstages – mit gleichem Volumen getätigt werden. Die Security Settlement Systeme bieten hierzu so genannte „Overdraft Fazilitäten" an. Diese stellen Kreditlinien für die Teilnehmer dar, die am Tagesabschluss jeweils aufgelöst werden müssen. Am Tagesabschluss werden alle Kauf- und Verkaufvorgänge einander gegenübergestellt (saldiert) und nur der Saldo ist in Form von Geld auszugleichen. Dies bezeichnet man als *netting*. D. h. das Transaktionsvolumen bei Security Settlement Systemen kann um ein Vielfaches höher sein als das für die Abwicklung aller Transaktionen benötigte Geldvolumen.

Das insgesamt benötigte Volumen an Geld / Giralgeld (hier betrachtet man i. A. die Geldmenge M1) wird durch die aus dem Zahlungsverhalten abgeleitete Umlaufgeschwindigkeit des Geldes bestimmt, aber auch nur so lange „Payment-Systeme" Geld als Austauschmedium verlangen. So gibt es ja auch heute schon eine Vielzahl von Payment-Systemen, die ganz unterschiedliches Geld verlangen, Zentralbank-Dollar, Zentralbank-Euro, „Sparkassen-Giralgeld" in Giroverbänden etc. Warum dann nicht auch US-T-Bonds als Zahlungsmittel?

Security Settlement Systems

● Handel mit „Verbrieften Forderungen"
→ elektronische Abwicklung

→ Eigentumsübertragung / Bezahlung

● Tausch gegen „Geld"
→ „verbriefte Forderungen" bekommen „Geldcharakteristik"

→ Geldsurrogate

Je höher die Umlaufgeschwindigeit, desto geringer das benötigte Volumen an den benötigten Zahlungsmitteln. Geld / Giralgeld verschwindet aber im Allgemeinen nicht aus der Ökonomie nach einem Tauschakt, sondern nur dann, wenn ein Kredit an den Finanzsektor zurückgezahlt wird oder der Finanzsektor das kurzfristig verfügbare Giralgeld gegen eine längerfristigere Anlageform (oder ein Geldsurrogat) austauscht. Soweit die Theorie!

Aufgrund der Verfügbarkeit von Security Settlement Systems haben eine Vielzahl der sogenannten langfristigen Anlagemöglichkeiten (für die keine Mindestreservepflicht besteht) aber nunmehr kurzfristigen Liquiditätscharakter. Denn prinzipiell ist immer Giralgeld vorhanden, das z. B. über Nacht nach einer Rendite sucht. Über das Security Settlement System kann man so kurzfristig eine verbriefte Sicherheit gegen Giralgeld tauschen. In der Verknüpfung von drei Zeitzonen der Welt ist es so denkbar, dass die gesamte Welt-Giralgeld-Liquidität in der jeweiligen Zeitzone während des Tages verfügbar ist. Wenn man aktuell (2005) das Transaktionsvolumen von Security Settlement Systems mit ca. 3 Billiarden $ (US-Quadrillion) pro Jahr abschätzt (vgl. Anhang B.1), so müsste eigentlich an jedem der 200 Handelstage die gesamte Geldmenge M1 (ca. 15 Billionen $) umgesetzt werden (eine genauere Analyse erfolgt in Kap. XIII).

Auch Aktien können zu einem Geldsurrogat hoher Liquidität werden, wenngleich mittlerweile im Handel, um im regulierten Markt (Börse) nicht unerwünschte Kursschwankungen zu provozieren, „Aktienzertifikate" stellvertretend für einen jeweiligen Aktientyp dienen. Vollständigkeitshalber wird diese Möglichkeit einer Geldsurrogatschöpfung durch Unternehmen über Aktien im Zusammenwirken mit Investmentbanken im folgenden Kasten erläutert, gerade weil dies aktuell auch in Deutschland beobachtet werden kann. Zudem gibt es in diesem Bereich in Deutschland konkrete Bemühungen, dies sogar noch mit Steuerbegünstigungen über neue Gesetze und ganz konkret mit der Einführung von REITs (Real Estate Investment Trusts) zu verbinden.

Geldschöpfung (Geld-Surrogate) über Aktien

Prinzipiell sind Aktien unter dem Vermögensaspekt auch als Schuldverschreibungen (mit spezieller Charakteristik) anzusehen. Die speziellen Eigenschaften von Aktien betreffen die unternehmerische Mitbestimmungsmöglichkeit, die unbegrenzte Laufzeit, die Nachrangigkeit und die börsliche Wertbildung. Die Wertbildung reflektiert dabei neben Umsatz und Gewinn u. a. die realen Sachwerte des jeweiligen Unternehmens und nicht nur deren Buchwert. Dies kann gezielt zur Schöpfung von Geldsurrogaten über Aktien ausgenutzt werden. Ein Ansatz der Unternehmen besteht im Allgemeinen darin, „werthaltige Assets", die aber bereits voll abgeschrieben sind (und dadurch nur einen vergleichsweise geringen Buchwert haben) in eine neu gegründete Tochter AG als Eigenkapital zu übertragen, das dann die Muttergesellschaft als Aktien hält. Z. B. über einen regulären IPO (Initial Public Offer) kann dann ein kleiner Anteil dieser Aktien vom Volumen her so, dass auf jeden Fall eine Überzeichnung sichergestellt werden kann, auf dem Kapitalmarkt angeboten werden. Hier haben dann auch Investmentbanken die Möglichkeit, eine Erstzeichnung entsprechender Aktien vorzunehmen. Dabei kann dann auch gezielt auf den Preis Einfluss genommen werden. Es wird so faktisch eine Umqualifizierung „stiller Reserven" eines Unternehmens in ein eigenständiges Unternehmen und die von diesem Unternehmen heraus gegebenen Unternehmensanteile vorgenommen. Mit der besonderen Konstruktion der REITs (Real Estate Investment Trusts) versucht man dabei sogar, besonders „steuerfreundliche" Aktiengesellschaften zu realisieren, deren Gewinne keiner oder nur einer geringen Besteuerung unterliegen und die zudem weitere steuerrechtliche Bevorzugungen erhalten sollen. In der Folge dürfte der über den Aktienkurs kalkulierbare Unternehmenswert ein Vielfaches des über die Immobilien eingebrachten Eigenkapitals ergeben, womit die Firma einen entsprechenden Anteil der selbst gehaltenen Aktien (natürlich auch über RePo's) bedarfsorientiert am Kapitalmarkt in Giralgeld tauschen kann.

Letztendlich bedeutet das zuvor Gesagte, dass mit der Verfügbarkeit von Security Settlement Systems und deren Kopplung mit geldbasierten Zahlungssystemen nicht mehr allein die Geldmenge im engeren Sinn (also M1: Zentralbankgeld und täglich fälliges Giralgeld) als potentielle „aktive" Geldmenge für das Wertschöpfungssegment (Waren- und Dienstleistungsmarkt) und den (Sach-)Vermögensmarkt angesehen werden sollte. Vielmehr haben verbriefte Forderungen

(Debt Securities) zumindest für die Akteure mit Zugriff auf die entsprechenden Settlement Systeme für diese Märkte Liquiditätscharakter.

Hinsichtlich der Währungsstabilität muss man sich daher die Frage stellen, welches Potential an realen Werten (also Sachvermögen, Waren- und Dienstleistungen) dieser potentiellen Kaufkraft jeweils währungsraumspezifisch gegenüber steht. Dabei ist zu beachten, dass die über die verbrieften Forderungen gegebene Liquidität (als Geldsurrogat), da es sich ja in einem großen Volumen um Finanzvermögen durchaus in einer Langfristperspektive handelt, mit hoher Priorität im Vermögensmarkt aktiv wird. Genauso wie eine überbewertete Währung den Import von Waren und Dienstleistungen aus anderen Währungsräumen unterstützt, trifft dies auch auf den Vermögensmarkt zu. Es entsteht dadurch also ein **Inflationsdruck in den Räumen mit schwächerer Währung**, woraus tendenziell wieder eine Stärkung der schon überbewerteten Währung resultiert, sofern der Erwerb von Auslandsvermögen über ein Geldsurrogat in Inlandswährung erfolgt oder mit einer Geldschöpfung der jeweils benötigen Fremdwährung verbunden ist.

Zu einem großen Problem für die Währungsstabilität einer einzelnen Währung kommt es insbesondere dann, wenn Neu-Emissionen von verbrieften Forderungen — und dies betrifft nicht nur die Neuverschuldung, sondern auch am Ende der Laufzeit einer Schuldverschreibung die Anschlussfinanzierung und damit die Gesamtverschuldung — nicht mehr im Vermögensmarkt platziert werden können, d. h. wenn sich nicht genügend Nicht-Banken finden, die diese Geldsurrogate als Vermögensanlage akzeptieren. In diesem Augenblick führt jede Emission einer Schuldverschreibung zu einem Ausweiten der Geldmenge im engeren Sinne, also M1 (vgl. hierzu auch die Ausführungen in Kap. XIII und Anlage B.6.2). Der in den Geldsurrogaten implizierte Inflationsdruck würde sich in dem Falle primär auf den eigenen Währungsraum auswirken bzw. zu einer entsprechenden Währungsabwertung führen, es sei denn, die Situation ist in den anderen Währungsräumen ähnlich.

Geld und Geldsurrogate

Security Settlement Systeme verleihen allen „verbrieften Sicherheiten" die wesentlichen Geldcharakteristiken:

- Zahlungsmittel (Liquidität)
- Recheneinheit
- Wertaufbewahrungsfunktion

Dabei kann über Geldsurrogate der in einer Geldschöpfung liegende potentielle Inflationsdruck solange gebändigt werden, wie Nichtbanken bereit sind, Geldsurrogate als Vermögensanlage zu akzeptieren.

Hinweis: Die Ausführungen in diesem Kapitel sollten aufzeigen, welch große Einflussmöglichkeiten und welche wichtige Rolle die Security Settlement Systeme innerhalb des Weltfinanzsystems einnehmen. Umso Besorgnis erregender ist die Entwicklung einzuschätzen, dass maßgebliche große Akteure des Finanzmarktes die Strategie verfolgen, bei der Abwicklungsplattform weltweit zu einer monopolartigen Position zu gelangen. So befindet sich bereits die zentrale Abwicklungsplattform für den amerikanischen Markt, die Depository Trust and Clearing Corporation DTCC, maßgeblich im Besitz der größten Finanzinstitutionen (der Aktienanteil der DTCC bestimmt sich über den Nutzungsanteil dieser Plattform [81]). Über eine 100 %ige Tochter, die EuroCCP wird diese Institution nun auch einen signifikanten Anteil der Handelsabwicklung im europäischen Währungsraum übernehmen. Die sieben führenden europäischen Investmentbanken haben sich 2007 für diese Plattform entschieden – http://prnewswire.co.uk/cgi/news/release?id=195412.

XI. Gibt es kritische Lücken / problematische Konstruktionen im zunehmend deregulierten Weltfinanzsystem?

Im Folgenden sollen beispielhaft einige Möglichkeiten aufgezeigt werden, die der Finanzmarkt einer vergleichsweise kleinen Gruppe von Akteuren bietet. Diese Möglichkeiten und die zugrunde liegende Konstruktion werden als problematisch angesehen.

Die Frage der „Nachhaltigkeit"

Ausgangspunkt für alle in diesem Text angestellten Überlegungen und ausgearbeiteten Darstellungen ist die Frage der Nachhaltigkeit des Weltfinanzsystems (vgl. hierzu auch Kap. XIII). Neben einer ökologischen Dimension der Nachhaltigkeit (Schonung der Natur im Sinne eines Erhalts der Umwelt aktuell und für nachfolgende Generationen) betrifft dies auch den sozialen Ausgleich als einen Grundwert unserer Gesellschaft und Kultur. Problematisch sind vor diesem Hintergrund Konstruktionen im Weltfinanzsystem — genauso aber auch beispielsweise im nicht harmonisierten Steuersystem auf der Welt — wenn die gesetzten Regeln beispielsweise asymmetrische Handlungsoptionen für verschiedene Akteure (gerade auch noch die Bevorzugung ohnehin starker Player) beinhalten oder zu einem Verteilungsmuster für Wertschöpfung und Vermögen führen können, das für sich selbst als problematisch eingestuft werden muss.

Vor dem Hintergrund der hierzu am FAW/n in Ulm voran getriebenen Vorarbeiten und Grundüberlegungen [69],[71],[72],[74],[73] werden in diesem Kapitel einige Sachverhalte zum Weltfinanzsystem aufgeführt, die dem Gedanken einer Ökosozialen Marktwirtschaft [68],[78],[79],[80], bzw. einer auf Nachhaltigkeit ausgerichteten sozialen Marktwirtschaft entgegen stehen. Dabei ist zu sehen, dass diese Konstruktionen nicht notwendigerweise aus sich heraus als Problem zu sehen sind, sondern dass sich deren Problemhaltigkeit zum Teil erst in Verbindung mit der Steuergesetzgebung und dem mittlerweile erreichten Verschuldungsgrad der öffentlichen Hand entfaltet.

Wichtige Elemente der Deregulierung sind u. a. der nahezu weltweit freie Kapitalverkehr, die Aufhebung der institutionellen Trennung von Bankgeschäft, Investmentgeschäft und Versicherungsgeschäft (was erst zur Entstehung von „Finanzgiganten" wie der Citigroup geführt hat), das weitgehend unregulierte Segment der verbrieften Sicherheiten und Derivate, der OTC-Markt (Over the Counter). Wenngleich der letztgenannte Markt nur einer begrenzten Gruppe von Teilnehmern zugänglich sein soll, so bilden doch Fonds als Intermediäre eine Schnittstelle zu den an sich nicht für diesen Markt zugelassenen Endkunden. In Verbindung mit „Finanzmarkt-Innovationen" wie beispielsweise den Repurchase Agreements, also dem Kassa-Verkauf verbriefter Sicherheiten mit einer verbindlichen Vereinbarung zum Terminrückkauf, bildet dies insgesamt eine problematische Konstruktion (wie zu den vorausgegangenen Fragen in den jeweiligen Kapiteln ausgeführt). Dies ist vor allem in Verbindung mit der durchgehenden Nutzung von Informations- und Kommunikationssystemen für ein „real time Settlement" zu sehen, d. h. der Echtzeitabwicklung von Übertragungsgeschäften je nach Bedarf auch mit finaler Zahlung oder aber auch mit einer terminlich abgesetzten Übertragung von Giralgeld / Zentralbankgeld und verbriefter Sicherheit (was letztlich einer Kreditgewährung gleichkommt).

Im Folgenden sind einige Möglichkeiten aufgelistet, die in dem so konstituierten Weltfinanzsystem möglich sind, wenngleich diese Möglichkeiten für einzelne Finanzinstitutionen oder -gruppen (z. B. in Deutschland bei Sparkassen und Volksbanken) per Gesetz oder Satzung eingeschränkt sein können.

Diese Möglichkeiten unterstützen eine massive Umverteilung von Wertschöpfung und Vermögen und weisen im Kern asymmetrische Handlungsoptionen zugunsten ökonomisch starker Akteure, d. h. Chancen- und Risikoungleichheiten zugunsten der Spitze auf.

Die Vielzahl von Spekulationsgeschäften im Weltfinanzmarkt ist in anderen Publikationen vielfach besprochen worden und wird hier nicht weiter aufgeführt, wenngleich diese natürlich auch als „problematische Konstruktion" zu sehen sind.

Die dargestellten Prozesse und kritischen Lücken erheben in keiner Weise den Anspruch auf Vollständigkeit. Sie sind vielmehr als Anregung zu einer vertieften Auseinandersetzung mit den Gesetzen, Regularien und Verabredungen im globalisierten Weltfinanzsystem in Hinblick auf eine zukünftige nachhaltige und ausbalancierte Regelsetzung zu sehen.

XI.1 Kaskadiertes Aufkaufen verbriefter Sicherheiten

Durch Kauf und anschließende Refinanzierung am Kapitalmarkt können Primärmarktteilnehmer (und zunächst nur diese) beliebige Volumina z. B. hochrangiger Staatsschuldverschreibungen aufkaufen (Leverage Strategie). Je nach verfügbaren „freien" (Giral-) Geldmitteln können hierzu in dieser Größenordnung in einem ersten Schritt neu emittierte Schuldverschreibungen gekauft werden, wobei das dafür eingesetzte Geld im Weltbankensystem verbleibt, ja sogar neues Giralgeld mit diesem Volumen gebildet wird (vgl. Anlage B.6.2). Schuldverschreibungen von Emittenten mit hohem Rating, wie beispielsweise die G7-Staaten, sind gemäß den Basel-Vereinbarungen mit einem Risikogewicht von 0 behaftet, d. h. es ist keinerlei Eigenkapitalhinterlegung erforderlich. Zudem sind diese Schuldverschreibungen als höchst liquide eingestuft (vgl. hierzu bspw. das Rundschreiben 12/2004 BA der Bundesanstalt für Finanzdienstleistungsaufsicht Deutschland [17]). Daraus resultiert direkt sogar ein weiteres Giralgeldschöpfungspotential des Bankensektors, da die Schuldverschreibungen zur Liquiditätsreserve gezählt werden dürfen.

Mit „eingesammeltem Giralgeld", beispielsweise über Geldmarktfonds oder Versicherungen, können die gekauften Schuldverschreibungen dann über ein RePo-Geschäft — mit diesem Fond bzw. der Versicherung — wieder gegen Giralgeld getauscht werden, dabei wird jedoch nur ein geringerer Zinssatz als die nominale Rendite der Schuldverschreibung an den Fond / die Versicherung weitergereicht. Für den Fond-Anleger ist dies nicht notwendigerweise transparent, da der Fond juristischer Eigentümer des Papiers wird (in Wirklichkeit ist dies natürlich kein Papier, sondern lediglich ein Datenbankeintrag in einem Depository). Wirtschaftlicher Eigentümer bleibt bei einem RePo-Geschäft der Veräußerer. Bei einem RePo-Geschäft werden die Erträge an den wirtschaftlichen Eigentümer „manufactured". Dadurch können insbesondere auch — wie z. B. zuvor im Text erläutert — noch steuerliche Optimierungen vorgenommen werden. Dabei wird auch ausgenutzt, dass RePo-Geschäfte für die Bank nicht mindestreservepflichtig sind. Geldmarktfonds sind im Euro-Raum grundsätzlich nicht mindestreservepflichtig.

[Mindestreservepflicht]

Im Euro-Raum sind die geldschöpfenden Kreditinstitutionen zur Haltung von Zentralbankgeld in Form von Sichteinlagen bei der Zentralbank in einer gewissen Höhe verpflichtet. Festgelegt ist hier in der Regulierung (EC)No1745/2003(ECB/2003/9) [38] eine Mindestreserve von 2 % bei allen Kundeneinlagen (Deposits) und emittierten Bankschuldverschreibungen mit einer Laufzeit von bis zu zwei Jahren. Kundeneinlagen mit höherer Laufzeit (also beispielsweise Spareinlagen) oder länger laufende Schuldverschreibungen müssen nicht mit einer Mindestreserve hinterlegt werden. Dies gilt insbesondere auch für RePos. In Höhe des Mindestreservevolumens sind die Kreditinstitutionen verpflichtet, Einlagen bei der Zentralbank zu halten, die mit einem Einlagesatz von der Zentralbank verzinst werden. Ein Kreditinstitut kann sich dieses Zentralbankgeld auch über die ständigen Fazilitäten der Zentralbank über einen Kredit besorgen. Die Kosten für die

Bank sind insofern für die Mindestreservehaltung im Maximum der festgelegte Kreditzins der Zentralbank abzüglich des Einlagesatzes für Einlagen. Diese Differenz ist aktuell (Januar 2007) 1,0 %, der Kreditzins liegt bei 3,5 %, der Einlagesatz bei 2,5 %.

Wichtig ist in diesem Zusammenhang insbesondere auch, dass Geldmarktfonds keine Mindestreserveverpflichtung haben. D. h. sofern Kundeneinlagen transformiert werden statt in Bankschuldverschreibungen in Geldmarktfondanteile, so reduziert sich das Volumen an Kundeneinlagen bei der Bank und damit für die Bank die Mindestreservehöhe. Insofern hat ein Kreditinstitut eine besondere Möglichkeit, über Geldmarktfonds auf die Höhe der erforderlichen Mindestreserve Einfluss zu nehmen.

Dies ist insofern relevant, als die Mindestreserve die Giralgeld- und Geldsurrogatschöpfungsfähigkeit (über Bankschuldverschreibungen) umso mehr begrenzt (vgl. hierzu bspw. die Ausführung zur multiplikativen Geldschöpfung in [53]), je höher der Mindestreservesatz ist. Ist bspw. der Mindestreservesatz 2 % des verfügbaren Zentralbankgeldes einer Geschäftsbank, dann ist das Volumen an Giralgeld (Geschäftsbankengeld) und Bankschuldverschreibungen jeweils mit Laufzeiten von bis zu zwei Jahren auf das 50-fache der insgesamt in Umlauf gebrachten Zentralbankgeldmenge begrenzt. Durch die Ausnahmeregelung bzw. die Nicht-Einbeziehung von Geldmarktfonds in diese Betrachtung und die Liquiditätseigenschaften auch länger laufender Schuldverschreibungen ist diese Eingrenzung heutzutage nur als theoretisch anzusehen. Da die europäische Zentralbank beispielsweise auch mit der Spitzenrefinanzierungsfazilität den Geschäftsbanken eine volumenmäßig unbegrenzte Kreditmöglichkeit anbietet, d. h. diese gegen die Verpfändung notenbankfähiger Sicherheiten einen Zentralbankgeldkredit bekommen können (über Nacht), ist diese Begrenzung nach oben faktisch nicht relevant. Eine Erfüllung der Mindestreserveverpflichtung ist grundsätzlich immer möglich. Hinzu kommt, dass bestimmte Länder (beispielsweise Kanada und Großbritannien) keine Mindestreserven mehr einfordern oder beispielsweise in den USA der Mindestreservesatz auf gewisse Einlageklassen (Fremdwährungskonten, Inhaber-Einlagezertifikate) seit 1990 bei 0 % liegt.

Das durch das RePo-Geschäft wieder verfügbar werdende Giralgeld kann in einem zweiten Zyklus wieder zum Aufkaufen neuer Schuldverschreibungen genutzt werden usw. Die über die einbehaltene Zinsmarge erzielten Geldzuwächse können dann — quasi final — zum Erwerb von Sachvermögen (knappe Ressourcen, langlebige Immobilien u. v. m.) genutzt werden. **Dieser Vermögens-zuwachs wird nicht über Statistiken erfasst!**

Der Finanzmarkt ist zudem bereits so organisiert, dass auch schlechter beurteil-te „verbriefte Sicherheiten" in nahezu beliebigem Volumen vom Finanzsektor aufgekauft werden können. Hierzu bedient man sich u. a. nicht mindestreser-vepflichtiger „Special Purpose Vehicle" (u. a. auch Governmental Agencies), die eine „Veredelung" der schlechten Schuldverschreibungen (oder Kredite) dadurch vornehmen, dass sie ein (großes) Volumen verschiedener Schuldver-schreibungen als Aktivposition halten und dies über selbst-emittierte Schuld-verschreibungen refinanzieren. Dies geht beispielsweise bei den sogenannten Jumbo-Hypothekenpfandbriefen sogar so weit, dass solche Schuldverschreibun-gen als Klasse 1 (Kategorie 1) Sicherheiten bei der Deutschen Bundesbank aner-kannt sind [31] und dadurch dem Liquiditätsband 1 zugeordnet werden dürfen [17] ($\Rightarrow$ hohes Kreditschöpfungspotential, da so letztendlich die Kredite selbst als hoch liquide Aktiva — wie Zentralbankgeld — eingestuft werden). Ähnli-ches gilt beispielsweise in den USA für die Gesamtemission der Schuldverschrei-bungen der „Governmental Agencies", obwohl diese Schuldverschreibungen nicht formal-juristisch durch die Bonität des Staates gesichert sind, sondern der Markt dies nur so einschätzt. Ein Anspruch auf einen stützenden Eingriff der öffentlichen Seite gibt es im Ernstfall nicht. Die Ausfallrisiken der „schlechten Kredite" landen so im Portfolio von Publikumsfonds und sogar Versicherungen, d. h. wandern von den Finanzinstituten zu den (kleinen) Anlegern (vgl. hierzu Kap. XI.3).

Zwischenfazit: Die Staatsverschuldung — zumindest aller hoch geraten Staaten — bedeutet eine Zuführung neuer Liquidität erster Klasse. Andere Schuldverschreibungen können über „Special Purpose Vehicle" in Liquidität erster Klasse überführt werden. Ein

Teil des Nutzens (Rendite) verbleibt risikolos bei den Finanzinstitutionen (und deren Eigenkapitalgebern), der Rest und das Risiko landen bei den (kleinen) Anlegern und Versicherten.

XI.2 Anonymität der Käufer von Inhaberpapieren

In Verbindung mit der freien Handelbarkeit verbriefter Sicherheiten und deren Charakterisierung als Inhaberschuldverschreibung und der daraus resultierenden Anonymität der Besitzer können ungleiche Besteuerungen auf globaler Ebene gezielt ausgenutzt werden.

War einer der Hintergründe für die Entwicklung der „Finanzinnovation" RePo beispielsweise das Transferieren von Dividenden in Niedrigsteuerländer, so macht es beispielsweise für Konzerne heute Sinn, Fremdkapital in Form von Aktien bzw. Titeln mit Aktieneigenschaften (innovative Eigenkapitalinstrumente, dazu gehören u. a. auch die Genussscheine) in einem internationalen Geflecht zu vergeben. Hintergrund ist dabei u. a. die unterschiedliche steuerliche Behandlung von Fremdkapitalzinsen einerseits sowie Dividenden und Erträgen aus Aktiengeschäften andererseits, so dass ein „steuerlicher Vorteil" realisiert werden kann. Im Grundsatz transferiert hierzu ein Konzernteil an einem Standort, an dem Einnahmen aus gewährten Krediten niedrig besteuert werden, diese Einnahmen als Dividenden an den Konzernteil an einem Standort, an dem Dividenden weitgehend unbesteuert werden (Schuldzinsen dagegen nahezu vollständig als Aufwand verrechnet werden dürfen).

Die Anonymität des Kapitalmarkts ermöglicht die Ausgestaltung dieses prinzipiellen Prozesses in Form von Ausprägungen, die eine Aufdeckung dieser Steueroptimierung unmöglich macht.

Dies geht so weit, dass vom Finanzsektor ausgehend Kredite in Form von Bankschuldverschreibungen über RePos verfügbar gemacht werden können, mit denen auf der Aktivseite als Sicherheiten Aktien hinterlegt sind, was zu einer **Steueroptimierung im Finanzdienstleistungsbereich** führt. Zudem ermöglicht dies im Finanzdienstleistungsbereich bei einer geeigneten Ausgestaltung der Bankschuldverschreibung auch noch eine Erweiterung des „konventionellen Kreditgeschäfts" über Giralgeldschöpfung (vgl. hierzu auch Kap. IV). Dies u. a. deshalb, weil in den entsprechenden Vereinbarungen von Basel II mittlerweile auch Verabredungen hinsichtlich der Höhe und Zulässigkeit von sogenannten „innovativen Eigenkapitalinstrumenten" und anderen als Eigenkapital anrechenbaren Schuldverschreibungen enthalten sind ([14], siehe Kasten).

Regelungen von Basel II zum Eigenkapital

Kernkapital (Klasse 1) kann nach den Basel II-Verabredungen bis zu 15 % aus innovativen Eigenkapitalinstrumenten bestehen (dies sind z. B. ADR/ADS – American Depositary Receipts / Shares). Etwaige national darüber hinaus zulässige Eigenkapitalinstrumente sind von dieser volumenmäßigen Beschränkung nicht betroffen. Das erweiterte Eigenkapital (Klasse 2), das maximal in gleicher Höhe wie das Kernkapital angesetzt werden darf, kann z. B. auch über „hybride Finanzierungsinstrumente" (dies sind z. B. in Deutschland Genussscheine, in Großbritannien die perpetual subordinated debt und in den USA die mandatory convertible debt instruments) und bis zu 50 % über „nachrangige Schuldinstrumente mit Laufzeitbegrenzung" (das sind z. B. herkömmliche ungesicherte nachrangige Schuldinstrumente mit einer ursprünglichen Laufzeit von über 5 Jahren und mehr; mit kumulativem Abschlag von 20 % in den letzten 5 Jahren der Laufzeit) gebildet werden. Es kommen dann auch noch Drittrangmittel (also auch kurzfristige Schuldverschreibungen) zur Abdeckung anderer Marktrisiken (als den so genannten Adressausfallrisiken, d. h. wenn eine Schuld nicht zurückgezahlt wird) zur Anrechnung.

Aber auch die zunehmende Verbriefung von Vermögenstiteln (und die damit erfolgte Zuführung von Liquidität über Asset Backed Securities (ABS)) haben aus Sicht von Banken / Finanzinstitutionen viele Vorzüge. Zum einen sind die entsprechenden Kredite abgesichert und hinsichtlich der Liquidität werden

ABS-Finanzaktiva als „erstklassig" eingeordnet. Asset Backed Securities geben Finanzinstitutionen z. B. die Möglichkeit, eine Umqualifizierung ungedeckter Bankschuldverschreibungen in sekundär-liquide Mittel vorzunehmen. Hierzu ist ein Kreditgeschäft mit Deckung in einer ausreichenden Höhe erforderlich, das sogar so ausgestaltet werden kann, dass eine Schöpfung von Eigenkapital und Liquidität „quasi aus dem Nichts" realisierbar ist (siehe Kasten).

Eigenkapital und Liquidität aus dem Nichts

Limitierende Faktoren für die Geldschöpfung von Finanzinstitutionen sind die Eigenkapitalbasis und verfügbare liquide Mittel (in Deutschland zur Abdeckung der Grundsätze für Solvabilität und Liquidität, sowie der Mindestreserveverpflichtung). Im Folgenden wird ein prinzipieller Weg skizziert, wie sich ein Finanzinstitut quasi selbst mit Eigenkapital und Liquidität ausstatten könnte. Benötigt beispielsweise ein Unternehmen einen Kredit, der mit Hilfe einer Asset-Verbriefung realisiert werden soll, vereinbaren Unternehmen und Finanzinstitut z. B. ein doppelt so hohes Kreditvolumen wie vom Unternehmen benötigt, wobei die Hälfte des Kredites dem Unternehmen in Form neu emittierter Bankschuldverschreibungen (z. B. auch mittels „innovativer Eigenkapitalinstrumente") gewährt wird. Bei geeigneter Zinsgestaltung bzw. geeignet verabredetem Kaufpreis der Bankschuldverschreibung kann dieser Teil des Geschäftes — wenn gewünscht — für das Unternehmen aufwandsneutral dargestellt werden (bedenkt man die multiple Renditemöglichkeit auf Eigenkapital wäre sogar eine Gewinnbeteiligung möglich). Die Rückzahlung des Kredites (2. Hälfte) erfolgt bei Fälligkeit der Bankschuldverschreibung. Das Finanzinstitut kann so dem neu geschöpften Giralgeld (Hälfe des Gesamtkredites) auf der Aktivseite das doppelte Volumen an Asset Backed Securities gegenüber stellen. Die Bankschuldverschreibung hat je nach gewählter Laufzeit, d. h. bei Restlaufzeiten von mehr als einen Monat, keinen liquiditätsbindenden Charakter und ist daher nicht dem Laufzeitband 1 als langfristige Verbindlichkeit zuzuordnen. Die Asset Backed Securities sind demgegenüber als gedeckte Schuldverschreibung den so genannten sekundär-liquiden Mitteln (als Finanzaktiva) zugeordnet und stellen damit Liquidität erster Klasse dar. Davon sind ggf. 2 % des neu geschöpften Giralgeldes — für einen damit gesicherten Zentralbankkredit — zur Abdeckung der Mindestreserve einzusetzen. Das gewährte Kreditvolumen in Giralgeld geht mit 10 % (weil Sichteinlage von Kunden) in die Position „Verpflichtungen ohne feste Laufzeiten" ein. D. h. das Finanzinstitut hat über diesen „Deal" neue erstklassige Liquidität generiert und bei geeigneter Ausgestaltung sogar über selbst geschöpftes Giralgeld einen Teil davon bei sich selbst als Eigenkapital platziert.

Zwischenfazit: Der Finanzmarkt unterstützt die Umgehung von Besteuerung und wird in großem Volumen dazu genutzt. Das Kreditschöpfungspotential des Finanzsektors wird durch „innovative Eigenkapitalinstrumente" ausgeweitet. Daraus resultiert für den Finanzsektor eine Unbegrenztheit der Liquidität und Eigenkapitalausstattung. Das schafft die besten Voraussetzungen zur finalen Umverteilung aller weltweiten Sachvermögenstitel im Tausch gegen (ungedeckte) Geldsurrogate (vgl. hierzu auch Kap. XI.5).

XI.3 Getrennte Platzierung von Risiko und Ertrag

Das Konstrukt der Repurchase Agreements (RePo) erlaubt eine genaue zeitliche Übertragung einer juristischen Eigentümerschaft und belässt in diesem Zeitraum die ökonomische Eigentümerschaft bei dem Veräußerer. Wenn die Laufzeit des RePos mit der Laufzeit einer Schuldverschreibung gekoppelt wird, bedeutet dies die Übertragung des Ausfallrisikos der Schuldverschreibung auf den Käufer, während in dieser Periode der Ertrag (mit einem Abschlag für das RePo) bei dem Veräußerer verbleibt. Dies erlaubt ein sogenanntes „optimiertes Risikomanagement" im Finanzdienstleistungsbereich durch die gezielte Platzierung von Ausfallrisiken z. B. in Publikumsfonds, Kapital-, Lebens- oder Rentenversicherungen etc., bei gleichzeitigem Einbehalt einer Gewinnmarge — ohne dass dies, wie beispielsweise über Kredit-Derivate, für den Anleger transparent ist. Dadurch können auch große institutionelle Anleger, wie beispielsweise Versicherungen, in diese Geschäfte einbezogen werden. Und hier gilt es zu bedenken, dass Banken, Investment-Gesellschaften und Versicherungen mittlerweile (wieder legal) in Großkonzernen zusammengeschlossen sind, d. h. hier gezielte Absprachen der Akteure unterschiedlicher Finanzsegmente **innerhalb eines Konzerns** möglich sind.

Zwischenfazit: Akteure des „Primärmarkts" haben Einfluss auf die Platzierung von Risiko und Ertrag und können dies gezielt steuern. In Bezug auf die seit über 35 Jahren gegebene permanente Neuverschuldung der öffentlichen Hand (weltweit betrachtet) bedeutet dies allein bei einer Gesamtverschuldung von über 32 Billionen $ über Schuldverschreibungen bei einer Durchschnittsverzinsung von 5 % ein risikoloses Ertragspotential des Finanzsektors von ca. 1,6 Billionen $ pro Jahr.

XI.4   Die In-Transparenz von RePo-Geschäften

Durch die Zwischenschaltung von Giralgeld bei der Abwicklung von Security Settlement Transaktionen wird jede Transaktion nur für sich betrachtet. Gekoppelte Transaktionen in zwei Richtungen sind — formaljuristisch — nicht miteinander in Verbindung zu bringen. D. h. selbst wenn die Grundlage für ein Geschäft inhaltlich beispielsweise die Überlassung einer Aktie im Austausch gegen eine Bankschuldverschreibung ist, stellen diese Geschäfte im Finanzmarkt zwei separate Transaktionen dar. Dies sind zum einen der Verkauf einer Bankschuldverschreibung und zum anderen der Kauf der Aktie. Dadurch können ganz gezielt steuerfreie und zu versteuernde Gewinne platziert werden. Oder anders ausgedrückt: **Es werden darüber Steueroptimierungen vorgenommen**.

Steueroptimierende RePo-Geschäfte

Wie kann ein RePo-Geschäft zur Steueroptimierung prinzipiell ausgestaltet sein?
Beispielsweise kann als Aktivgeschäft einer Bank ein Reverse RePo von Aktien (heute / Kassa für 100 und Termin für 105) z. B. mit einem Publikumsfond und gleichzeitig ein RePo einer neu emittierten Bankschuldverschreibung mit gleichem Volumen abgeschlossen werden. Bei angenommener 6 % Verzinsung für die Bankschuldverschreibung (und 40 % Körperschafts- / Gewerbesteueraufwand wie in Deutschland) liegt der Gewinn bei dem Publikumsfond bei 1 % (6 % Zins – 5 % Verlust aus Aktiengeschäft) und bei der Bank bei plus 1,4 % (5 % aus Aktiengeschäft (steuerfrei) + 2,4 % Steuerreduktion – 6 % Zinsaufwand). Dies ist ein risikoloses Geschäft, bei dem beide Vorteile haben. Verlierer ist die öffentliche Hand (Steuerausfall) und darüber die Gesellschaft!

Zwischenfazit: RePo-Geschäfte führen zu einer doppelten Umverteilung zugunsten der Finanzakteure; Durch Steuerreduktion sparen sie ihren Beitrag zur Finanzierung der Basis von Wertschöpfung und Wohlstand ein; Die diesen Steueranteil kompensierende Staatsneuverschuldung führt zu einem höheren Schuldendienst. Die Zinszahlungen gehen an die Finanzakteure.

XI.5 Wertschöpfung aus dem Nichts – Platzierung und Umverteilung von Vermögen

Es stellt sich die Frage: Welche Vermögensabschöpfung ist für einen „integrierten Finanzdienstleister" unter den derzeitigen Rahmenbedingungen tendenziell möglich? Basierend auf den in den vorigen Kapiteln skizzierten Sachverhalten lautet die Antwort:

Die Verabredungen von Basel (und daraus abgeleitete nationale Gesetze) erlauben den Finanzdienstleistern die Erhöhung der Eigenkapitalbasis mittels „innovativer Eigenkapitalinstrumente". Durch die Anonymität des Marktes wie auch der Instrumente kann auf dieser Basis das tatsächliche Eigenkapital (TIER 1) um 17,65 % gesteigert werden (vgl. die Ausführungen hierzu im Kap. XI.2). Im Prinzip können zwei Finanzinstitutionen über den — anonymen — Austausch neu emittierter „innovativer Eigenkapitalinstrumente" neues, doppeltes Eigenkapital — ohne Liquidität — aus dem Nichts generieren. Um dies zu verbergen, kann auch eine Kreditvergabe an einen Dritten zwischengeschaltet werden, wobei z. B. die Hälfte des Kredites in „innovative Eigenkapitalinstrumente" angelegt wird, (vgl. Kap. XI.2). Dabei können die Finanzinstitutionen, da die Schuldzinsen im Unterschied zu Dividenden als Aufwand gewinnmindernd angesetzt werden können, zusätzlich sogar noch einen steuerlichen Vorteil erzielen (max. ca. 30 bis 35 % der Schuldzinsen). So entsteht — ungesichertes — neues **Eigenkapital aus dem Nichts**, also quasi virtuelles **„fiat-equity"**. Dieses „fiat Eigenkapital" kann dann genutzt werden, um mindestens das 62,5-fache an Giralgeld zu kreieren, im Wesentlichen über Kredite an den Finanzsektor (governmental sponsored enterprises eingeschlossen); das kreierte Giralgeld ist über das virtuelle Eigenkapital, also letztendlich über ungedeckte Bankschuldverschreibungen abgesichert. (Das Kreditvolumen multipliziert mit 0,2 ist zu 8 % mit Eigenkapital zu hinterlegen).

Mit dem so neu kreierten Giralgeld kann Sachvermögen eingekauft werden. Anschließend wird das Giralgeld wieder bei den Veräußerern der Sachwerte über Fonds (oder Versicherungen) eingesammelt. An dieser Stelle sind keine Mindestreserven zu halten. Die Fonds „erwerben" im Extremfall mit dem „eingesammelten" Giralgeld, ggf. sogar über RePos, bei den Finanzinstitutionen die Kreditrisiken. **Sachvermögen wird so gegen ungesicherte Schuldinstrumente getauscht**. Dabei kann es sein, dass der Erwerb von Sachvermögen dabei teilweise durch Gesetze eingeschränkt ist (beispielsweise hinsichtlich der Möglichkeiten von Finanzinstitutionen, sich an Unternehmen zu beteiligen),

was aber letztendlich nur bedeutet, dass entsprechend der jeweiligen Gesetzeslage unter Ausnutzung des anonymen Kapitalmarktes der jeweils geeignete Weg
für den Erwerb zu gestalten ist. Ein Unternehmenswert lässt sich — statt über
Aktien — auch über vorrangiges Fremdkapital, z. B. auch über „Genussrechte",
„verteilen".

Wo dies aus Rendite-Gesichtspunkten Sinn macht, bedarf es bei der Schöpfung des 62,5-fachen an Giralgeld über das Aufkaufen von Schuldtiteln (Kreditgewährung gem. Anlage B.6.2 und B.7) ggf. einer (kaskadierten) „Veredelung"
über SPVs (vgl. auch Kap. II und III). Schuldtitel hoch gerateter Staaten, hoch
gerateter Finanzinstitutionen und der governmental sponsored Enterprises hoch
gerateter Staaten bedürfen dieser Veredelung nicht. Die Schuldtitel der Staaten
sind sogar nicht einmal zu berücksichtigen, da deren Risikogewicht gem. Basel /
Basel II null ist [14].

Schlussfolgerung: Der Sektor der Finanzinstitutionen muss für das
Aufkaufen sämtlicher (hoch gerateter) Schuldtitel weltweit von
der öffentlichen Hand (ca. 20,2 Bill. $, ohne GSE) und dem Finanz-
sektor (ca. 29,3 Bill. $, inkl. GSE), sowie aller anderen Schuldtitel in
veredelter Form (ca. 11 Bill. $) gerade einmal ca. 645 Milliarden $
an Eigenkapital ausweisen (0,8 x [(20,2 Bill. $ x 0) + (40,3 Bill. $ x
0,2)]), wovon ca. die Hälfte als „fiat Eigenkapital" über innovative
Eigenkapitalinstrumente, Genussscheine und anderes gebildet sein
kann. Anders ausgedrückt: Die maximale jährliche **Ertragskraft**
(ca. 3 Bill. $ bei angenommenen 5 % Zinsen auf die Schuldverschrei-
bungen) liegt **bei dem Neunfachen** der tatsächlich nur einzusetzen-
den 322,5 Milliarden $ Eigenkapital. Selbst wenn man nur eine Zins-
marge von 1 % ansetzt, liegt die Ertragskraft fast bei dem Doppelten
der 322,5 Milliarden $ Eigenkapital. Die Erträge können dann z. B.
zur Absicherung des Schuldendienstes für LBO-motivierte Kredite

(„Leverage Buy Out" — Geldschöpfung zur Übernahme von Sachwerten) verwendet werden (vgl. auch Kap. XI.7).

Die derzeitigen — und aktuell avisierten — Regulierungen hinsichtlich der Eigenkapitalausstattung von Finanzdienstleistern stellen insofern nicht wirklich
eine Begrenzung der weltweiten Liquidität dar.

Zwischenfazit: Bei einer (aktuell 2005) Neu-Emission von Schuldverschreibungen pro Jahr in Höhe von ca. 8,5 % der Gesamtverschuldung (davon 1,6 Bill. $ öffentliche Titel, 2,9 Bill. $ Titel
des Finanzsektors und der GSE, 0,4 Bill. $ Sonstiges) werden an
„neuen" Eigenkapitalmitteln der Finanzinstitutionen lediglich ca. 53
Milliarden $ benötigt (0,8 x [(1,6 Bill. $ x 0) + (3,3 Bill. $ x 0,2)]),
um alle Neu-Emissionen aufkaufen zu können. Dem stehen bei 5 %
Verzinsung der bisherigen emittierten Schuldtitel (Volumen: ca. 60
Billionen $) ca. 3 Bill. $ an Erträgen gegenüber, das ist fast das 60-fa-
che. Die potentielle Ertragskraft von Eigenkapital des Finanzsektors
übersteigt um Größenordnungen die benötigte Eigenkapitalzufüh-
rung, um das Gesamtvolumen der jährlichen Neu-Emissionen von
Schuldtiteln aufkaufen zu können. Dies kann also problemlos aus
den jährlichen Gewinnen mit geleistet werden.

XI.6 Multiplikative Hebelwirkung von Kapital

„Leveraged Investment", d. h. der zu einem großen Teil über Kredite finanzierte
Erwerb von Vermögen und Vermögenstiteln ist eine treibende Kraft hinter der
volumenmäßigen Entwicklung des Weltfinanzmarktes. Vor dem Hintergrund
der angestellten Analysen sollte aber klar geworden sein, dass hierfür alles andere als Chancengleichheit für potentielle Marktteilnehmer besteht.

Beispielhaft soll zur weiteren Verdeutlichung einmal angenommen werden, dass ein Investor exklusiven Zugriff auf eine Investmentfirma hat, die exzellent geratet ist. Einer mit ihm verbundenen Bank stellt dieser Investor dann z. B. 1,6 Mio. € Eigenkapital (z. B. über innovative Eigenkapitalinstrumente) zur Verfügung. Die Bank kann dann einen Giralgeldkredit über 100 Millionen € an die Investmentfirma vergeben (62,5 x Eigenkapital), die Zinsen wirken auf Seiten der Investmentfirma als Aufwand voll gewinnmindernd. Da die Zinserträge bei der Bank nur mit einem reduzierten Steuersatz belegt werden, kann der Investor damit einerseits günstig Gewinne aus der Investmentfirma (über das bei der Bank eingesetzte Eigenkapital) erzielen. Bei einem erfolgreichen Investment kommen dann andererseits noch darüber hinausgehende Wertsteigerungen und Erträge hinzu.

Wo kommen die Gewinne her?

Mit dem „frischen Kapital", d. h. dem Kredit über 100 Mill. €, kauft die Investmentfirma z. B. ein Unternehmen, dessen Ertragskraft möglichst aus dem laufenden Geschäft den Schuldendienst zu tilgen gestattet, das zumindest aber über genug Eigenkapital verfügt, um nach dem Erwerb über eine Einlage bei der Bank die Liquiditätsverpflichtungen der Bank (in Bezug auf das Kreditvolumen) dauerhaft zu sichern. Das für den Investor Reizvolle an dieser Konstruktion ist u. a. **die multiplikative Hebelwirkung des tatsächlich verfügbaren Kapitals**. Die Investition schafft dabei aus einer gesamtgesellschaftlichen Sicht keinerlei Mehrwert, sondern schichtet reale Sachwerte um. Damit ist zudem die Gefahr verbunden, dass die neue Giralgeldmenge in der Wertschöpfungsökonomie zur Inflation führt. Dies kann sich aber durchaus positiv für den Investor auswirken, da bei zunehmender Inflation der Firmenwert, d. h. der nominelle Wert des Sachvermögens wachsen kann (und gleichzeitig der Realwert der Schulden sinkt). Erwähnt sei in diesem Zusammenhang, dass über das dann im Besitz befindliche Unternehmen, das man so erwirbt, in einer anschließenden

Stufe wie beschrieben z. B. über Asset Backed Securities die stillen Reserven und andere Aktiva in ein Geldsurrogat gewandelt werden können. Daraus resultiert dann die erneute Möglichkeit, wieder unter Ausnutzung der Multiplikatorwirkung weitere Akquisitionen vorzunehmen. Dies stellt eine ganz andere Form der Vermögensumschichtung dar als die mittlerweile bekannte „Heuschrecken"-Strategie, nach einem Kauf eines Unternehmens die Kredite für den Kaufpreis im Unternehmen selbst zu platzieren und sofort einen größeren Betrag für den Investor zu entnehmen, um dann das verschuldete Unternehmen wieder abzustoßen.

Investment durch multiple Geldschöpfung über Eigenkredite

Im Folgenden soll eine mögliche Konstruktion grob skizziert werden, die ein prinzipiell als risikolos anzusehendes Investment beschreibt. Es wird gezeigt, wie dies durch die Einschaltung einer Bank gestaltet werden könnte.

Ein „Kunde" der Bank (also z. B. eine Investmentfirma) habe ein zu finanzierendes Projekt als Grundlage für eine Kreditvergabe dargestellt. Als Kreditvolumen wird dabei das Doppelte der benötigten Höhe angesetzt. 20 % davon verbleiben als liquiditätssichernde Einlage und anteilig in Form von innovativen Eigenkapitalinstrumenten bei der Bank. Bei 20 % Eigenkapitalrendite für diese 20 % des Kreditbetrags ist bezogen auf den Gesamtkreditbetrag eine Durchschnittsrendite von 4 % zu erwirtschaften. Entsprechend kann die Bank den Gesamtkredit an den Kunden für 4 % weitergeben (der Kreditzins darf dabei sogar etwas höher liegen, wenn die Eigenkapitalrendite (die ja der Kunde ausgezahlt bekommt) als Dividende qualifiziert wird, demgegenüber der Kreditzins als Aufwand eine Gewinnminderung darstellt. Der Kunde gewinnt dadurch 80 % des Kreditbetrages als neu verfügbares Geld. 50 % werden — wie angenommen — für das eigentliche Projekt benötigt, 30 % können für alternative Projekte eingesetzt werden. Liquidität und Solvabilität bei der Bank ist für diesen Kredit — durch die hinterlegten Einlagen — auf Dauer gewährleistet, d. h. im Extremfall kann man einen beliebig langen Zeitraum auf die Rückzahlung des Kredits warten. Man kann also z. B. irgendeinen Teilbetrag der so frei werdenden neuen Gelder in langfristige Rentenpapiere öffentlicher Hände investieren und den verbleibenden Rest in die Akquisition von Sachvermögen stecken.

Zwischenfazit: Die aktuellen Regelungen zur Solvabilität und Liquidität, andere Finanzmarktregularien und die Steuergesetzgebung erleichtern manchen Investoren über Finanzinstitute die kreditbasierte Umschichtung von Sach- und Produktivwerten in ihr eigenes Vermögen. Gerade auch die Eigenkapitalgeber von Finanzkonglomeraten können über selbst generiertes Geld Produktivkapital und andere Sachwerte erwerben oder was immer sie auch wollen. Dieses Investment ist prinzipiell risikolos. Wenn hieraus Inflation entsteht, ist dies für den Investor sogar vorteilhaft; die nominellen Vermögenswerte steigen, der Realwert der Verschuldung sinkt.

XII. Fazit

Die durchgeführten Analysen des Weltfinanzsystems weisen auf eine als **bedrohlich einzustufende Situation** hin. Deregulierung und Informations- und Kommunikationstechnologien haben über die so genannten „Finanzmarktinnovationen", über die bisherigen gesetzlichen und akzeptierten Zahlungsmittel hinaus, eine Vielzahl von mit ähnlicher Liquidität ausgestatteten Geld-Surrogaten entwickelt. Diese Geldsurrogate sind — wie die gesetzlichen Zahlungsmittel seit 1971 auch — an keinerlei Werthaltigkeit mehr gekoppelt, sondern basieren auf „Treu und Glauben" (good faith; fiat money).

Die jährlichen Wachstumsraten der Menge dieser Geldsurrogate, denen die Regulierungen des klassischen Geldbereichs fehlen, sowie das Gesamtvolumen dieser Geldsurrogate sind mittlerweile ein Vielfaches der Wachstumsraten und des Gesamtvolumens des weltweiten Bruttoinlandsprodukts — **eine Situation höchster Instabilität und Brisanz**. Daraus resultiert inhärent ein **enormer Inflationsdruck**, der schon in einigen Bereichen des Vermögensmarktes sichtbar ist, wenngleich er noch nicht das Niveau erreicht hat, das zu dem Wachstum der Menge dieser Geldsurrogate korrespondieren würde. Es wird aber mehr und mehr sichtbar, dass entscheidende Akteure des Finanzmarktes in signifikantem Umfang dabei sind, Geld und Geldsurrogate gegen werthaltige Assets zu tauschen. Dies geschieht z. B. durch Übernahmen lukrativer Unternehmen, den großvolumigen Aufkauf von Immobilienvermögen, Grundstücken und Ressourcenvorräten. Und dies erfolgt alles kreditbasiert! **Über den Weltfinanzmarkt wird so in einem immensen Umfang werthaltiges Vermögen umgeschichtet.** Es gelangt so das Eigentum Vieler, mittlerweile auch das Sachvermögen von immer mehr Mittelständlern, unter die Kontrolle einiger Weniger. Das Vermögen der großen Masse (insb. auch die angesparten Rücklagen zur Altersabsicherung, wie bspw. Lebens- und Rentenversicherungen etc.) besteht demgegenüber nur noch aus Ansprüchen auf Geld, welchen Wert (d. h. welche Kaufkraft) dieses Geld dann in der Zukunft auch immer haben wird. Diese Geldansprüche sind dabei auch noch, je nach Ausstattung des im Besitz befindlichen Geldsurrogates, in vielen Fällen mit enormem Risiko behaftet und im allgemeinen ungedeckt.

Es zeichnet sich nicht zuletzt vor dem Hintergrund der immensen Verschuldung der Öffentlichen Hand — weltweit — ab, dass es im Hinblick auf den Wert von Geld zu einer weit über das derzeitige Niveau hinausgehenden Inflationstendenz kommt, die gerade auch aus dem Wachstum der Menge an Geldsurrogaten resultiert. Wenn die derzeit bereits in manchen Segmenten des Vermögensmarktes beobachtbare Inflation sich auch auf den Waren- und Dienstleistungsmarkt überträgt, ist Inflation für den weltweiten Markt zu befürchten. Die Gefahr wächst in dem Maße, in dem das Angebot „werthaltiger" Assets auf dem Vermögensmarkt abnimmt, während die potentielle „Kaufkraft" — wenngleich auch immer mehr gebündelt bei wenigen Akteuren — zunimmt.

Eine maßgebliche Triebfeder für diesen Prozess — neben der erfolgten Deregulierung der Finanzmärkte — ist in der mangelnden Möglichkeit zu sehen, auf nationaler Ebene bei den gegebenen und gesetzten Randbedingungen der Globalisierung eine adäquate Besteuerung für eine faire Beteiligung globaler Akteure an nationalen (und internationalen) Infrastruktur- und Gemeinwesenaufwendungen etc. zu fixieren bzw. diese ausreichend zu zwingen, sich an der Finanzierung der systemischen Voraussetzungen für Wettbewerbsfähigkeit, Wertschöpfung und Wohlstand zu beteiligen.

Mit anderen Worten: Die größten, ökonomisch stärksten und entscheidenden **Akteure nutzen das System einseitig aus, um gleich doppelt zu profitieren**:

a) Der Normalbürger und der Mittelstand finanzieren alleine die systemischen Voraussetzungen für Reichtum, Wohlstand und sozialen Ausgleich.

b) Die maßgeblichen Akteure mit ihrem tiefen Zugriff auf den Finanzmarkt und den Möglichkeiten, andere davon auszuschließen, zahlen nicht nur keine Steuern, sondern transferieren Jahr für Jahr immense Sachwerte in ihr Vermögen, u. a. durch eine weitgehend unregulierte Schöpfung von „fiat-Geld" aus dem Nichts.

XIII. Welche Zukünfte sind möglich?

Vor dem Hintergrund der geschilderten systemischen Gegebenheiten des Weltfinanzsystems mit den aufgezeigten Entwicklungen, Aktionsmustern und erkannten Problematiken stellt sich **die Frage der Nachhaltigkeit**. Ist das Weltfinanzsystem, so wie es derzeit durch die geltenden Regeln, Verabredungen und Gesetze gestaltet ist, mit den daraus abgeleiteten Möglichkeiten und Konsequenzen in einer stabilen Situation? Anders formuliert: Kann man davon ausgehen, dass die Akteure ihr Verhalten der vergangenen Jahre auch in Zukunft so fortführen können, ohne dass das Finanzsystem an eine (oder mehrere) Grenzen stößt? Oder gerät man in eine Lage, in der es zwingend zu Veränderungen kommen muss bzw. gestalterische Veränderungen (z. B. auch über gesetzliche Modifikationen durch die Politik) zum Abwenden unerwünschter Entwicklungen zwingend notwendig sind (oder als notwendig erachtet werden)? Welche Veränderungen könnten dies in einem solchen Fall sein?

Im Folgenden soll versucht werden, die Frage, ob also wie gesagt die derzeitige Systemkonstruktion nachhaltig ist, **wertneutral** zu betrachten. Sie soll unabhängig von der Frage behandelt werden, ob die aufgezeigten und aus Sicht des Autors gerade im Hinblick auf Gleichbehandlung, Chancen- und Abgabengerechtigkeit sowie den sozialen Ausgleich als problematisch eingestuften Sachverhalte als fair oder unfair, als wünschenswert oder nicht wünschenswert anzusehen sind. Dazu soll analysiert werden, ob für ein „weiter so" der Akteure und für das Beibehalten der geltenden Regeln, Gesetze usw. nicht prinzipielle Grenzen bestehen, auf die man unweigerlich in naher Zukunft stoßen wird. Die so abgeleiteten Zukunftsszenarien können als Ergänzung einschlägiger „Stabilitäts-Reports" (wie bspw. [26],[47]) oder „Zustands-Beschreibungen" (wie bspw. [10],[36],[50]) gesehen werden.

Hierzu soll zur Veranschaulichung der Problematik zunächst einmal der gesamte monetarisierte Markt vereinfachend über die Quantitätsgleichung (vgl. bspw. [53]) betrachtet werden. Wie in Kap. II gezeigt, lautet die klassische Quantitätsgleichung:

$$(1) \qquad \sum_{i=1}^{n} p_i \cdot q_i = u \cdot M$$

Dabei bedeutet p_i den Preis des Gutes i und q_i die Quantität („Menge") dieses Gutes (Ware oder Dienstleistung) u ist die Umlaufgeschwindigkeit des Geldes und mit M ist die Geldmenge bezeichnet. Wie in Kap. II schon betont, sind in der Quantitätsgleichung unter den q_i auch Vorleistungen, Vorprodukte und andere Zahlungsvorgänge enthalten, weshalb die linke Seite von (1) nicht das Bruttoinlandsprodukt darstellt.

Im Folgenden wird die klassische Quantitätsgleichung derart erweitert, dass der gesamte monetarisierte Markt durch sie erfasst wird. Wir splitten den Markt auf in:

a) den Markt W der Wertschöpfungen q_{W_i}, also aller Waren und Dienstleistungen, die in das Bruttoinlandsprodukt einfließen, sowie aller handelbaren Vorleistungen und Vorprodukte,

b) den Markt F für handelbare Finanzprodukte q_{F_i} im weitesten Sinne, also insbesondere auch alle Schuldverschreibungen, Asset backed securities und Derivate, Aktien u. v. m., sowie

c) den Markt S für reale Sachvermögenswerte q_{S_i}, insbesondere sind dies alle Eingangsressourcen (Rohstoffe), die nicht schon unter (a) fallen, Grund und Boden, Unternehmen, die keine Aktiengesellschaften sind, Wasserrechte, Schürf- und sonstige Rechte, sowie die „stillen Reserven", d. h. vergleichsweise langlebige Mobilien und Immobilien u.v.m., die bei ihrem Handel nicht unter (a) oder (b) fallen.

Bei dieser Dreiteilung des monetarisierten Marktes und der jeweiligen Ableitung „aktiver" Geldmengen (vgl. Kap.II) resultiert die abgeänderte Quantitätsgleichung:

$$(2) \quad \sum_{i=1}^{n_1} p_{W_i} q_{W_i} + \sum_{i=1}^{n_2} p_{F_i} q_{F_i} + \sum_{i=1}^{n_3} p_{S_i} q_{S_i} = u_W M_W + u_F M_F + u_S M_S + 0 \cdot M_\Delta$$

Wie man sieht enthält die klassische Quantitätsgleichung (1) auf ihrer linken Seite nur die Teilsumme $\sum_{i=1}^{n} p_{W_i} q_{W_i}$ der linken Seite von (2), während die rechte Seite von (2) die rechte Seite von (1) erheblich erweitert und differenziert.

Mit $x \in \{W,F,S\}$ bezeichnet u_x dabei die jeweilige teilmarktspezifische Umlaufgeschwindigkeit der jeweiligen teilmarktspezifisch aktiven Geldmenge M_x, d. h. letztendlich gibt u_x an, wie häufig im jeweiligen Teilmarkt im Durchschnitt eine bestimmte Geldeinheit im Jahresverlauf den Besitzer wechselt. M_Δ ist dann der Teil der insgesamt verfügbaren Geldmenge, die nicht in Bezahlvorgängen eingesetzt wird, potentiell aber auch dafür eingesetzt werden könnte. Die Umlaufgeschwindigkeit dieses Geldes ist also 0. M_Δ stellt insofern das Geldvolumen für eine potentielle Überhangkaufkraft (Überhangliquidität) für alle monetarisierten Märkte dar, eine Überhangkaufkraft, die inflationäre Wirkungen auslösen kann. Dies wird als Inflationsdruck bezeichnet, der sich jeweils Teilmarktspezifisch aus der Multiplikation von M_Δ mit u_x berechnen lässt.

Als für die gesamten Zahlungsabwicklungen potentiell verfügbare Geldmenge soll bei der folgenden Betrachtung zunächst von dem Volumen der Geldmenge M1 ausgegangen werden, da bislang noch hauptsächlich dieses Geld von den Payment-Systemen akzeptiert bzw. gefordert wird. Prinzipiell können jedoch — wie schon geschildert — über die Verfügbarkeit von Echtzeit Security Settlement Systems, sowie über Overnight-RePos bei mehreren Zentralbanken, sämtliche „verbrieften

Sicherheiten" als hochliquide Geldsurrogate angesehen werden. Sollte vor diesem Hintergrund die tatsächlich im monetarisierten Markt potentiell aktive Geldmenge größer als M1 sein, bedeutet das dann, dass die Realität unangenehmer ist, als es die im Folgenden dargestellten Überlegungen aufzeigen.

Die Verfügbarkeit von Security Settlement Systemen und anderen Lösungen der Informations- und Kommunikationstechnologie muss zudem so eingeschätzt werden, dass es dadurch tendenziell zu einer Erhöhung der tatsächlichen Umlaufgeschwindigkeiten des Geldes (und der Geldsurrogate) kommen kann. Hat beispielsweise früher noch eine postalisch aufgegebene Überweisung bis zu ihrer Ausführung mehrere Tage benötigt, so erfordert heute die Überweisung mit Gutschrift auf das Zielkonto über irgendeine Form von Online-Banking nahezu keine Zeit mehr (Realtime). Der Empfänger hat die Möglichkeit, direkt nach Zufließen dieser Liquidität, diese beispielsweise umgehend in eine temporäre Vermögensanlage zu wandeln. Schon allein daraus würde bei einer konstanten „aktiven" Geldmenge eine Erhöhung von M_Δ auf der rechten Seite der Gleichung (2) erfolgen. D. h. der Inflationsdruck würde zunehmen.

Hier stellt sich die Frage: Welche Geldmengen sind in den jeweiligen Marktbereichen „aktiv", wie groß sind ihre Umlaufgeschwindigkeiten?

Annahmen zu den Umlaufgeschwindigkeiten im Wertschöpfungsmarkt:

Aus den Statistiken kann man ersehen, dass die insgesamt betrachtete Geldmenge M1 (das Kaufkraftpotential auf den monetarisierten Märkten) über die letzten 35 Jahre in signifikantem Maße gewachsen ist (1970 ca. 0,74 Bill. \$, 2005 ca. 15,4 Bill. \$). Eine entsprechende, durch Multiplikation mit den jeweiligen tatsächlichen Umlaufgeschwindigkeiten (gemäß Zahlungsverhalten) höhere Steigerung müsste auch auf der linken Seite der Gleichung (2) erfolgt sein oder M_Δ (die Überhangliquidität) muss angewachsen sein. Ein Sinken der tatsächlichen Umlaufgeschwindigkeiten ist nicht realistisch; hier ist — wie auch in der Statistik zumindest für den Dollar-Raum durch Berechnung der **Geldfaktoren** ersichtlich — das Gegenteil anzunehmen.

Für die folgende Analyse soll hinsichtlich der tatsächlichen Umlaufgeschwindigkeit in Bezug auf den Wertschöpfungsmarkt (u_w) ein vermuteter Wert von 6 für das Jahr 1970 angesetzt werden. Dieser Wert orientiert sich an dem kalkulierten Geldfaktor bezogen auf das GDP für den Euro-Raum in diesem Jahr. Für 2005 wird ein Wert von 10 angenommen. Hier erfolgt eine Orientierung an dem kalkulierten Geldfaktor für den Dollar-Raum in diesem Jahr. Diese Annahmen für die Werte sind u. a. auch dadurch motiviert, dass sicherlich ein gewisses Volumen der Geldmenge im Sachvermögens- und im Finanzmarkt umläuft und es als realistisch anzusehen ist, dass sich das Zahlungsverhalten in den entwickelten Ländern in etwa vergleichen lässt. Für die Kalkulation der Veränderung der Umlaufgeschwindigkeit bzgl. des Wertschöpfungsmarktes wird eine konstante Steigerung von 1971 bis ins Jahr 2005 zugrunde gelegt.

Letzten Endes kommt man aber zu gleichen Tendenzaussagen, egal welche konkreten Werte und welche konkrete Steigerung man für diese Umlaufgeschwindigkeit ansetzt. Maßgebend ist die Annahme keiner signifikanten Reduktion der Umlaufgeschwindigkeit im zeitlichen Verlauf.

Betrachtet man zunächst das Welt-Bruttoinlandsprodukt als Abschätzung des Volumens von $\sum_{i=1}^{n} p_{W_i} q_{W_i}$ (vgl. hierzu auch Kap. II) über den Zeitraum von 35 Jahren (1970 bis 2005), so liegt das nominale Wachstum (bewertet in \$) im Durchschnitt bei ca. 7,65 % pro Jahr.

Daten in Mrd/bn oder %	1970	Steigerung 1971–1992 pro Jahr	1992	Steigerung 1993–2001 pro Jahr	2001	Steigerung 2002–2005 pro Jahr	2005	Steigerung 1971–2005 pro Jahr	Steigerung ggü. 1970
Zentralbankgeld und Giralgeld M1-weltweit (in $)	744	11,29%	7.832	1,18%	8.701	15,43%	15.444	9,05%	1975,42%
Umlaufgeschwind. (u_w) Weltweit (angenommen)	6,00	1,47%	8,27	1,47%	9,43	1,47%	10,00	1,47%	66,67%
GDP (laufende Preise) Weltweit (in $)	3.370	9,35%	24.101	3,00%	31.456	9,03%	44.455	7,65%	1219,14%
→ kalkulierter M1-Bedarf (in $)	562	7,77%	2.914	1,51%	3.335	7,45%	4.445	6,09%	691,49%

Abb. 13: Aktive Geldmenge im Wertschöpfungssegment

Wenn man annimmt, dass sich die tatsächliche Umlaufgeschwindigkeit des Geldes im Waren- und Dienstleistungsmarkt (Wertschöpfungssegment) von 1970 an von 6 auf 10 (2005) erhöht hat, dann resultiert daraus aktuell (für 2005) ein Giral- und Zentralbankgeldbedarf des Waren- und Dienstleistungsmarktes von insgesamt ca. 4,5 Billionen $.

Über den gesamten betrachteten Zeitraum von 35 Jahren ist das Bruttoinlandsprodukt um ca. das 12-fache (bewertet in $) gewachsen. Die Geldmenge M1 hatte ein weitaus höheres Wachstum, nämlich fast das ca. 20-fache (bewertet in $). Wie schon an anderer Stelle im Text erwähnt, legt das den Schluss nahe, dass in besonderem Maße bei einer im Waren- und Dienstleistungsmarkt als gestiegen anzunehmenden tatsächlichen Umlaufgeschwindigkeit des Geldes (besonders auffällig zeigt sich dies ja auch bei den kalkulierten Geldfaktoren für den Dollarraum) ein immer größerer Anteil der Geldmenge M1 im Finanz- und Sachvermögensmarkt „aktiv" ist.

Annahmen zu den Umlaufgeschwindigkeiten im Finanzmarkt:

Giral- und Zentralbankgeld wird auch im Finanzmarkt bei vielen Settlement-Prozessen benötigt, weil hier das Prinzip gilt „Delivery versus payment", d. h. für die Besitzübertragung von verbrieften Sicherheiten wird Zentralbank- oder Giralgeld benötigt. Das insgesamt benötigte Volumen wird durch das so genannte „Netting" von Security Settlement Systems aktuell vielfach um mehr als 90 % reduziert. Für einen Handelstag wird dabei die Gesamtheit der Transaktionen saldiert und nur für diesen Betrag erfolgt ein Zahlungsvorgang über Giral-/Zentralbankgeld. Vor diesem Hintergrund wird die für die Transaktionen am Finanzmarkt aktuell (2005) erforderliche Giral- und Zentralbankgeldmenge auf ca. 10 % des täglichen Handelsvolumens geschätzt bei 200 Handelstagen pro Jahr ($\Rightarrow$ Umlaufgeschwindigkeit u_F = 10 mal 200). Für die zurück liegenden Jahre wird eine geringere Geschwindigkeit angesetzt (für 1970 kein Netting $\Rightarrow u_F$ = 200), um der technologischen Entwicklung im Bereich der Informations- und Kommunikationstechnik Rechnung zu tragen.

Letzten Endes sind aber auch für den Finanzmarkt die konkret angenommenen Werte in Bezug auf die abgeleiteten Tendenzaussagen nicht so relevant, sondern nur die Annahme, dass die tatsächliche Umlaufgeschwindigkeit nicht signifikant sinkt.

Daten in Mrd/bn oder %	1970	Steigerung 1971–1992 pro Jahr	1992	Steigerung 1993–2001 pro Jahr	2001	Steigerung 2002–2005 pro Jahr	2005	Steigerung 1971–2005 pro Jahr	Steigerung ggü. 1970
Zentralbankgeldmenge und Giralgeld									
M1-weltweit (in $)	744	11,29%	7.832	1,18%	8.701	15,43%	15.444	9,05%	1975,42%
Finanzmarkt gesamt									
Titel weltweit (in $)	4.720	11,45%	51.295	6,96%	94.002	12,10%	148.438	10,35%	3045,02%
geschätztes Handels-									
volumen (Brutto)	9.440	18,70%	410.362	15,53%	1.504.027	18,53%	2.968.754	17,86%	31350,17%
u_F (geschätzt)	200	6,50%	800	8,01%	1.600	5,74%	2.000	6,80%	900,00%
$\rightarrow$ kalkulierter									
M1-Bedarf (in $)	47	11,45%	513	6,96%	940	12,10%	1.484	10,35%	3045,02%

Abb. 14: Aktive Geldmenge im Finanzsegment

Das Gesamtvolumen der Finanzmarkttitel hat sich von 1970 bis 2005 um das ca. 30-fache gesteigert. Zur Abschätzung des Handelsvolumens wird angenommen, dass aktuell das weltweite Volumen ca. das Doppelte dessen ist, was allein das US-Security Settlement System DTCC (vgl. hierzu auch Anlage B.1) abwickelt, das 2004 bei ca. 1,2 Billiarden[1] $ (US-Quadrillion) und 2005 bei ca. 1,4 Billiarden $ pro Jahr gelegen hat [33],[34]. Daraus resultiert ein geschätztes weltweites Gesamthandelsvolumen von ca. 3 Billiarden $, das ist das etwa 20-fache der weltweiten Finanztitel. Bei 200 Handelstagen resultiert daraus für 2005 ein tägliches Handelsvolumen von ca. 15 Billionen $, also 15.000 Mrd. $ pro Handelstag (das entspricht ca. 10 % der weltweiten Finanztitel). Das bedeutet, dass im Finanzmarkt in nur drei Tagen ein Volumen gehandelt wird, das dem gesamten Weltbruttoinlandsprodukt eines Jahres entspricht. Bei 10 % Nettotransfers von Geld werden dabei (aktuell 2005) an jedem Handelstag ca. 1,5 Billionen $ Giral- und Zentralbankgeld im Finanzmarkt (pro Umlauf) benötigt (d. h. ein M1-Volumen in der Größenordnung von 1 % des weltweiten Finanzvermögens). Für die zurückliegenden Jahre wird ein relativ zum gesamten Finanzvermögen gleichbleibendes Handelsvolumen angenommen. D. h. ein Handelsvolumen von 1 % der gesamten Finanztitel / Umlauf.

Der Anteil der weltweit verfügbaren Zentralbank- und Giralgeldmenge (M1), der dann zwangsläufig im Sachvermögensmarkt umläuft (oder selbst als Vermögenstitel, d. h. Überhandliquidität gehalten wird), ergibt sich dann als Differenz der Gesamtmenge M1 abzüglich der im Waren- und Dienstleistungsmarkt, sowie im Finanzmarkt gebundenen M1-Volumina.

---

[1] Eine Billiarde sind 1.000 Billionen, also 1.000.000.000.000.000, d. h. 10^{15}. Im englischen Sprachraum wird dieser Wert mit Quadrillion bezeichnet.

Daten in Mrd/bn oder %	1970	Steigerung 1971–1992 pro Jahr	1992	Steigerung 1993–2001 pro Jahr	2001	Steigerung 2002–2005 pro Jahr	2005	Steigerung 1971–2005 pro Jahr	Steigerung ggü. 1970
Zentralbank- und Giralgeldmenge M1-weltweit (in $)	744	11,29%	7.832	1,18%	8.701	15,43%	15.444	9,05%	1975,42%
Wertschöpfungssegment gesamt → kalkulierter M1-Bedarf (in $)	562	7,77%	2.914	1,51%	3.335	7,45%	4.445	6,09%	691,49%
Finanzmarkt gesamt → kalkulierter M1-Bedarf (in $)	47	11,45%	513	6,96%	940	12,10%	1.484	10,35%	3045,02%
Sachvermögensmarkt und Überhangliquidität gesamt → kalkuliertes M1-Volumen (in $)	135	17,15%	4.405	0,05%	4.426	21,08%	9.514	12,92%	6932,60%

Abb. 15: Aktive Geldmenge im Vermögenssegment

Daraus leitet sich eine **Verdoppelung der im Sachvermögensmarkt oder als Überhangliquidität aktiven Giral- und Zentralbankgeldmenge** von 2001 auf 2005 ab, während sie in der Zeit von 1992 bis 2001 nahezu konstant geblieben ist. Hier kommen noch nicht meldepflichtige Volumina, wie bspw. über „Daylight Overdrafts" gebildetes Giralgeld, hinzu.

Anmerkung zur Modellrechnung:

Man kann ganz unterschiedliche Szenarien für die Verteilung der Geldmenge durchspielen, wobei man z. B. die für 1970 angenommenen, im Wertschöpfungssegment und Finanzmarkt aktiven Teilmengen von M1 über die Umlaufgeschwindigkeiten und Handelsvolumina variiert. In Abhängigkeit davon ergeben sich unterschiedliche Werte der verbleibenden M1-Geldmenge, die im Sachvermögensmarkt aktiv werden kann. Das Bild ist prinzipiell aber immer das gleiche, solange man nicht von einer signifikanten Reduktion oder sprunghaften Entwicklung der Umlaufgeschwindigkeiten im Zeitverlauf ausgeht: wenig bzw. negatives Wachstum der im Sachvermögensmarkt potentiell aktiven M1-Geldmenge von 1992 bis 2001 und bis 2005 dann gegenüber 2001 eine Verdoppelung oder sogar Vervielfachung des Volumens.

Anders ausgedrückt: Wenn die Giral- und Zentralbankgeldmenge weiter wächst und nicht im Finanzmarkt „gebunden" werden kann (durch eine Ausweitung des Finanzmarktes), ist eine zunehmende Ausweitung des Waren- und Dienstleistungsmarktes und/oder des Sachvermögensmarktes unabdingbar. Man kann dies auch so formulieren: **Wenn sich im Nicht-Finanzsektor keine Käufer mehr für die Schuldverschreibungen finden, werden die im Wertschöpfungssegment und dem Sachvermögensmarkt aktiven Geldmengen steigen.**

Da eine signifikante Verlangsamung der (tatsächlichen) Umlaufgeschwindigkeit im Waren- und Dienstleistungsmarkt (also ein entsprechend unverändertes wirkliches Zahlungsverhalten und nicht der Wert des Quotienten aus GDP und M1) als unwahrscheinlich anzusehen ist und auch ein reales Wachstum des Bruttoinlandsproduktes in signifikanter Größenordnung in einem kurzen Zeitraum auszuschließen ist, bedeutet dies entweder

a) eine Vergrößerung des Bruttoinlandsproduktes durch Inflation (rein nominelles Wachstum) oder

b) die Ausweitung des Sachvermögensmarktes durch ein größeres Angebot (reales Wachstum) oder

c) ebenfalls ein stark nominal geprägtes Wachstum des Sachvermögensmarktes (die so genannte Asset Inflation).

Der Druck wird umso größer, je stärker die Geldmenge wächst, die nicht im Finanzmarkt gebunden werden kann.

Ergänzend soll nun noch das Wesen eines Kredits bzw. einer kreditfinanzierten Investition in die Betrachtung einfließen. Der Kreditnehmer geht hier gegenüber dem Kreditgeber letztendlich die Verpflichtung ein, in der Zukunft mindestens das Kreditvolumen zuzüglich der verabredeten Zinsen zu erwirtschaften (da er ja die Bedienung des Schuldendienstes verspricht). Durch Einsetzen in die Quantitätsgleichung (1) bzw. (2) resultiert daraus direkt, dass dies inflationsneutral bei einer damit verbundenen Geldschöpfung nur dann gelingen kann, wenn der monetarisierte Markt sich um ein Vielfaches (die Umlaufgeschwindigkeit) des neu geschöpften Geldes vergrößert. Alternativ kommt es zu keiner Geldmengenausweitung (im engeren Sinne), wenn sich statt dessen das Marktvolumen im Finanz- und Sachvermögensmarkt vergrößert (z. B. durch die Kreditverbriefung). Wenn die Erwirtschaftung des Kreditvolumens (inkl. Zins) nicht gelingt, kommt es zu einem Forderungsausfall, d. h. der Markt für Finanzprodukte reduziert sich um den entsprechenden Betrag, sofern eine ggf. dem Kredit unterlegte „Sicherheit" an eine Nicht-Bank veräußert wird.

Kreditbasiertes Unternehmensinvestment:

Die Zusammenhänge und möglichen Wirkungen einer Unternehmensgründung auf Kredit sollen an einem kleinen Beispiel verdeutlicht werden:

Ein Entrepreneur habe die Idee „Luftschlösser" zu produzieren und als Werbegeschenke zu verkaufen. Er bekommt dafür von einer Bank einen Kredit über 10 Mill. € zu 5 % Kreditzinsen, um damit die Firma zu realisieren. In diesem Falle soll dies eine entsprechend repräsentative Villa am Meer sein. Das Bruttoinlandsprodukt wird in einer ersten Stufe um diesen Betrag ansteigen, da Baustoffe, Handwerker und vieles mehr zur Erstellung des Anwesens beauftragt werden. D. h. es wird mehr Arbeitskraft nachgefragt und bezahlt. Diese Bezahlung führt zu einer weiteren Konsumnachfrage. Insbesondere sei dies die Konsumnachfrage nach Luftschlössern. In diesem kleinen Beispiel sind nun unterschiedliche Resultate möglich:

Einmal kann es zu einer permanenten Erhöhung der Wertschöpfung kommen. Das Produkt „Luftschloss" etabliert sich am Markt und es werden genügend andere „Güter und Dienstleistungen", über das bisherige Maß hinaus produziert, die gegen dieses neue Produkt über den Umweg „Geld" getauscht werden oder es kommt zur Verteuerung. Ein dem Schuldendienst entsprechend hoher Anteil an der Wertschöpfung landet dann bei dem Kreditgeber für Zins- und Rückzahlung des Kredites.

In einem Alternativ-Szenario etabliert sich das neue Produkt nicht am Markt. Kredite und Zinsen können nicht mehr zurückbezahlt werden. Der Finanzmarkt reduziert sich bei gleichzeitiger Reduktion des Wertschöpfungssegments (über eine Verbuchung des Kreditausfalls als Verlust). Es verbleiben die „Produktionsanlagen" als neu geschaffene Vermögenskomponente im Sachvermögensmarkt. Diese „Sicherheit" befindet sich zunächst im Besitz der kreditgewährenden Bank. Ein Verkauf an eine Nicht-Bank reduziert dann die (Giral-)Geldmenge.

Dies bedeutet: Inflationsneutral ist eine Ausweitung des Finanzmarktes (über Kreditaufnahme in welcher Form auch immer) nur, wenn der Waren- und Dienstleistungsmarkt real um ein Vielfaches (der Umlaufgeschwindigkeit u_w) der damit verbundenen (aktiven) Geldmengenerhöhung wächst. „Überschüssiges" Geld muss im Sachvermögensmarkt „gebunden" werden.

Analysiert man in Hinblick auf die Verschuldung nun die Situation der öffentlichen Hand, so ergibt sich Folgendes: Die öffentliche Neuverschuldung in einem Jahr (betrachtet wird hier die Erhöhung von Verbindlichkeiten, von denen die Schuldverschreibungen nur ein Teil sind) liegt weltweit aktuell (2005) volumenmäßig bei ca. 4,8 % des Weltbruttoinlandsproduktes. Bei einer Abgabenquote von 30 % (als Abschätzung; siehe Kasten) müsste das Weltbruttoinlandsprodukt real um mindestens ca. 16 % steigen[1], um die Neuverschuldung über ein echtes Wachstum zu stoppen (d. h. ohne Inflationswirkung) und ohne die Notwendigkeit die Ausgabenquote der öffentlichen Hand zu reduzieren.

Daten in Mrd/bn $ Daten für 2005	USA	EURO12	Japan	$, € und ¥	Deutschland	andere Staaten	Welt
Summe öffentliche Hand (Verbindlichkeiten)	21.263	8.729	9.181	39.173	2.102	4.815	43.988
davon neue Verbindlichkeiten in 2005	1.178	443	153	1.773	110	366	2.139
Anteil an der gesamten Neuverschuldung	55,06%	20,69%	7,14%	82,89%	5,16%	17,11%	100,00%
pro GDP	9,46%	4,44%	3,34%	6,57%	3,95%	2,10%	4,81%
GDP (laufende Preise)	12.456	9.960	4.567	26.983	2.792	17.472	44.455
Abgabequote (Einnahmequote der öff.Hand)	26,80%	38,91%	26,40%	31,20%	34,70%	28,00%	30,05%
notwendiges Wachstum für 0-Neuverschuldung	35,28%	11,42%	12,66%	21,06%	11,38%	7,48%	16,01%

Abb. 16: Erforderliches GDP-Wachstum für Null-Verschuldung

[1] 30 % Abgabe auf 16 % GDP-Wachstum ergeben 4,8 % des GDP, die ohne GDP-Wachstum als Neuverschuldung aufgenommen werden.

**Abschätzung der Abgabenquote
(Einnahmenquote der öffentlichen Hand):**

Es ist nicht einfach, für die Länder dieser Welt vergleichbare Abgaben- bzw. Steuerquoten aufzustellen, die einen korrekten Bezug von Steuereinnahmen (bzw. den gesamten Staatseinnahmen) zum jeweiligen Bruttoinlandsprodukt aufzeigen. In öffentlichen Statistiken werden hierzu die unterschiedlichsten Ansätze genutzt. In der volkswirtschaftlichen Gesamtrechnung für Deutschland betrachtet man hierbei z. B. ausschließlich die direkten und indirekten Steuern von Bund und Ländern. Die Sozialabgaben werden dabei nicht einberechnet. So kommt Deutschland aktuell auf eine Steuerquote von 21,9 % (2005; vgl. hierzu beispielsweise [18]).

In internationalen Statistiken, also beispielsweise der OECD, wird dem gegenüber unter dem Begriff „Tax Revenue" eine Abgabenquote (inkl. Sozialabgaben) betrachtet, aus der teilweise manche Sozialleistungen wieder herausgerechnet sind. Deutschland kommt so in den OECD-Statistiken auf eine Quote von 34,7 %.

Für die Betrachtungen in diesem Text werden die Daten der OECD, OECD-Total bzw. die länderspezifischen OECD-Werte zugrunde gelegt. Die Werte werden dann für die Modellrechnungen als konstant in die Zukunft fortgeschrieben.

Ein Wachstum des Welt-GDP pro Jahr, real (= inflationsbereinigt) um 16 % ist — gerade auch, wenn man die Entwicklung der letzten Jahre betrachtet — nicht realistisch. Wenn man bedenkt, dass fast 85 % der neu aufgenommenen öffentlichen Verbindlichkeiten in den Währungsräumen von Dollar, Euro und Yen liegen, dann müsste das Bruttoinlandsprodukt, um eine Null-Neuverschuldung zu erreichen, in diesen Währungsräumen bei der aktuellen Neuverschuldung von ca. 6,6 % des GDP, also alleine um ca. 21 % real wachsen. Für die USA müsste das Wachstum sogar bei über 35 % liegen. Daran wird deutlich, welche Bedeutung eine Öffnung der übrigen Märkte im Prozess der Globalisierung gerade für diese hochverschuldeten „führenden" Länder bzw. Regionen haben kann; alleine über die Binnennachfrage ist ja ein solches Wachstum völlig illusorisch. Nur die „Eroberung" anderer Märkte (und des damit verbundenen Steuersubstrats) kann die Situation für diese Länder verbessern. Es ist aber auch klar, dass ein solches Wachstum „real" (und nicht nur nominal) auch in einem globalen Markt eher unwahrscheinlich ist, wenn es balanciert stattfinden soll, d. h. über einen entsprechend erhöhten Austausch von Waren- und Dienstleistungen zwischen Nord und Süd ohne Neuverschuldungen der öffentlichen Hand.

Kann die Neuverschuldung der öffentlichen Hand durch die Reduktion der Staatsausgaben verhindert werden?

Es soll hier auch die Frage diskutiert werden, ob bzw. wie die Neuverschuldung der öffentlichen Hand durch eine entsprechende Reduktion der Staatsausgaben gesenkt werden kann. Da Staatsausgaben ja auch im Bruttoinlandsprodukt wirksam werden (als Nachfrage nach Gütern und Dienstleistungen) wird sich im besten Fall das Bruttoinlandsprodukt nur um den entsprechend eingesparten Betrag reduzieren. Denn da für die Umlaufgeschwindigkeit des Geldes einen Wert größer als 1 anzunehmen ist, wird eher eine größere Reduktion zu erwarten sein. Wenn man nur einmal den besten Fall annimmt, so müsste eine Reduktion der Staatsausgaben um mindestens ca. 3 Bill. $ (auf dann ca. 12,5 Bill. $ Gesamtausgaben) erfolgen. Dann würden bei einer Abgabenquote von 30 % die aus dem um 3 Bill. $ reduzierten Bruttoinlandsprodukt von dann ca. 41,5 Bill. $ resultierenden Einnahmen (30 % von 41,5 Bill. $ sind ca. 12,5 Bill. $) zur Abdeckung der öffentlichen Ausgaben ausreichen. D. h. weltweit betrachtet müssten die Staatshaushalte um fast 20 % reduziert werden. Dies wäre ein Szenario, das sicherlich verbunden wäre mit einem massiven Rückbau von Infrastruktur, Gemeinwesen und sozialem Ausgleich. In [70],[73] wird hierfür der Begriff „Brasilianisierung" geprägt, der auf die extreme Kluft zwischen „Arm" und „Reich" abzielt (wie dies in Brasilien der Fall ist). In diesem Szenario geht es dann natürlich insbesondere auch um die Frage, wo gespart wird bzw. gespart werden muss. Ist dies dort, wo die Neuverschuldung am größten ist oder wird eine Umverteilung der Einnahmen (ggf. über eine Umverteilung von Steuersubstrat) durchgesetzt? Je nachdem würden so die Einsparzwänge verteilt. Überlegungen hierzu erfolgen in Kap. XIII.2.

Verschlimmernd kommt hinzu, dass die beobachtete Neuverschuldung schon der Netto-Effekt in Bezug auf das nominale (also inflationsbehaftete) Bruttoinlandsprodukt ist. Hinzurechnen müsste man hier an sich auch noch die „versteckte Verschuldung" durch Privatisierungen, d. h. die Finanzierung laufender Ausgaben durch eine Veräußerung von öffentlichem Vermögen (also eine Ausweitung des Sachvermögensmarktes), wodurch auch die damit ggf. verbundenen staatlichen Einnahmemöglichkeiten wegfallen.

Die Zinszahlungen auf die öffentlichen Verbindlichkeiten (als Teil des Schuldendienstes) werden weitestgehend aus dem Wertschöpfungssegment des monetarisierten Marktes (über Steuerabgaben) bestritten (wenn man hier die Möglichkeit Privatisierungserlöse dafür zu nutzen außer Acht lässt).

Daten in Mrd/bn $ Daten für 2005	USA	EURO12	Japan	Deutschland	andere Staaten	Welt
Einnahmequote (EQ)	26,80%	38,91%	26,40%	34,70%	28,00%	30,05%
Staatseinnahmen gemäß OECD	3.338	3.875	1.206	774	4.165	13.358
Ausgabequote (EQ + Neuverschuldung)	36,86%	43,51%	29,73%	39,82%	30,86%	35,23%
Staatsausgaben	4.591	4.334	1.358	888	4.590	15.663
GDP	12.456	9.960	4.567	2.229	14.874	44.455
Gesamtverbindlichkeiten						
Government (inkl. Gov. Agencies)	21.263	8.729	9.181	2.102	4.815	43.988
Neuverschuldung (Verbindlichkeiten)	1.178	443	153	110	366	2.139
davon für Schuldzinsen (ca.)	1.063	436	459	105	241	2.199
Quote Neuverschuldung / GDP	10,06%	4,60%	3,33%	5,12%	2,86%	5,18%
Quote Schuldzinsen / Neuverschuldung	90,27%	98,61%	300,63%	95,31%	65,77%	102,82%
Quote Schuldzinsen / GDP	8,54%	4,38%	10,05%	4,71%	1,62%	4,95%
Quote Schuldzinsen / Staatsausgaben	23,16%	10,07%	33,81%	11,84%	5,25%	14,04%
Daten (hochgerechnet) für 2010						
Gesamtverbindlichkeiten						
Government (inkl. Gov. Agencies)	27.152	10.942	9.945	2.653	6.645	54.684
Neuverschuldung (Verbindlichkeiten)	1.178	443	153	110	366	2.139
davon für Schuldzinsen (ca.)	1.358	547	497	133	332	2.734
Quote Schuldzinsen / Neuverschuldung	115,27%	123,61%	325,63%	120,31%	90,77%	127,82%
Quote Schuldzinsen / GDP	10,90%	5,49%	10,89%	5,95%	2,23%	6,15%
Quote Schuldzinsen / Staatsausgaben	29,57%	12,63%	36,62%	14,95%	7,24%	17,46%

Abb. 17: Schuldenenwicklung bei konstanter Neu-Verschuldung

Als Abschätzung, für die in den Berechnungen im Durchschnitt 5 % weltweit auf öffentliche Verbindlichkeiten angesetzt werden, sind bei den derzeitigen öffentlichen Gesamtverbindlichkeiten von ca. 44 Bill. $, jährlich etwa 2,2 Bill. $ an Zinsen zu zahlen, also etwa 5 % des Weltbruttoinlandsproduktes. Bei der angenommenen durchschnittlichen Abgabenquote von ca. 30 % sind dies ca. 14 % der Staatseinnahmen. Diese Zinszahlungen machen derzeit weltweit betrachtet etwas mehr als 100 % der Neuverschuldung aus.

Bei einer in den nächsten Jahren gleich bleibenden jährlichen globalen Neuverschuldung von rund 2,15 Bill. $ der öffentlichen Hände würden sich die öffentlichen Verbindlichkeiten in den Jahren bis 2010 um rund 11 Bill. auf dann rund 55 Bill. $ erhöhen. Auf Dauer müssten dabei bei gleich bleibender Einnahmequote die Ausgaben (ohne Schuldendienst) der öffentlichen Hände jährlich (bis 2010) um ca. 0,1 Bill. $ gekürzt werden (für den neuen Schuldendienst), d. h. um ca. 550 Milliarden $ in diesem Zeitraum reduziert werden (bei einer geschätzten Staatsquote/Ausgabenquote 2005 von ca. 35 % sind dies ca. 3,5 % der weltweiten Staatsausgaben). Im Jahr 2010 wäre dann in nahezu allen Staaten weltweit mehr als die gesamte Neuverschuldung zur Bedienung der Zinsen erforderlich (der Schuldendienst würde dann schon ca. 17,5 % aller Staatsausgaben betragen).

[Staatsquote]

Unter dem Begriff der *Staatsquote* versteht man den Anteil der Staatsausgaben am Bruttoinlandsprodukt. Wenn man die Zahlen für 2005 als Grundlage nimmt und weltweit eine durchschnittliche Einnahmequote der Staaten von 30 % ansetzt, so resultiert die Prozentzahl für die angenommene weltweite durchschnittliche *Staatsquote* daraus, dass man die Staatseinnahmen zzgl. der Neuverschuldung in Relation zum Bruttoinlandsprodukt setzt bzw. wenn man zu der Einnahmequote die Neuverschuldungsquote hinzu rechnet. Daraus resultiert für 2005 weltweit bei ca. 5 % Neuverschuldung eine *Staatsquote* von ca. 35 %.

Wenn eine Reduktion der Ausgaben (die übrigens einen negativen Einfluss auf das Bruttoinlandsprodukt haben kann) nicht gelingt, wird die Neuverschuldung unweigerlich auf 2,73 Bill. $ pro Jahr bis 2010 anwachsen (bis 2020 auf ca. 4,5 Bill. $ pro Jahr). Die Verbindlichkeiten der öffentlichen Hände würden 2020 dann bei über dem Doppelten des Bruttoinlandsproduktes liegen, die Zinszahlungen etwa 10 % des Bruttoinlandsproduktes bzw. fast 35 % der Staatseinnahmen ausmachen.

Daten in Mrd/bn $ Daten (hochgerechnet) für 2010	USA	EURO12	Japan	Deutschland	andere Staaten	Welt
Gesamtverbindlichkeiten						
Government (inkl. Gov. Agencies)	28.096	11.297	10.067	2.742	6.939	56.399
Neuverschuldung (Verbindlichkeiten)	1.503	565	195	141	467	2.730
Daten (hochgerechnet) für 2020						
Gesamtverbindlichkeiten						
Government (inkl. Gov. Agencies)	47.949	18.758	12.641	4.601	13.108	92.456
Neuverschuldung (Verbindlichkeiten)	2.449	920	317	229	761	4.447
davon für Schuldzinsen (ca.)	2.397	938	632	230	655	4.623
Quote Schuldzinsen / GDP	19,25%	9,42%	13,84%	10,32%	4,41%	10,40%
Quote Schuldzinsen / Staatseinnahmen	*71,82%*	24,20%	*52,42%*	29,73%	15,74%	34,61%
Daten (hochgerechnet) für 2042						
Gesamtverbindlichkeiten						
Government (inkl. Gov. Agencies)	146.946	55.960	25.475	13.870	43.875	272.256
Neuverschuldung (Verbindlichkeiten)	7.163	2.692	929	671	2.226	13.009
davon für Schuldzinsen (ca.)	7.347	2.798	1.274	693	2.194	13.613
Quote Schuldzinsen / GDP	58,99%	28,09%	27,89%	31,11%	14,75%	30,62%
Quote Schuldzinsen / Staatseinnahmen	***220,10%***	*72,20%*	***105,64%***	*89,64%*	*52,67%*	***101,91%***

Abb. 18: Schuldenentwicklung ohne Reduktion der Staatsausgaben

Rein rechnerisch wäre weltweit zwar erst im Jahr 2042 (in Summe) definitiv Schluss, weil dann die erforderliche Neuverschuldung, um die Zinszahlungen zu bedienen, den gesamten Staatseinnahmen entsprechen würde. D. h. die öffent-

liche Hand würde nicht einmal ausreichend Einnahmen haben, um die Schuldzinsen zu bedienen — Insolvenz wegen Überschuldung.

Nun ist die Situation aber nicht für alle Länder gleich, sondern es wurde oben
zunächst eine Durchschnittsbetrachtung angestellt, für viele Staaten wurde auch
nur die Schuldenaufnahme über Schuldverschreibungen betrachtet. So ist die
Ausgangslage in Europa (Euro-Raum) beispielsweise deutlich günstiger als in
den USA.

Daten in Mrd/bn $ Daten für 2005	USA	EURO12	Japan	Deutschland	andere Staaten	Welt
Gesamtverbindlichkeiten						
Government (inkl. Gov. Agencies)	21.263	8.729	9.181	2.102	4.815	43.988
Quote Verbindlichkeiten / GDP	170,71%	87,64%	201,01%	94,29%	32,37%	98,95%
Quote Neuverschuldung / GDP	9,46%	4,44%	3,34%	4,95%	2,46%	4,81%
Quote Schuldzinsen / Staatseinnahmen	31,85%	11,26%	38,07%	13,59%	5,78%	16,47%
Daten (hochgerechnet) für 2027						
Gesamtverbindlichkeiten						
Government (inkl. Gov. Agencies)	68.882	26.624	15.355	6.561	19.614	130.475
Quote Verbindlichkeiten / GDP	553,01%	267,31%	336,18%	294,27%	131,86%	293,50%
Quote Schuldzinsen / Staatseinnahmen	*103,17%*	34,35%	*63,67%*	42,40%	23,55%	48,84%
Daten (hochgerechnet) für 2041						
Gesamtverbindlichkeiten						
Government (inkl. Gov. Agencies)	139.783	53.269	24.547	13.199	41.649	259.247
Quote Verbindlichkeiten / GDP	1122,23%	534,82%	537,43%	592,03%	280,00%	583,17%
Quote Schuldzinsen / Staatseinnahmen	*209,37%*	*68,73%*	**101,79%**	*85,31%*	50,00%	*97,04%*
Daten (hochgerechnet) für 2049						
Gesamtverbindlichkeiten						
Government (inkl. Gov. Agencies)	208.180	78.972	33.414	19.603	62.905	383.472
Quote Verbindlichkeiten / GDP	1671,35%	792,89%	731,58%	879,28%	422,91%	862,61%
Quote Schuldzinsen / Staatseinnahmen	**311,82%**	**101,89%**	**138,56%**	**126,70%**	*75,52%*	**143,54%**

Abb. 19: Das „Ende der Fahnenstange" in den verschiedenen Währungsräumen

Die Gesamtverbindlichkeiten in Relation zum Bruttoinlandsprodukt in Europa (Euro-Raum) lagen 2005 bei ca. 87,7 % des Bruttoinlandsproduktes [39], in den USA bei ca. 170 % des amerikanischen Bruttoinlandsproduktes (vgl. Kap. IX). Die Aufnahme neuer Verbindlichkeiten in Europa liegt aktuell (2005) bei insgesamt ca. 4,5 % des Bruttoinlandsproduktes (Haushaltsdefizit), in den USA bei ca. 9,5 % des Bruttoinlandsproduktes. Das kalkulierte „Ende der Fahnenstange" liegt daher in Europa erst kurz vor dem Jahr 2050, in den USA dagegen schon vor dem Jahr 2027, also noch vor Japan (ca. 2041).

Betrachtet man nun noch den gesamten weltweiten Finanzmarkt, so liegt hier der Umfang an Finanztiteln mittlerweile bei ca. 148 Bill. $ (119 Bill. €), d. h. bei dem mehr als Dreifachen des Weltbruttoinlandsproduktes.

Daten in Mrd/bn oder %	1992	Steigerung 1993–2001 pro Jahr	2001	Steigerung 2002–2004 pro Jahr	2004	Steigerung 2005	2005	Steigerung 1992–2005 pro Jahr	2057
Weltweit									
GDP (laufende Preise)	24.101	3,00%	31.456	9,46%	41.258	7,75%	44.455	4,82%	514.603
Finanzvermögen gesamt	51.295	6,96%	94.002	12,90%	135.272	9,73%	148.438	8,52%	10.409.104
Gesamtrendite (bei 5%)	2.565		4.700		6.764		7.422		520.455
Gesamtrendite / GDP	10,64%		14,94%		16,39%		16,70%		*101,14%*

Abb. 20: GDP und Rendite auf Finanzvermögen

Bei einer angenommenen Durchschnittsrendite auf Finanzvermögenstitel von 5 % bedeutet dies, dass der Anteil des Einkommens aus Finanzvermögen 2005 bereits fast 17 % des Weltbruttoinlandsproduktes ausmacht. Anders formuliert: Das Bruttoinlandsprodukt müsste bei dem derzeitigen Wachstum des Weltfinanzmarktes (ca. 13 Bill. $ in 2005) jährlich auch um ca. 9,75 % wachsen, um diese Relation zu halten. Bei durchschnittlichen Wachstumsraten des Weltfinanzmarktes und des Bruttoinlandsproduktes wie in den letzten 15 Jahren hätte der Weltfinanzmarkt in 50 Jahren das 20-fache Volumen des Weltbruttoin-

148

landsproduktes oder anders gesagt: Bei einer Durchschnittsverzinsung von 5 % würde in 50 Jahren das gesamte Weltbruttoinlandsprodukt für Zinszahlungen gebraucht. Die Welt insgesamt wäre überschuldet.

Diese Überlegungen zeigen, dass ein „weiter so" kein realistisches Zukunftsszenario darstellt. Es muss also irgendetwas geändert werden oder die Situation verändert sich von selbst drastisch, z. B. über eine entsprechend starke Inflation.

Es soll aber auch noch versucht werden, diese Situation aus einer Marktbetrachtung heraus zu beleuchten. Hierzu wird eine Antwort auf die Frage gegeben, wie lange der Finanz- und Sachvermögensmarkt den durch die Neuverschuldung an sich gegebenen Inflationsdruck (Umlaufgeschwindigkeit multipliziert mit dem Volumen der Neuverschuldung, dividiert durch das Weltbruttoinlandsprodukt) prinzipiell kompensieren könnte, d. h. wie lange Schuldtitel als Produkte im Finanz- und / oder Sachvermögensmarkt gehandelt werden (können), anstatt als Geldsurrogate im Wertschöpfungsmarkt wirksam zu werden.

Zur Beantwortung dieser Frage soll von emotionalen und spekulativen Beweggründen für das Aufkaufen von Schuldtiteln (mit Giral- oder Zentralbankgeld) abstrahiert werden und den Akteuren rationales Entscheidungsverhalten unterstellt werden. Im vorliegenden Text wurde hierzu ja aufgezeigt, dass die Emission von Schuldtiteln von der öffentlichen Hand in Kooperation mit Marktmachern (Primary Dealers) organisiert vorgenommen wird, und gerade diesen Akteuren kann wohl ein uneingeschränkt rationales Handeln unterstellt werden.

Die Marktmacher (d. h. im Wesentlichen die Investmentbanken) werden i. a. der Neu-Emission von Schuldtiteln nur dann zustimmen bzw. diese weiterhin als Erstkäufer akzeptieren, solange sich die damit für sie verbundene Investition rechnet oder aus anderen Gründen „sinnvoll" ist. Mit anderen Worten: entweder ist die damit verbundene Rendite mindestens mit alternativen Anlagen vergleichbar oder mit dem Verweigern einer Erstzeichnung einer Emission sind überwiegende Nachteile an anderer Stelle verbunden. Der Liquiditätsaspekt ist vor dem Hintergrund der Verfügbarkeit von Finanzprodukten wie „Asset backed securities" und anderen, verbunden mit den „Security Settlement Systemen" und der insgesamt hohen Menge an Zentralbankgeld und Giralgeld vernachlässigbar, schließlich ist das Geldschöpfungspotential des Finanzsektors immens.

Um sich der Antwort auf die weiter oben gestellte Frage weiter zu nähern, soll zunächst analysiert werden, warum jemand Finanzprodukte und Sachvermögen erwirbt. Hier können im Wesentlichen als Motive identifiziert werden:

1. Erzielung von konsumorientiertem Einkommen,
2. Vermögensmehrung,
3. Das Einkommen übersteigt den Konsumbedarf.

Die Grenzziehung ist dabei klar: Es kommt zu einer Vermögensmehrung, sofern das insgesamt erzielte Einkommen über dem für Konsumzwecke benötigten Volumen liegt. Die Rendite von Finanzprodukten ist dabei bestimmt über die Zinszahlungen während der Laufzeit und dem „Kapitalwert" am Ende der Laufzeit. Der Kapitalwert soll hier vereinfachend mit dem Nominalwert gleichgesetzt werden. Demgegenüber bestimmt sich die Rendite realer Werte (Sachvermögen) — neben dem damit verbundenen Ertragspotential — weitgehend auch noch aus ihrer preislichen Entwicklung, d. h. dem Verkaufspreis in der Zukunft. Dieser Preis hängt von der Entwicklung der kaufkräftigen Nachfrage ab.

Die Frage, ob der Nominalwert eines Finanzproduktes (z. B. einer Anleihe) am Laufzeitende noch ausgezahlt wird, hängt von den Bedingungen der Anleihe und der Fähigkeit des Schuldners zur Rückzahlung ab. Für die Akteure des Kapital- und Finanzmarktes ist es mittlerweile (aufgrund der geltenden Gesetzeslage, die natürlich geändert werden kann) hinsichtlich der Liquidität nahezu irrelevant, ob sie in Finanztitel oder Sachwerte investieren, weil Sachwerte über das Mittel der „Asset backed Securities" im Prinzip jederzeit in handelbare „Stellvertreter-Finanzaktiva" gewandelt werden können.

Des weiteren ist davon auszugehen, dass den Finanzinstitutionen bzw. den maßgeblichen Akteuren der von einer Neuverschuldung ausgehende Inflationsdruck wohl bewusst ist. Allein bezüglich der aktuellen Neuverschuldung der öffentlichen Hand (weltweit) über Schuldverschreibungen von ca. 4 % des Bruttoinlandsproduktes (neue Verbindlichkeiten insgesamt betragen sogar ca. 4,8 % des Bruttoinlandsproduktes) und einer tatsächlichen Umlaufgeschwindigkeit (Zahlungsverhalten) von Giralgeld von angenommenen 10 für das Wertschöpfungssegment (siehe oben) beträgt der aus der Neuverschuldung der öffentlichen Hände resultierende zusätzliche potentielle Inflationsdruck ca. 40 % und das pro Jahr und additiv! D. h. wenn diese Neuverschuldung als Giralgeld ($\Rightarrow$ Erhöhung der Geldmenge M1) im Wertschöpfungssegment aktiv würde, müsste das Bruttoinlandsprodukt um ca. 40 % wachsen (dies leitet sich aus der für das Wertschöpfungssegment vereinfachend betrachteten Quantitätsgleichung GDP $= u \cdot M$ ab). Da ein so hohes reales Wachstum völlig unrealistisch ist, muss eine entsprechende Inflation einsetzen.

Es stellt sich daher ganz zentral für die Investmententscheidung die Frage nach dem Kapitalwert einer Investition und nach dem für dessen Berechnung unterstellten Inflationsindex (wenn man das in Kapitel XI.6 geschilderte risikolose Investment ausgrenzt). Daneben ist immer auch an die Ausfallwahrscheinlichkeit bzw. den Wertverfall auf Null zu denken.

Welche Sachwerte sind attraktiv?:

Aspekte des Wertansatzes für Sachwerte sind die laufende bzw. zu erwartende Rendite, sowie die Veränderung des Marktwertes des Vermögensgegenstandes im Verlauf der Zeit. Beide Komponenten sind letztendlich durch den Umfang der Nachfrage nach und dem Angebot an vergleichbaren Sachwerten bestimmt. Dabei bezieht sich die Nachfrage einerseits auf den Besitz des Gutes selbst (Marktwert) und andererseits auf eine gewünschte Nutzung des Objekts (eine Art von Miete). Wichtig für die hier angestellte Betrachtung ist, dass inflationäre Tendenzen bei einem gleichbleibenden Angebot und gleichbleibender Nachfrage an Sachwerten (noch stärker natürlich bei einem sinkenden Angebot bzw. steigender Nachfrage) insbesondere dann positive Effekte (Steigerung) auf den Marktwert haben, wenn sich die Inflation auch als Einkommenssteigerung bei der potentiellen Käuferschaft auswirkt. Anders gesagt: Der Wert von Geld / Geldsurrogaten sinkt bei Inflation, d. h. die Rendite und der Marktwert (im Sinne einer Kaufkraft bei Fälligkeit) ist um die Inflation zu bereinigen, während eine nutzungsbezogene Rendite und der Marktwert bei Sachvermögen (bei gleich bleibender oder steigender Nachfrage bzw. sinkendem Angebot) mit der Inflation steigen kann. In Bezug auf Produktions- und Vermarktungskapazitäten (als Sachwerte) für Konsumprodukte bedeutet dies eine besondere Attraktivität für Produkte mit einem Anteil an knappen Ausgangsressourcen. D. h. entsprechendes Produktionskapital (Schürf-/Förder-/Abbaurechte, Patente/Lizenzen, Maschinen usw.) ist beginnend bei den Ausgangsstoffen (Rohmaterial) bis zum Endprodukt inkl. dem Vermarktungskapital (u. a. Shoppingmalls, Label) attraktiv. Aktuell kann man das beispielsweise bei Stahl, Beton/Zement und Holz beobachten.

Für die Bewertung der Nachfrageentwicklung ist auch die Einschätzung der Entwicklung des sozialen Ausgleichs relevant. Zunehmender sozialer Ausgleich bedeutet dabei ein Verschieben der Nachfrage „in die Mitte", eine Verschlechterung des sozialen Ausgleichs eine Verschiebung zu den Rändern. Im zweiten Fall ist eine Steigerung der Nachfrage im unteren Segment (Low Cost, Discounter etc.) und bei den Luxusgütern zu erwarten, im ersten Fall wird die Nachfrage im mittleren Segment (z. B. Fachmärkte, Einzelhandel) zunehmen. Sowohl im Hinblick auf Konsumgüter wie auch bei Bestandsgütern (z. B. Immobilien, Grundstücke usw.) bedeutet dies eine entsprechende Verlagerung des Attraktivitätsschwerpunktes für Aufkäufe. Bei einer Verschlechterung des sozialen Ausgleiches sind also beispielsweise Immobilien im unteren Segment (z. B. sozialer Wohnungsbau, Discountmärkte, Mehrfamilienhäuser) sowie wohnliche Spitzenlagen und -objekte als Sachwerte zu bevorzugen. Wenn man zukünftig einen stärkeren sozialen Ausgleich erwartet, macht dies entsprechend das mittlere Segment („normale" Einfamilienhäuser, Kaufhäuser im Innenstadtbereich usw.) interessant.

Unabhängig davon ist bei einem über Kredite finanzierten Aufkaufen von Sachwerten ausschlaggebend, ob die Summe aus Marktwertsteigerung und laufender Rendite (abzgl. Steuereinsparungen) oberhalb der Kreditkosten liegt.

Mittlerweile sind die Regelungen für die Eigenkapitalausstattung von Finanzinstituten (Basel II) [14] so, dass für öffentliche Schuldtitel keinerlei Eigenkapital erforderlich ist (bzw. bei Governmental Agencies / Government Sponsored Enterprises wie schon in Kap. III gesagt 0,2 x 8 % der Schuldsumme, d. h. 1,6 %). Diese Schuldtitel haben zwar lediglich eine „Good Faith-Deckung", d. h. sie sind nicht mit realen Werten gesichert, hinsichtlich der Eigenkapitalrentabilität sind diese Papiere aber für Finanzinstitute bzw. für die Eigenkapitalgeber der Finanzinstitute außergewöhnlich attraktiv. Durch den geringen Eigenkapitalbedarf liegt die Eigenkapitalrendite bei einem angenommenen Zins von 5 % auf die Schuldtitel z. B. bei 312,5 % (62,5 x 5 %) für GSE-Schuldscheine (vgl. Kap. III), bei öffentlichen Titeln von Staaten mit hohem Rating bei unendlich Prozent (kein Eigenkapital nötig). Es ist insofern hinsichtlich der Schuldverschreibungen öffentlicher Hände letztendlich nur relevant, welches Ausfallrisiko man diesen Papieren beimisst oder aber inwieweit es gelingt, das Ausfallrisiko auf Dritte (z. B. Fonds oder Versicherungen) abzuwälzen.

Es wird in diesem Text die Ansicht vertreten, dass maßgebliche Investoren bemüht sind oder sein werden, ihre Finanzmittel — multiplikativ über Leverage Strategien — zunächst in Sachwerten anzulegen, diese Sachwerte dann z. B. als „Asset backed securities", Aktien u. a. über Repos zur Refinanzierung einzusetzen, um diese Mittel dann für das kaskadierte Aufkaufen weiterer Sachwerte und Schuldverschreibungen zu verwenden.

Wann kann der Finanz- / Sachvermögensmarkt den Inflationsdruck auf den Wertschöpfungsmarkt nicht mehr kompensieren?

Der Inflationsdruck durch Neuverschuldung öffentlicher Hände steigt, wenn

- das Angebot an „Sachvermögenswerten" zu vernünftigen Preisen sinkt,

- die Nachfrage nach Schuldverschreibungen und Derivaten zu vernünftigen Preisen im Sekundärmarkt sinkt,

- die Sparquote kleiner als die Neuverschuldungsquote ist.

All dies bedeutet, dass die Inflation aus dem Wertschöpfungssegment ferngehalten werden kann, solange das Ausfallrisiko z. B. über Repos oder geeignete Derivate (z. B. Credit Default Swaps) auf private Anleger übertragen werden kann und genügend Sachwerte zu vernünftigen Preisen zum Verkauf auf dem Vermögensmarkt angeboten werden.

[Vernünftige Preise]

In der ökonomischen Theorie wird davon ausgegangen, dass sich auf freien Märkten der Preis für ein Gut aus dem Angebot und der Nachfrage ergibt. Übersteigt das Angebot die Nachfrage, so sinkt der Preis. Übersteigt die Nachfrage das Angebot, so steigt der Preis. Beide Male ändert sich der Preis so, dass zum neuen Preis für alle, die zu diesem Preis kaufen wollen, das betreffende Gut auch bereitsteht und dass alle, die zu diesem Preis verkaufen wollen, auch Käufer finden. Der neue Preis ist ein vernünftiger Preis, ein Gleichgewichtspreis. Im Allgemeinen wird davon ausgegangen, dass bei steigender Nachfrage wegen des sich kurzfristig erhöhenden Preises in dem Maße, wie dies möglich ist, die Produktion ausgeweitet wird, d. h. tendenziell auch das Angebot mit der Nachfrage wächst. Die Frage ist nun, ob bzw. wie dieses beispielsweise für Konsumgüter gültige ökonomische Grundprinzip auch im Falle von Sachvermögen

(Assets), insbesondere in Grenzbereichen, angewandt werden kann. Was ist zu erwarten, wenn das Angebot bestimmten Sachvermögens aufgrund dessen definitiver Beschränktheit nicht ausgeweitet werden kann und auf der anderen Seite die Nachfrage permanent steigt? Wie aufgezeigt, ist in den vergangenen Jahren die für die Vermögensanlage verfügbare Geldmenge (inkl. aller Geldsurrogate) signifikant gestiegen und steigt auch noch weiter. Wie reagiert der Vermögensmarkt, wenn ein Teil dieses Geldes, das eine rentierliche und werthaltige Anlage sucht, beispielsweise Ölquellen nachfragt? Werden die bisherigen Investoren, die in diesem Segment investiert haben, ihre werthaltigen Sachvermögen zu einem höheren Preis veräußern, insbesondere wenn absehbar ist, dass es zu inflationären Tendenzen kommt?

Es spricht vieles dafür, dass ein Veräußern von knappen Sachwerten nur dann stattfindet, wenn die erwartete Inflation, der Preis für Assets und die zukünftigen Renditen im Preis berücksichtigt werden. Dabei ist der Zeitraum relevant, in dem mit dem eingenommenen Geld wieder ein alternatives attraktives Investment getätigt werden kann. Je mehr Geld nach rentierlichen Anlagen sucht und je höher die Inflationserwartung ist, desto schwieriger wird es sein, diesen Zeitraum abzuschätzen. Dies würde dann bedeuten, dass eine Situation eintreten kann, in der die Nachfrage und die Preise für attraktive Investments extrem ansteigen und gleichzeitig das Angebot sinkt. Im Extremfall werden die aktuellen Eigentümer auch bei noch so hohen Preisofferten dann nicht verkaufen, wenn für sie kein alternatives Investment realisierbar erscheint. Ein vernünftiger Preis kann nicht gefunden werden. Geld verliert in einer solchen Situation im Prinzip seine Eigenschaften als Tauschmittel und zur Wertaufbewahrung.

In einer stark vereinfachenden Sicht heißt das, dass die Sparquote größer sein muss als die Neuverschuldungsquote, gekoppelt mit der Bereitschaft der Anleger, Schuldtitel als Anlageform zu akzeptieren.

Auch hier ist die Limitierung klar. Die maximal mögliche Sparquote in Bezug auf das Bruttoinlandsprodukt ist begrenzt durch den lebensnotwendigen Konsum.

[Sparquoten in der Welt]

Die OECD hat Sparquoten ihrer Mitgliedsstaaten veröffentlicht [66]. In der Euro-Region liegen im Jahr 2005 die höchsten Sparquoten zwischen 10 % und 12 %. In Japan ist die Sparquote kleiner als 7 % und in den USA sogar negativ (–0,2 %). Selbst wenn man für alle Staaten der Welt (ohne die USA) eine Sparquote in Bezug auf das Bruttoinlandsprodukt von 10 % ansetzt, so kommt man bei einem Bruttoinlandsprodukt dieser Staaten von insgesamt 32 Bill. $ nur auf einen Sparbetrag von 3,2 Bill. $.

In diesem Zusammenhang sind auch die Zahlen aus dem Versicherungsbereich interessant [84]. Im Jahr 2005 lag das weltweite Prämienvolumen (Versicherungsbeiträge der Versicherten) bei insgesamt ca. 3,4 Bill. $. Davon entfielen ca. 2 Bill. $ auf den Bereich der Lebensversicherungen (inkl. Rentenversicherungen und andere Altersabsicherungen).

Als Grenzbetrachtung soll angenommen werden, dass die Anlage sämtlicher Zinserträge in Schuldpapiere erfolgt (diese Erträge also nicht in den Konsum fließen). Bei einem aktuellen Volumen des Finanzmarktes (2005) von ca. 148 Bill. $ (119 Bill. €) sind diese Erträge aus Finanzvermögen bei einer Durchschnittsverzinsung von 5 % ca. 7,4 Bill. $ (6 Bill. €). Dies ist zwar weniger als der derzeitige Zuwachs des gesamten Finanzmarktes (13 Bill. $ / 10 Bill. €) aber gerade doch schon soviel wie der Zuwachs des Finanzmarktes ohne Berücksichtigung von Aktien und weit mehr als die in Statistiken veröffentlichten Sparvolumina privater Haushalte. Mit anderen Worten: **Die Grenze ist erreicht!** Die Neuverschuldung kann nicht mehr über Ersparnisse abgedeckt werden. Es muss also zwingend zu einer Geldschöpfung kommen.

Anmerkung: Die hier gemachte Aussage bedeutet nicht, dass eine darüber hinaus gehende Neuverschuldung unmöglich ist. Dies ist sehr wohl möglich, da ja das Geldschöpfungspotential des Bankensektors in Bezug auf öffentliche Schuldtitel (hoch gerateter

Staaten) wie gesagt unendlich groß ist und hinsichtlich der Kreditvergaben z. B. an Governmental Sponsored Enterprises oder generell bestens gerateter Unternehmen wie gesagt bei dem 62,5-fachen
des eingesetzten Eigenkapitals liegt. Dies bedeutet aber eine Giralgeldschöpfung, die nicht mehr durch den Verkauf der Schuldtitel
an den Nichtbankensektor im gleichen Betrag reduziert wird. Dann
sind inflationäre Auswirkungen im Wertschöpfungssegment oder im
Vermögensmarkt zu erwarten.

Das heißt Folgendes: Wenn im Verlauf eines stetig ansteigenden Schuldendienstes die Neuverschuldung weiter ansteigt, haben die Investmentbanken
nicht mehr die Möglichkeit, das Ausfallrisiko zu verlagern (beispielsweise indem
die Schuldpapiere über ein RePo bei einer Versicherung oder einem Fond platziert werden).

DAS DERZEITIGE WELTFINANZSYSTEM IST NICHT NACHHALTIG!

In Summe bedeutet dies, dass die aktuelle Situation in der monetarisierten
Ökonomie mit den dafür relevanten Regeln und Gesetzen (Regulierung des
Finanzsektors u. a. über Bankengesetze, Investmentgesetze und die Steuergesetzgebung bezüglich Körperschaftssteuer, Einkommenssteuer, Mehrwertsteuer, Außensteuer, Doppelbesteuerungsabkommen, Investmentsteuergesetz usw.)
keine nachhaltige (im Sinne einer auch zukünftig so weiter durchhaltbaren Situation) darstellt. Es ist hier vielmehr mit Veränderungen zu rechnen. Daher
soll im Folgenden skizziert werden, welche möglichen Zukünfte als realistische
Szenarien zu erwarten sind.

**Wie aufgezeigt, ist der Druck zur Änderung des Status Quo mittler-
weile akut!**

Genau genommen hat man vor sieben Jahren (1999), ausgehend von den USA, mit der Neugestaltung der Gesetze zum Finanzmarkt, die auch zu einer Neugestaltung der Gesetze in Europa geführt haben, auf das möglicherweise dringendste Problem reagiert. Damit wurde die Grundlage geschaffen, einer signifikanten Ausweitung der im Wertschöpfungsmarkt wirksam werdenden Geldmengenerhöhung entgegen zu wirken, indem man nunmehr im Wechselspiel von Bankgeschäft, Investmentgeschäft und Versicherungsgeschäft die Platzierung von Schuldtiteln und damit die Platzierung von Ausfallrisiken signifikant erleichtert hat. Damit wurde aber nur eine Pause bewirkt. Das Problem ist auch weiterhin akut, weil die Verschuldung zunimmt. Die Neuverschuldung steigt von Jahr zu Jahr (nicht selten wächst sogar die Quote in Relation zum Bruttoinlandsprodukt), und die absolute Verschuldung der öffentlichen Hand (die Gesamtverbindlichkeit) nähert sich in den kommenden zwei bis drei Jahrzehnten in manchen Ländern der Grenze, bei der die Zinszahlungen die Staatseinnahmen übersteigen — ein klassischer Konkursfall.

Mit welchen Szenarien muss man in Hinblick auf das Weltfinanzsystem zukünftig rechnen? **Drei Szenarien** werden als realistisch angesehen:

WELCHE ZUKÜNFTE SIND MÖGLICH?

1. Kollaps — Der Zusammenbruch der Währungen (Konkursverschleppung),

2. Umlenken von Wertschöpfung (Ringen um Steuersubstrat)

3. Weltweite Steuerreform / Stopp der Umverteilung von Vermögen.

Diese Weltfinanzsystem-Szenarien werden in enger Verbindung mit den in [70],[75] geschilderten möglichen Zukünften bezüglich des Umgangs mit den ökologischen Grenzen gesehen (Kollaps, „Brasilianisierung" und Ökosoziale Marktwirtschaft, vgl. Kasten).

Exkurs: „Balance oder Zerstörung" — Die ökologische Frage

Prof. Radermacher beschreibt in seinem Buch „Balance oder Zerstörung — ökosoziale Marktwirtschaft als Schlüssel zu einer weltweiten nachhaltigen Entwicklung" [71] aus einer systemtheoretischen Sichtweise heraus mögliche Szenarien, die als gesellschaftliche Perspektiven zum Umgang mit dem Ressourcenproblem (knappe Rohstoffe, Umweltverschmutzung etc.) möglich erscheinen (vgl. hierzu auch [73]). Die daraus abgeleiteten Zukunftsalternativen [70],[75] sind:

1. Zusammenbruch des Ökosystems „Erde" durch die ungebremste Übernutzung der natürlichen Ressourcen durch die Menschheit.

2. Brasilianisierung: Ökodiktatorische Lösung, die u. A. mit massiven Sicherungsmaßnahmen, höchst asymmetrischen Ressourcenzugriffen und Umweltnutzungspotentialen für eine vergleichsweise kleine Elite zu Lasten der restlichen Weltbevölkerung in allen Staaten durchgesetzt wird.

3. Ökosoziale Marktwirtschaft: Lösung der Problematik über einen „Weltvertrag", bei dem limitierende Ökostandards sowie Sozialstandards als verbindliche Rahmenbedingungen in allen internationalen Regimen verabredet werden.

Die Szenarien für das Weltfinanzsystem auf der einen und die Szenarien in Bezug auf die Lösung der ökologischen Frage auf der anderen Seite bedingen sich weder gegenseitig noch müssen sie zeitlich miteinander zusammenfallen. Man kann sich vorstellen, nur den sozialen Teil einer Ökosozialen Marktwirtschaft im Rahmen einer weltweiten Steuerreform zu realisieren, dabei aber eine „Brasilianisierung" hinsichtlich des Zugriffs auf die knappen ökologischen Ressourcen zu haben.

In diesem Text wird jedoch die Ansicht vertreten, dass Folgendes mit der größten Wahrscheinlichkeit eintritt: Das Weltfinanzsystem wird als Instrument für eine gezielte Umverteilung des Ressourcenzugriffs genutzt, da es in der aktuellen Ausgestaltung eine ggf. gewünschte „Eroberung" von Sachwerten (als Grundlage für die Besteuerung darauf basierender Wertschöpfung) nahezu optimal unterstützt. Daher wird für das Weltfinanz-Szenario 2 („Umlenken von Wertschöpfung", Kap. XIII.2) die gleiche Eintrittswahrscheinlichkeit wie für die Brasilianisierung in [75] abgeschätzt (50 %). Den Kern des Ökosozialen Marktmodells bildet neben der ökologischen Balance auch die Balance im sozialen und kulturellen Bereich. Damit beinhaltet diese dargestellte wünschenswerte Zukunft für den Umgang mit der Öko-Frage in [75] auch geeignete Möglichkeiten und Festlegungen über Gesetze und Regeln für die Organisation des Weltfinanzsystems. Folgt man der Einschätzung von [75] für die Chance auf diese Zukunft, dann folgt daraus auch für eine weltweite Steuerreform eine Abschätzung der Eintrittswahrscheinlichkeit in mindestens der dort angegebenen Höhe von 35 %. Aus Sicht des vorliegenden Textes ist eine höhere Wahrscheinlichkeit unrealistisch. Daraus ergibt sich für das Kollapsszenario in Bezug auf das Weltfinanzsystem eine geschätzte Eintrittswahrscheinlichkeit von 15 %.

XIII.1 Kollaps – der Zusammenbruch der Währungen durch Konkursverschleppung (15 %)

Ein entscheidender Faktor für das Fernhalten von Inflation aus dem Wertschöpfungssegment ist die Absorption der Neuverschuldung durch den Finanzmarkt und den Vermögensmarkt. Dies deshalb, weil eine Neuverschuldung des Nicht-Finanzsektors, auch wenn sie in Form der Beleihung / des Verkaufs von verbrieften Sicherheiten erfolgt — sofern diese vom Finanzsektor aufgekauft werden — zunächst einmal eine Giralgeldschöpfung bedeutet (vgl. Anhang B.6.2). Dieses neu geschöpfte Giralgeld muss dann wieder „vernichtet" werden (um es vom Wertschöpfungssegment des Marktes fernzuhalten). Die neu in den Markt kommenden Schuldtitel können hierzu z. B. über Versicherungen oder Fonds im Nichtfinanzsektor platziert werden. Das neu geschöpfte Giralgeld wird gegen Schuldtitel getauscht. Erschwerend kommt hier hinzu, dass über die „Asset backed securities" (ABS) gerade auch noch vom nicht öffentlichen Segment in einer für den Finanzsektor attraktiven Form eine weitere Giralgeldschöpfung induziert wird (da die über ABS gewährten Kredite vielfach über Sachwerte abgesichert sind) und dadurch eine zusätzliche Geldmenge absorbiert werden muss, um nicht inflationär im Wertschöpfungssegment wirksam zu werden. Sachwerte werden zur Kaufkraft!

Wie zuvor aufgezeigt, deutet das Maß der Neuverschuldung im Rahmen der gesamten Daten- und Faktenlage darauf hin, dass die Grenze der Absorptionsfähigkeit und Absorptionsbereitschaft im Finanz- und Vermögensmarkt in Kürze erreicht wird, eher sogar schon überschritten ist. Das bedeutet dann, dass die über eine Neuverschuldung injizierte Giralgeldmenge im Nichtbankensektor verbleibt und tendenziell Kaufkraft in den Märkten darstellt (da Giralgeld als Vermögensanlage vergleichsweise unattraktiv ist).

Dieses Nachlassen der Nachfrage nach „ungesicherten Werten" (Schuldverschreibungen etc.) ist in manchen Bereichen, gerade im Vermögensmarkt (u. a. Preisanstiege für bestimmte Immobilien und erfolgreiche bzw. aussichtsreiche Unternehmen), schon länger zu spüren, teils auch im Finanzmarkt durch die starken Kursanstiege in den letzten Jahren, beispielsweise bei Edelmetallen und Aktien attraktiver Unternehmen wie bspw. den Finanzdienstleistern („Asset-Inflation").

Die mangelnde bzw. nachlassende Absorptionsfähigkeit und -bereitschaft, d. h. der fehlende Entzug von Giralgeld aus dem Wertschöpfungssegment (zusammen mit dem u. a. durch Innovationen der Informations- und Kommunikationstechnik geringer werdenden Bedarf an Geld im Finanzmarkt) führt zu einem Überhang von Kaufkraft (Überschussliquidität multipliziert mit Umlaufgeschwindigkeit) in Relation zu den angebotenen „realen" Sachvermögenswerten, Waren und Dienstleistungen. Ein Entgegenwirken über die Verteuerung von Krediten über steigende Zinsen würde die Lage der öffentlichen Hände — man denke an deren hohe Verschuldung — weiter verschlimmern, d. h. die notwendige Neuverschuldung anheben und damit den eingangs abgeschätzten Zeitraum bis zur Erreichung definitiver Konkursgrenzen (bei der der Schuldendienst die Staatseinnahmen überschreitet) verkürzen.

Es ist dann zu erwarten, dass dies — mehr als bereits jetzt — bei den Anlegern zu einer Skepsis in Bezug auf den Wert von Schuldverschreibungen (d. h. ungesicherten Ansprüchen auf Geld) als Anlageform führt.

KOLLAPS-SZENARIO

- Flucht aus Schuldverschreibungen und anderem „Fiat-Money"
- Asset-Inflation
- Währungs-Inflation
- Zusammenbruch der Märkte

Dies kann zum einen dazu führen, dass die Investoren das Geld gezielt zum Aufkaufen von Ausgangsressourcen und Produktivvermögen (insb. Firmen und Rechte) zur Erlangung hoher Marktanteile im Wertschöpfungssegment einsetzen. Es geht dabei darum, einen möglichst großen Teil der Kaufkraft an die Produkte und Dienstleistungen eigener Firmen zu binden — im Idealfall bis zur Erreichung eines Zustandes, bei dem man auf den Märkten eine Monopolrendite erwirtschaften kann. Die zunehmende Konsolidierung im Markt, der Umfang der so genannten „Mergers und Acquisitions" deuten schon seit einigen Jahren auf diesen Prozess hin. Insbesondere auch die aktuellen Übernahmebemühungen der elektronischen Abwicklungsplattformen und bei großen Finanzkonglomeraten, die ja Beteiligungen an entsprechendem Produktivvermögen in ihrem Anlagebestand haben. Eine weitere mögliche Folge wäre die Flucht aus Schuldverschreibungen bzw. Schuldverschreibungen haltenden Fonds und damit eine rasche Aufblähung der Giralgeldmenge mit der Folge einer entsprechend weiter ansteigenden Inflation.

Daten in Mrd/bn oder % (in laufenden Preisen)	1992	...	2001	...	2004	2005
GDP						
Weltweit in $	24.101	...	31.456	...	41.258	44.455
Geldmenge M1						
Weltweit in $	7.832	...	8.701	...	14.113	15.444
Debt securities Government (inkl. Gov. Agencies)						
Weltweit in $	12.450	...	20.405	...	30.548	32.333
→ Inflationsdruck	464,92%	...	583,82%	...	740,41%	727,33%
sonstige Debt securities						
Weltweit in $	8.857	...	18.230	...	25.152	28.222
→ Inflationsdruck	330,73%	...	521,59%	...	609,62%	634,84%
Debt securities (total)						
Weltweit in $	21.307	...	38.635	...	55.700	60.555
→ Inflationsdruck	795,66%	...	1105,41%	...	1350,03%	1362,17%
u_w real (angenommen)		9		10		

Abb. 21: Inflationsdruck der Geldsurrogate

Wenn das Volumen von weltweit über 60 Bill. $ an Schuldverschreibungen im Wertschöpfungssegment wirksam wird, führt dies zu einem Inflationsdruck von über 1.350 %, da dann dem aktuellen weltweiten Bruttoinlandsprodukt (ca. 45 Bill. $) eine zusätzliche Kaufkraft von 600 Bill. $ (angenommene tatsächliche Umlaufgeschwindigkeit = 10 multipliziert mit dem zusätzlichen Geldvolumen von 60 Bill. $) gegenüber steht. Wenn sich dieser Druck voll entlädt, sind 1 $ / 1 € nur noch 7,5 Cent wert.

Das bedeutet letztendlich eine drastische Entwertung von Geldansprüchen. D. h. Finanzvermögen verliert in Hinblick auf die Kaufkraft des darüber verbrieften Geldanspruchs an Wert. Das bedeutet aber nicht notwendigerweise eine reale Wertminderung bei Sachvermögen. Besonders dann nicht, wenn das Sachvermögen entweder für die Produktion von Waren des lebensnotwendigen Konsums erforderlich oder attraktiv für diejenigen ist, denen der Kollaps nützt.

Als weitere Konsequenz würde sich die Platzierung der Neuverschuldung der öffentlichen Hände (und anderer) im Finanzmarkt signifikant verteuern. Sie müsste eventuell direkt über die Zentralbanken realisiert werden, d. h. über eine Zentralbankgeldschöpfung sofern dies gesetzlich zulässig ist (bspw. USA) und nicht — wie im EURO-Raum — verboten. Hyperinflation ist als Folge aus der Geschichte bekannt.

Der Ablauf eines solchen — wenn, dann auf weltweiter Ebene wirksam werdenden — Kollaps-Szenarios ist von so vielen Faktoren abhängig, dass man den konkreten Ablauf nicht im Einzelnen abschätzen kann. Ein Aspekt, der den Verlauf beeinflussen kann, ist bspw., ob eine Flucht aus Schuldpapieren zunächst auf einen Währungsraum oder einige wenige Währungsräume begrenzt ist und es so zunächst nur zu einem Konkurs einzelner Staaten und dem Zusammenbruch der dazugehörigen Währungen kommt. Möglicherweise bricht dann der Außenhandel mit diesen Staaten zusammen, so dass sich so die Krise auf weitere Länder auswirkt mit der Folge einer Kumulation zu einer Weltwirtschaftskrise.

Wenngleich — wie eingangs aufgeführt — die Lage des Weltfinanzsystems gerade auch in Hinblick auf die Stabilität der monetarisierten Ökonomie als äußerst kritisch anzusehen ist, so wird doch ein solches Kollaps-Szenario als vergleichsweise unwahrscheinlich eingestuft und deshalb nur mit einer Wahrscheinlichkeit von 15 % bewertet, weil Einwirkungs- und Gegensteuerungsmaßnahmen wesentlicher globaler Akteure und der Politik zu erwarten sind. Die trotzdem noch recht hohe Bewertung mit der von 15 % resultiert aus der Überlegung, dass die großen Wirtschaftsräume gleichzeitig gegenläufige (weil die jeweils eigenen Interessen in den Vordergrund stellende) Maßnahmen ergreifen könnten, die sich in ihrer Wirkung gegenseitig kompensieren.

XIII.2 Umlenken von Wertschöpfung – das Ringen um Steuersubstrat (50 %)

Das Szenario, dessen Eintreten mit der höchsten Wahrscheinlichkeit (50 %) bewertet wird, ist das folgende: Es gelingt wenigen Staaten dieser Erde, zu Lasten der anderen die Wertschöpfung (besser gesagt: das Steuersubstrat, die „Quellen der Besteuerung") ins eigene Land zu transferieren und dort zu besteuern. Die anderen Länder müssen dabei — wie in Kap. VII erläutert — eine höhere Inflation verkraften, die Ausgaben ihrer öffentlichen Hände senken und den ökonomischen Abstieg eines größeren Teils der Bevölkerung, gerade aus der bislang einen großen Teil der Staatseinnahmen leistenden Mittelschicht, hinnehmen. Entsprechende Entwicklungen sind ja nahezu überall auf der Welt zu beobachten. Standortwettbewerb um Investitionen, Unternehmensansiedlungen, Arbeitsplätze und besonders Wohlhabende (Wohnsitz) werden heute auch wesentlich über Steuerdumping ausgetragen. Aktuell unterstützen die fehlende Harmonisierung der nationalen Steuersysteme und die geltenden Doppelbesteuerungsabkommen den „Transfer von Steuersubstrat in Steueroasen". Die „Steueroasen" finanzieren so ihre eigenen Ausgaben für Infrastruktur und Gemeinwesen (also die öffentlichen Ausgaben) teilweise durch eine Besteuerung von nicht im eigenen Lande geleisteter Wertschöpfung. Selbst innerhalb Europas und des Euro-Raumes gibt es (in gewissem Sinne) solche Steuer-Oasen!

TRANSFER VON STEUERSUBSTRAT

Die Erträge werden über „Umqualifizierung" dorthin transferiert, wo die Abgaben / Steuern minimal sind.

Eine weitergehende — an rein nationalen Interessen ausgerichtete — Strategie könnte nun darin bestehen, ausländisches Eigentum an wichtigen Ressourcen und Produktionsanlagen, also Eigentum mit einer Wertschöpfungsdimension (also beispielsweise auch Immobilien, Transportkapazitäten, Logistikanlagen etc.) in den Besitz von Staatsangehörigen bzw. in den Besitz von Firmen mit Sitz im eigenen Staate zu bringen (vgl. hierzu auch Kap. XI.6). Ergänzend könnten Eigentums- bzw. Wohnsitzverlagerungen erwirkt werden, z. B. mit dem Argument eines besseren Eigentumschutzes. Zur Unterstützung des Vermögenserwerbs können die Regularien (besser gesagt Deregularien) des Weltfinanzsystems gezielt ausgenutzt werden, speziell die Möglichkeit der Schöpfung neuen Geldes / neuer Geldsurrogate. Dabei könnte man noch versuchen, über geeignete Konstruktionen die Schuldpapiere und Ausfallrisiken in anderen Währungsräumen zu platzieren und auch die Giralgeldschöpfung außerhalb des eigenen Landes zu realisieren (vgl. hierzu Kap. V). So würde die Inflation dann zunächst gezielt außerhalb der eigenen Ökonomie platziert werden (auch als Element der Entschuldung).

Über eine geeignete Steuergesetzgebung (in Teilen in Verbindung mit entsprechend modifizierten Doppelbesteuerungsabkommen) oder aber auch die Durchsetzung spezieller Abgaben (z. B. für die — ggf. auch militärische — Sicherung von Eigentumsrechten, insbesondere bei Auslandsvermögen und zur Terrorabwehr) können dann die im Ausland erwirtschafteten Wertschöpfungen — je nach dem gewünschten Umfang — dem eigenen Inlandsprodukt zugeordnet werden. Dies könnte auch als „Dienstleistung" verkauft werden, der Export würde entsprechend ausgeweitet. Steuerzahlungen, die bislang noch im Ausland anfallen, würden so in die eigene Staatskasse gelenkt. Es dürfte einsichtig sein, dass bei einer solchen Strategie die — zumindest potentiell nötigen — eigentumssichernden Unterstützungsmaßnahmen so weit wie möglich greifen müssen, um beispielsweise solche Aktionen, wie die Rückverstaatlichung von Erdgasfeldern in Bolivien (oder vergleichbare Bestrebungen in Venezuela), zu unterbinden.

Je nach Ausgestaltung der Strategie bzw. der Gesetze kann das Abgreifen der Wertschöpfungsbesteuerung nicht auf Staatsangehörige oder ansässige Unternehmen begrenzt sein. Bei „kluger" Konstruktion könnte man sich auch auf die Gruppe der Vermögenden konzentrieren. Dieser Gruppe würde man beispielsweise für den Schutz ihres Eigentums und für weitere Privilegien (bspw. im Finanzmarkt), insbesondere aber auch für einen Wohnsitz in absoluter Spitzenlage, eine Abgabe abfordern, die dem Schuldenabbau des die Sicherheit gewährenden Staates dient. Im Extremfall würden die Ausgaben der öffentlichen Hand auf die Gewährleistung dieses Eigentumsschutzes fokussiert, alle anderen Teilbereiche der Infrastruktur und des Gemeinwesens würden reduziert und/oder privatisiert. Dies trifft dann maßgeblich nur den unvermögenden Teil der Bevölkerung, nicht aber die ökonomisch starke Elite.

Die aktuelle Gesetzgebung der letzten Jahre hinsichtlich Deregulierung des Finanzmarktes, die Situation der öffentlichen Verschuldung und das Steuerdumping (zur vermeintlichen Standortsicherung) unterstützen, erzwingen geradezu die Umverteilung von Vermögen zu den ohnehin ökonomisch stärksten Akteuren.

Weitestgehend kreditbasierte Firmen-, Immobilien- und andere Vermögensübernahmen durch Finanz-/Investment-Firmen, die jährliche Steigerung des Finanzvermögens der weltweit ca. 1 ‰ reichsten Personen um ca. den gesamten Betrag der öffentlichen Neuverschuldung (inkl. governmental agencies), sowie die Bevorzugung von Kapitalinvestitionen und Kapitalerträgen bei der aktuellen Steuergesetzgebung sind weitere Indizien, die auf dieses Szenario hindeuten. Wenn hierbei dann sogar noch — wie bei dem neuen deutschen REIT-Gesetz [19] — ausländische gegenüber inländischen Anteilseignern steuerlich besser gestellt werden, ist dies mehr als bedenklich. Die Firmen werden so noch dazu verleitet ihr Produktivvermögen an ausländische Investoren zu verkaufen und hier treten mittlerweile sogar schon „Staatsfonds" als Käufer auf. Auch jeder „Crash" an den Börsen und ökonomische Trends, die den Mittelstand oder einzelne Großunternehmen in Probleme bringen (und so für Übernahmen anfällig machen) sind für dieses Szenario nahezu „optimale" Beschleuniger.

Nicht nur jeder Chef eines der weltweit größten Investmenthäuser, sondern jeder „Insider" mit tiefem Einblick in die Möglichkeiten des Finanzmarktes und guter Kenntnis einer optimalen Ausnutzung nationaler Steuergesetze und Doppelbesteuerungsabkommen auf globaler Ebene könnte als Finanzminister einer (ggf. auch nur potentiellen) Weltmacht sicherlich geeignete Ansätze für erforderliche Gesetzesmodifikationen entwickeln, die aus Sicht dieses Staates zu einer „erfolgreichen" Umverteilung von Steuersubstrat führt.

XIII.3 Ein nachhaltiges Steuer- und Finanzsystem – Steuerreform / Umverteilung stoppen (35 %)

Wie bereits dargestellt repräsentieren das Maß der öffentlichen Verschuldung und die permanente Neuverschuldung einen Mangel an sozialem Ausgleich der globalen Ökonomie und Gesellschaft nunmehr seit über 35 Jahren. Eine faire Lösung für dieses Problem muss etwa wie folgt aussehen:

- möglichst gerechte Verteilung der Lasten zur Finanzierung des Gemeinwesens, und der Basis für Wohlstand und Wertschöpfung;
- Sicherung der Menschenrechte und der nachhaltigen Lebensraumnutzung über entsprechende Regeln, Abkommen und Gesetze.

Hierzu wären u. a. die bislang bzw. aktuell gegebenen Gestaltungsmöglichkeiten global operierender Akteure zu begrenzen, um die prinzipiell von den nationalen Gesetzen eingeforderte Besteuerung auf einer weltweiten Ebene sicherzustellen. Dies kann z. B. durch eine Harmonisierung der unterschiedlichen nationalen Steuergesetze erfolgen.

Transnationale Abgaben stellen darüber hinaus einen weiteren geeigneten Ansatz zur Finanzierung eines globalen Ausgleichs dar. Dafür wäre u. a. eine Abgabe auf Finanztransaktionen geeignet, wie sie von Tobin [88],[92], vorgeschlagen wurde. Dazu müssten Voraussetzungen geschaffen werden, die den Zugriff auf die entsprechenden Transaktionsdaten ermöglichen. Wenn man die Abgabe z. B. auf die Prozesse des Security Settlement erheben würde (und nicht nur auf

168

Devisen-Transaktionen), müsste die Abgabe nur 1 ‰ der Transaktionsvolumina betragen, um a) die gesamte globale Neuverschuldung der öffentlichen Hände abzudecken, b) die noch notwendigen jährlichen Mittel von 100 Mrd. $ zur Erreichung der Millenniums-Ziele bereitzustellen [49],[72],[76],[83],[86],[87], [91] und c) mittelfristig die globale Staatsverschuldung zu tilgen.

TRANSAKTIONSORIENTIERTE ABGABE AUF DEN HANDEL MIT VERBRIEFTEN SICHERHEITEN

Daten in Mrd/bn $ Daten für 2005	DTCC	sonstige (geschätzt)	Summe	Transaktions- abgabesatz	Abgabe
Transaktionsvolumen *	1.400.000	1.568.754	2.968.754	0,00337%	100
				0,01000%	297
				0,10000%	2.969

* vgl. hierzu Kap. XIII; Ausführungen zu Abb. 14

Abb. 22: Transaktionsorientierte Abgabe auf den Handel mit verbrieften Sicherheiten

Des Weiteren kann man an eine Besteuerung des Transports über Abgaben auf Flug- und Schiffstreibstoff, aber auch an den Einbezug von Finanzprodukten in das Wertschöpfungssegment und eine daraus abgeleitete Mehrwertsteuer denken (z. B. durch eine Art „**Mehrgeldsteuer**" auf jede Art von emittierten Schuldtiteln oder vergebene Kredite, d. h. **auf neu geschöpftes Geld und Geldsurrogate**). Eine wichtige Begründung für die Mehrgeldsteuer könnte dabei der durch eine Geldschöpfung induzierte Inflationsdruck sein. Die Abgabe würde von denen eingefordert, die das Gemeinwesen durch eine Erhöhung des Inflationsrisikos belasten.

Eine „Mehrgeldsteuer" könnte bei der momentanen Regelung für zu hinterlegendes Eigenkapital in Bezug auf Risikoaktiva gemäß Basel II sogar dem Prinzip der Leistungsfähigkeit folgend so ausgestaltet werden, dass sie umgekehrt proportional zum Risikogewicht der gewährten Kredite (= Geldschöpfung) ist. Alle, die ohnehin höhere Zinsen für einen Kredit zahlen müssen — also insbesondere kleine und mittelständische Unternehmen und private Haushalte —, würden dadurch entlastet. Belastet würden die Hauptprofiteure im Finanzmarkt.

Abgabe auf neu geschöpftes Geld und Geld-Surrogate ("Mehrgeldsteuer / MGSt")

insb. auf verbriefte Sicherheiten und begebene Giralgeld-Kredite

über "progressive" Abgabesätze auf Zinseinnahmen; mit Basisrate**** 2,80%

Risikogewicht	Faktor	MGSt-Rate
0%	7,50%	0,21%
20%	5,00%	0,14%
50%	2,00%	0,06%
100%	1,00%	0,03%
150%	0,67%	0,02%

BEISPIELRECHNUNG

Daten für 2005 in Mrd / bn $ oder %	Risikogewicht	Anteil*	Volumen*	Zins (Annahme)	Rendite	MGSt Rate	MGSt
1. Giralgeld (M2)			36.540				
Kredite a.d.öff. Hand	0%	7,5%	2.741	4,00%	110	0,21%	6
Kredite an Banken	20%	7,5%	2.741	3,50%	96	0,14%	4
Hypothekendarlehen	50%	50,0%	18.270	4,50%	822	0,06%	10
Gewerbl. und Privat	100%	25,0%	9.135	7,50%	685	0,03%	3
Riskante Kredite	150%	10,0%	3.654	12,00%	438	0,02%	1
2. debt securities			60.555				
Finanz (inkl. Gov. Agencies)			29.253				
Prime-Banks**	20%		25.754	3,50%	901	0,14%	36
Sonstige***	100%		3.499	4,50%	157	0,03%	1
Government			23.872				
USA, Euro, GB, CHF	0%		13.314	4,50%	599	0,21%	28
Sonstige	100%		10.558	7,50%	792	0,03%	3
intern. Organizations	0%		561	4,50%	25	0,21%	1
Corporate			6.870				
USA, Euro, GB, CHF	20%		5.654	4,50%	254	0,14%	8
Sonstige	100%		1.215	7,50%	91	0,03%	0
Summe			97.095		4.972	0,103%	100

* Hier erfolgt eine beispielhafte Verteilung der statistischen Daten auf unterschiedliche Risikoklassen. Die tatsächliche Verteilung ist nicht bekannt.

** Summe der Emissionen in USD, EUR, GBP und CHF wird als Abschätzung genommen

*** Summe der Emissionen in JPY und andere wird als Abschätzung genommen

**** Die Basisrate könnte dabei z.B. die (über das GDP) gewichtete durchschnittliche Inflationsrate sein; alternativ würden sich auch währungsraumspezifische Basisraten anbieten

Abb. 23: Beispielrechnung zur „Mehrgeldsteuer"

Eine Intention der Mehrgeldsteuer wäre die Schaffung eines Instruments zur Kontrolle und Regulierung der Geldmenge in einer weit gefassten Begrifflichkeit. Die betrachtete Geldmenge sollte jedes Kreditgeld und jede Form von Geldsurrogaten umfassen. Daher wäre die Mehrgeldsteuer als Abgabe auf alle verbrieften Sicherheiten (dazu sind auch Aktien zu zählen) und alle Kontrakte mit Kreditcharakter (also beispielsweise auch Derivate und Forwards) auszurichten. Erhoben werden könnte die Abgabe über die Security Settlement Systeme (Verwaltung der Sicherheiten in den Depositories) und über die Depot führenden Banken (Custody Services). Die Details hängen dabei insbesondere davon ab, in welchem Maß eine Verpflichtung zur Registrierung von Emissionen usw. umgesetzt werden kann.

Als weiteres Detail wäre zu überlegen, ob spezifische Kredittypen von einer Abgabe ausgenommen werden sollen, beispielsweise im Hinblick auf die Verschuldung der öffentlichen Hand. So könnte argumentiert werden, dass die Zinsaufwendungen der öffentlichen Hand steigen, sofern auch auf diese Kredite die Mehrgeldsteuer erhoben wird. Vergleichbar wäre dies jedoch mit der Mehrwertsteuer, die ja auch von der öffentlichen Hand zu entrichten ist. Schließlich ist diese Steuer ja gleichzeitig auch Einnahme der öffentlichen Hand, also aufwandsneutral. Zudem würde sich eine Mehrgeldsteuer positiv auf die Konvergenzbemühungen innerhalb der Euro-Währungsunion auswirken, wenn sie auf europäischer Ebene als Finanzierungsinstrument eingesetzt wird. Denn höher verschuldete Staaten würden dann einen höheren Beitrag zahlen müssen als weniger verschuldete. Der Beitrag würde dabei auch noch die jeweilige Leistungsfähigkeit berücksichtigen (abgeleitet aus dem Rating der Staaten). Ähnliches würde bei einer weltweiten Erhebung zur Co-Finanzierung von Entwicklung gelten, um bei Entwicklungsländern die Akzeptanz von Öko- und Sozialstandards in internationalen Regimen (bspw. auch in Hinblick auf die dringend notwendige Begrenzung der Treibhausgasemissionen zur Abmilderung der Klimaproblematik) zu erreichen.

Die Erhebung einer „Mehrgeldsteuer" in Höhe von durchschnittlich 1 ‰, progressiv auf die unterschiedlichen Risikoaktiva verteilt (wie in Abb. 23 mit Zahlenbeispielen aufgezeigt), würde ausreichen, die als notwendig erachteten Mittel zur Erreichung der Millennium Development Goals aufzubringen (100 Mrd. $ pro Jahr). Zur Reduktion der Neuverschuldung der öffentlichen Hände (global) auf Null wäre eine „Mehrgeldsteuer" von durchschnittlich 1,5 % erforderlich. D. h. eine „Mehrgeldsteuer" in Höhe der Inflationsrate (2005 z. B. USA: 3,02 % – 3,4 %, EURO12: 1,91 % – 2,2 %) würde sogar noch einen darüber hinaus gehenden Spielraum zur dauerhaften Entschuldung und zur Finanzierung von Infrastruktur, Gemeinwesen und sozialem Ausgleich schaffen – in einer weltweiten Perspektive.

Schon der europäische Einigungsprozess zeigt jedoch auf, dass ein solcher Weg äußerst schwierig ist. Selbst innerhalb der europäischen Union wird der Standortwettbewerb immer noch in großem Umfang über die nationale Steuergesetzgebung geführt. Eine Einigung über die Harmonisierung einer Steuerbemessungsgrundlage ist noch nicht weit fortgeschritten und es gibt starke Gegenstimmen für ein solches Unterfangen.

Stattdessen sehen einzelne Länder, wie beispielsweise auch Deutschland [103], es für notwendig an, die steuerlichen Bedingungen für Unternehmensgewinne und Kapitalinvestitionen gegenüber anderen Ländern zu verbessern. Gerade auch um die teils in diesem Text geschilderten Gestaltungsmöglichkeiten zur Steuerreduktion unattraktiver zu machen, um so Steuersubstrat aus anderen Ländern in den eigenen Standort zurück zu verlagern (mit der dann gegebenen Möglichkeit, dies zu besteuern). Dies ist eine typische „Prisoners Dilemma" Situation. Die Argumentation ist dabei vielfach so, dass eine Verlagerung von Gewinnen ins steuergünstigere Ausland nicht mehr vorgenommen wird, wenn die Gewinne im eigenen Land nur ähnlich gering belastet werden (da dann die Transaktionskosten die steuerlichen Einsparpotentiale aufzehren würden).

Auf der anderen Seite wird argumentiert, dass bei einer Herabsetzung der Besteuerung auf Kapitalinvestitionen (bzw. der Kapitalerträge) vermehrt Kapital investiv im eigenen Standort eingesetzt wird — und deshalb im eigenen Land besteuert werden kann — statt im Ausland.

Investives Kapital sucht hohe und sichere Erträge

- Steuerliche Bevorzugung von Kapital- und Vermögenserträgen macht Finanztitel und Sachvermögen attraktiv;

- Hebelwirkung (vgl. Kap. X.6) macht Finanztitel und Sachvermögen attraktiv;

- „Asset-Inflation" höher als „Inflation im Wertschöpfungssegment" macht Sachvermögen attraktiv;

→ Investment in Sachvermögen ist attraktiv;

→ Investment in Arbeitsplätze ist (von Ausnahmen abgesehen) nicht attraktiv;

→ Investments in knappe Rohstoffe und mit Monopolisierungsziel sind attraktiv.

Aus globaler Sicht ist dabei aber eine tendenzielle Verschlechterung der Lage der öffentlichen Verschuldung abzusehen, denn durch eine Steuerreduktion wird bisher schon im eigenen Land versteuertes Steuersubstrat begünstigt, d. h. hier gehen Staatseinnahmen verloren. Die zusätzlichen Einnahmen, die man über „zurück gewonnenes" Substrat erzielt, schmälern die bisherigen Einnahmen anderer Staaten. Gleiches gilt für die Kapitalerträge. Denn Kapital, das nach einer Steuerreduktion im eigenen Land eingesetzt wird, fällt für Investitionen in anderen Staaten zwangsläufig aus. Und die Frage einer mit Kapitalinvestitionen induzierten Steigerung der Bruttowertschöpfung ist heutzutage nicht mehr entscheidend mit einem Standort verknüpft, d. h. in einer globalökonomischen Betrachtung kommt es nur darauf an, ob Kapital unternehmerisch eingesetzt wird, und es kommt nicht so sehr darauf an, wo es eingesetzt wird (dies ist natürlich bei einer rein nationalökonomischen Betrachtung gänzlich anders zu bewerten).

Erschwerend kommt hinzu, dass wie gesagt die Regelungen des Weltfinanzsystems in Verbindung mit den Steuergesetzgebungen die Erträge aus Vermögensanlagen gegenüber Erträgen aus Erwerbsarbeit geringer besteuern.
Dabei ist noch zu bedenken, dass gerade dann, wenn die Inflation im Wertschöpfungssegment geringer ist als die Inflation im Vermögenssegment (bei Sachwerten) ein Investment im Vermögenssegment wegen der dann höheren Renditen (über die Kapitalwertsteigerungen) weitaus attraktiver ist als eine Investition in Arbeitsplätze.

In Kombination mit der permanenten Substitution von Arbeitskräfteeinsatz über Technologie kommt es so zu dem bereits über mehrere Jahrzehnte zu beobachtenden Rückgang von Erwerbsbeschäftigungsmöglichkeiten (Arbeitsplätzen) bzw. deren Verlagerung in das Dienstleistungssegment (und dann sogar noch im Status einer Selbstständigkeit) bzw. zu einer dauernden Schlechterstellung der Arbeitsseite. Dabei ist auch noch zu bedenken, dass bei dem Wachstum der Erdbevölkerung eine immer größere Anzahl potentieller Erwerbstätiger um die Arbeitsplätze konkurriert.

Steuerharmonisierung auf internationaler Ebene und transnationale Steuer- bzw. Abgabensysteme, sowie eine damit harmonierende Regulierung des Finanzmarktes, die Umgehungen unmöglich macht und darüber dann alle in fairer Weise nach dem Prinzip der Leistungsfähigkeit an der Aufbringung der Mittel für Gemeinwesen, Infrastruktur und die soziale Balance beteiligt, wären der Schlüssel für eine auf Nachhaltigkeit ausgerichtete Organisation des Weltfinanzsystems. Hinzukommen müsste eine Abgaben- und Geldpolitik, die auf eine ausbalancierte Inflationssteuerung — insbesondere in Hinblick auf den

Vermögens- und Wertschöpfungsmarkt — ausgerichtet ist. Ein Mittel hierfür könnte die zuvor vorgeschlagene Mehrgeldsteuer sein. Auf diese Weise könnte die Globalisierung in eine Richtung gebracht werden, in der es immer weniger Verlierer und immer mehr Gewinner gibt. Der soziale Ausgleich und die darüber erreichbare Basis für ein friedvolles Miteinander stellen eine wichtige Voraussetzung dar, auch die anderen Probleme, mit denen diese Welt konfrontiert ist, unter dem Gesichtspunkt der Nachhaltigkeit zu lösen.

Es muss allen klar werden: Eine ausbalancierte Lösung stellt nicht nur für die Mehrheit der Bevölkerung die beste Zukunftsoption dar, sondern auch — im Sinne eines einsichtsvollen Egoismus — für die derzeit übermäßig von der Globalisierung profitierenden Akteure [68].

So vorteilhaft die Verabredung einer balancierten Lösung für alle auch ist bzw. sein kann, vor dem Hintergrund der beobachteten Entwicklung in den vergangenen Jahrzehnten wird deren Erreichung derzeit vom Autor nur mit einer Wahrscheinlichkeit von 35 % eingeschätzt. Der Prozess der Globalisierung folgt bislang klar dem Muster aus Kap. XIII.2 — Umverteilung von Wertschöpfungsbesteuerung — und wird vom Weltfinanzsystem (bzw. der aktuellen Gesetzeslage) auch noch forciert. D. h. die Zeit spielt gegen eine balancierte Lösung. Ohne massive Anstrengungen wird die Chance auf ein Erreichen weiter abnehmen.

XIV. Klarstellung, Schlussüberlegungen und Aufruf

In der vorliegenden Arbeit wurde versucht, für einige Fragen und Problemstellungen, die sich aus der Beobachtung aktueller Entwicklungen des Weltfinanzmarktes ergeben, Antworten und Lösungsansätze zu finden. Unter Zuhilfenahme von unterschiedlichsten Dokumenten, Gesetzestexten und Veröffentlichungen wurden dazu prinzipielle Konstruktionen und mögliche Ausgestaltungen für Transaktionen — unter Würdigung der dem Autor bekannten geltenden Regelungen — aufgezeigt, die als machbar und legal erscheinen. Das Potential an legalen Zugriffsmöglichkeiten auf neu geschöpftes Geld, das heute zentralen Akteuren des Weltfinanzmarktes und insbesondere den ökonomisch Stärksten offen steht, ist besorgniserregend.

Das weitere Steigerungspotential, das kriminelle Aktivitäten in diesem Kontext ermöglichen, wurde bewusst ausgegrenzt. Ebenso wurde auf die Analyse der entsprechenden öffentlich bekannt gewordenen Skandale verzichtet. Für die interessierende Problemstellung wurde also ausschließlich das betrachtet, was heute legal möglich ist. Auch problematische Aspekte im Hinblick auf die Steuergesetzgebung, die nicht zwingend auf spezifischen Regelungen oder Möglichkeiten des Weltfinanzsystems aufsetzen, wurden hier ausgeklammert, z. b. der Sachverhalt, dass manche erfolgreiche Weltbürger sich gänzlich einer Besteuerung — legal — entziehen können und entziehen, weil sie z. B. keinen festen gemeldeten Wohnsitz mehr haben, sondern stattdessen mit einer Yacht die Weltmeere bereisen. Dabei müssen sie nur dafür Sorge tragen, sich pro Jahr niemals länger in irgendeinem Staat der Welt aufzuhalten, als es die jeweiligen Gesetze für einen steuerlicher Zugriff fixieren (beispielsweise maximal 182 Tage pro Jahr in der Bundesrepublik Deutschland).

Das allen in diesem Text angestellten Betrachtungen zugrunde liegende Datenmaterial beruht häufig auf freiwilligen Angaben der involvierten Institutionen und Länder und ist nicht als vollständig anzusehen. Die dargestellten bedrohlichen Entwicklungen unterschätzen daher absichtlich noch die tatsächlichen Verhältnisse. In mehreren Statistiken (insbesondere auch der BIS) sind keine Forderungen von Zentralbanken (also z. B. die von einer Zentralbank gehaltenen Schuldverschreibungen öffentlicher Hände) enthalten [12], wodurch es zu Diskrepanzen zwischen „gemeldeter" und „tatsächlicher" Schuldensituation kommen kann, wie es bspw. für die USA und andere Länder in Kap. IX aufgezeigt wird.

Soweit dies möglich war, d. h. soweit allein ein Studium von verfügbarem Zahlenmaterial, Gesetzestexten, weiteren Dokumenten und die Diskussion mit Fachleuten ein vergleichsweise sicheres Bild der Wirkungszusammenhänge und systemischer Randbedingungen ergab, wurde dies in diesem Text dargestellt. Im Verlauf der Analyse traten jedoch auch Fragestellungen auf, die auf dieser Basis nicht mit ausreichender Sicherheit beantwortet werden konnten bzw. für die sich Erklärungsmuster aufgedrängt haben, denen man eher einen verschwörungstheoretischen Charakter beimessen würde. Dies betrifft im besonderen Maße die Frage, wieso es zu eben den festgestellten Verabredungen, Regelungen, Gesetzen bzw. zu den diesbezüglich durchgeführten Änderungen und Anpassungen gekommen ist. Was waren die Motive der Akteure im Bereich der Politik und des Finanzsystems und bei den Haltern großer Vermögen? Deren sicherlich teils ganz unterschiedliche und individuelle Interessen sind im Allgemeinen nicht dokumentiert und damit nicht erfassbar. Es bleibt so eine Reihe von ungeklärten bzw. nur ansatzweise geklärten Fragen, deren Beantwortung für ein detaillierteres systemisches Verständnis des Weltfinanzsystems hilfreich wäre.

Der vorliegende Text ist als Einstieg und als Diskussionsbeitrag zu verstehen. Deshalb werden — ergänzend zu den bereits im Text zuvor aufgeworfenen Fragen — abschließend noch mehrere aus Sicht des Autors wichtige offene Fragestellungen angesprochen. Über Hinweise, die zur Klärung beitragen könnten, würde er sich freuen.

Reflektiert man in Summe die im Text dargestellten Wirkungsmuster, analytischen Betrachtungen und Erklärungsansätze, so fragt man sich, ob nicht im Grunde Folgendes geschieht: Die Globalisierung (in ihrer bisherigen Ausgestaltung) ermöglicht es bestimmten, ökonomisch besonders starken Akteuren zu erreichen, dass sie auf erwirtschaftete Erträge keine oder nur geringe Steuern zahlen. Das erhöht deutlich die insgesamt erzielte Netto-Rendite der Investitionen und der ertragbringenden Vermögenskomponenten, mindert aber die Einnahmen der öffentlichen Hände entsprechend. Die Regierungen gleichen diese Einnahmeausfälle über immer mehr Schulden durch die Neuemission von Schuldverschreibungen aus. Die Emission erfolgt letztlich in Wechselwirkung mit denen, die die hohen Erträge erwirtschaftet haben, aber kaum Steuern zahlen. Die Staatsdefizite reicher Länder entsprechen insofern den im Rahmen der Globalisierungsprozesse von den besonders leistungsstarken, international agierenden Akteuren nicht gezahlten Steuern, insbesondere im Bereich des Finanzsektors. Der „Deal" zwischen beiden Seiten (wohl eher systemisch motiviert und durch konkludentes Handeln herbeigeführt als tatsächlich verabredet) besteht darin, dass den wenigen großen „Gläubigern" mittlerweile ermöglicht wird, sich über innovative Instrumente die Grundlage (Eigenkapital) zu schaffen und (temporär) das Geld neu schöpfen zu können, das sie dann dem Staat „leihen". Der muss als „Schuldner" zugleich die Rahmenbedingungen für die Finanz- und Vermögensmärkte für das anschließende „Einsammeln" dieses Geldes verbessern (z. B. Zulassung von Verbriefungen, Derivaten, REITs, Freistellungen von der Mindestreservehaltung etc.), damit die „Gläubiger" im Gegenzug für eine gewisse Stabilität des Finanzsystems, Währungsstabilität und das permanente Aufkaufen der neuen öffentlichen Verschuldung sorgen. Dass Kreditvergaben an die am besten gerateten Staaten in der Folge von Basel / Basel II überhaupt keine Eigenkapitalhinterlegung auf Seiten der Banken mehr erfordert, spielt für eine solche Deutung der Gegebenheiten auch eine Rolle.

Als „Preis" sind mit dem beschriebenen „Deal" mit dem Finanzsegment und vermögenden Einzelakteuren erhebliche Umverteilungen realer Sachvermögenswerte zu den „Gläubigern" verbunden. Dies könnte von einzelnen Staaten sogar als Element einer „Entschuldungsstrategie" gewünscht sein, wenn die über das Sachvermögen erwirtschafteten Erträge gezielt in diesen Staat „repatriiert" werden (z. B. über eine „Umqualifikation" von Steuersubstrat). Ein Teil der Bürgerschaft (in den reichen Ländern), gerade auch der Mittelstand meinen auch zu profitieren, weil ihr Finanzvermögen (das sie in Form ungedeckter Schuldverschreibungen z. B. über Fond-Anteile halten) steigt. Sie werden über vergleichsweise attraktiv erscheinende Renditen in diese Anlagen gelockt, unterliegen dabei teilweise aber einer Illusion, die ein böses Erwachen zur Folge haben kann, weil der Wertzuwachs, bzw. die Renditen aus einer „Asset-Inflation" resultieren. Mit anderen Worten: Die Kaufkraft des über das Finanzvermögen in der Zukunft einmal verfügbar werdenden Geldes sinkt immer mehr, insbesondere auch in Hinblick auf damit später einmal erwerbbares Sachvermögen.

Da der (interessante) Vermögensmarkt realer Assets, die man kaufen und besitzen kann, immer knapper wird, muss darüber hinaus die öffentliche Hand zunehmend mehr reale Sachwerte abgeben (Privatisierung) und dies dann letztendlich auch noch unter Preis (d. h. unter dem inneren, realen Wert der Assets), damit indirekt, bei einem gemäß Kapitalwertmethode berechneten Wert der Assets, die heute international durchgesetzten, weit überhöhten Renditeerwartungen erfüllt werden.

Vor diesem Hintergrund ist u. a. zu fragen:

(1) Haben die Regierungen, Zentralbanken und die Gruppe der Primary Dealer / Market Maker und andere Akteure Verabredungen ergänzend zu den öffentlich zugänglichen Regelwerken und Gesetzen getroffen? Gibt es beispielsweise Absprachen bezüglich des Umfangs an Emissionen von verbrieften Sicherheiten, um auf ausgewogene Währungsvolumina zwischen den großen Reservewährungen hinzuwirken, ggf. als Ersatz früher geltender Interventionsverpflichtungen von Zentralbanken?

(2) Für welche Geschäfte und in welchem Umfang wird den Primary Dealern von der Federal Reserve Bank die Ausnutzung von Daylight Overdrafts eingeräumt? Warum unterhält die Federal Reserve Bank für die Primary Dealer mit der SOMA Facility eine eigene, separate Handelsplattform zum Tausch von Governmental Securities? Warum sind manche der für diese „Dienstleistung" eingeforderten Zinssätze für spezielle Sicherheiten „Ausreißer", d. h. gegenüber allen anderen Zinssätzen deutlich überhöht?

(3) Bezüglich der Neugestaltung der Regelungen des Finanzsektors über den Gramm-Leach-Bliley Act und der damit vollzogenen Aufhebung der seit 1934 nach der Weltwirtschaftskrise in den USA geltenden Trennung von Investmentgeschäft, Bankgeschäft und Versicherungsgeschäft sind die entscheidenden Beweggründe nicht bekannt. Eine Reihe von Spekulationen, die gerade auch in einschlägigen Internet-Foren detailliert diskutiert werden, rankt sich um ein persönliches Geflecht von Beziehungen, insbesondere auch im Bereich der großen Investmentbanken. Aus diesem Umfeld kam schon ein früherer und auch der aktuelle Finanzminister der USA.

(4) Unklar geblieben ist z. B. auch in den USA der Bereich der — als nicht handelbar deklarierten — sogenannten „intra governmental" Verschuldung und die Rolle der Federal Financing Bank. Eine Frage ist hier bspw., ob nicht doch gewisse Möglichkeiten bestehen, wenn auch indirekt, das „intra governmental debt" zu handeln.

(5) Von großem Interesse wäre auch eine Klärung der Frage, welche vertraglichen oder nebenvertraglichen Vereinbarungen im Rahmen von syndizierten Emissionen, gerade aus dem öffentlichen Sektor, mit den Primary Dealern getroffen werden. Gibt es hier bspw. besondere Anforderungen hinsichtlich der Qualität des für eine Geldschöpfung nachzuweisenden Eigenkapitals oder hinsichtlich der Platzierung der Neuemission im Sekundär-Markt?

(6) In der vorliegenden Arbeit wurde aufgezeigt, welche Probleme mit der hohen öffentlichen Verschuldung und der laufenden Neuverschuldung des öffentlichen Sektors verbunden sein können. Eine Abschwächung des Inflationsdrucks bspw. über eine Erhöhung der Leitzinsen der Zentralbanken zur Reduktion der Zentralbankgeldmenge hätte die Konsequenz, dass auch die für die öffentlichen Schulden relevanten Schuldzinsen steigen könnten. Dies würde die Situation der öffentlichen Hand verschlimmern. Es wäre daher im öffentlichen Interesse, wenn die auf öffentliche Schuldtitel tatsächlich zu zahlenden Schuldzinsen möglichst niedrig sind. Dann wären diese Schuldtitel aber gerade auch für die Erstzeichner (Primary Dealer) nicht mehr so attraktiv. Mit welchen Argumentationen unterstützt die öffentliche Hand, dass der Primärmarkt kontinuierlich die Neuaufnahme weiterer Emissionen akzeptiert?

(7) Welche Rolle(n) füllt die CLS Bank (siehe Glossar) im Weltfinanzsystem aus? Ist dies nur die Abwicklung von „Cross Currency"-Transaktionen zwischen Geschäftsbanken, vergleichbar der Funktion der Bank für Internationalen Zahlungsausgleich der Zentralbanken? Oder hat die CLS Bank (bzw. eine andere Kreditinstitution) für die Geschäftsbanken auch noch eine dem Internationalen Währungsfond vergleichbare Funktion? Die Frage ist letztlich, ob (wesentliche) Geschäftsbanken mittlerweile einen „internationalen Giroverband" bilden (über gemeinsam akzeptiertes Geschäftsbankgeld), um so nahezu unabhängig von Zentralbankgeld zu werden.

Für ein weitergehendes Verständnis der Wirkungsweisen, Handlungsmuster und systemischen Zusammenhänge im Weltfinanzsystem wäre die Klärung dieser Fragen und der anderen im Text erwähnten unklaren Aspekte (wie z.B. das Volumen und die Verteilung des Sachvermögens) hilfreich. Darüber hinaus sind noch viele weitere Bereiche und Fragestellungen, die hier nicht aufgeführt wurden, von Relevanz.

Im vorliegenden Text konnten nur einige Aspekte der Unfairness, die sich durch die Ausnutzung geltender Regelungen und Gesetze ergeben können, dargestellt werden. Vollständigkeit war und ist auch nicht der Anspruch des Textes.

Es wäre zu wünschen, dass die vorliegende Ausarbeitung als Anregung für eine vertiefte Auseinandersetzung mit der behandelten Thematik genutzt wird. Die Zielrichtung ist ein nachhaltig organisiertes Weltfinanzsystem. Diese Aufgabe verdient viel mehr Aufmerksamkeit, als dies heute der Fall ist.

Anhänge

A. Zahlen zum Weltfinanzsystem

Im Folgenden werden in Tabellen zu den Jahren 2005, 2004, 2001, 1992 und 1970 Daten zusammengestellt, die die Entwicklung des Weltfinanzsystems nach dem Scheitern der „Bretton-Woods Vereinbarung" und dem dann vorherrschenden System der freien Wechselkurse genommen hat. Der gebrochene, ungleichmäßige Verlauf der dokumentierten Jahre resultiert aus der Verfügbarkeit von Zahlenmaterial, was eine Abweichung von einer zeitlich gleichmäßigen Betrachtung nahe legte.

In A.1 werden die jeweiligen währungsspezifischen Volumina auf der Basis von Wechselkursen (jeweils für das betrachtete Jahr) in Dollar ausgewiesen, sowie prozentuale Werte auf die jeweiligen Währungsanteile in Bezug auf die weltweiten Gesamtvolumina. Dabei wurden die in den Statistiken des Internationalen Währungsfond (IMF) — World Economic Outlook (WEO) — genutzten Währungskurse verwendet. Andere Statistiken (wie z. B. der Bank für internationalen Zahlungsausgleich − BIS) mussten entsprechend umgerechnet werden, da diese auf anderen Wechselkursen basieren. Dafür wurden die Wechselkurse der BIS-Melde-Stichtage der Oanda-Website (http://www.oanda.com) [65] und für 1970 den „Economic History Services" EH.Net [67] entnommen.

Im Anhang A.2 werden dem gegenüber die Volumina für die fünf betrachteten Währungsräume in der jeweils nationalen Währung dargestellt, Summen und Werte für den Rest der Welt werden in Euro umgerechnet. Des Weiteren werden die prozentualen Wachstumsraten der jeweiligen Finanzmarktaggregate in Bezug auf den jeweils vorhergehend betrachteten Zeitraum ausgewiesen.

Die Daten in dieser Anlage und in den Abbildungen des Textes wurden verschiedenen Quellen entnommen. Für die Geldmengenaggregate M0, M1 und M2 wurden die Statistiken der jeweiligen Zentralbanken herangezogen. Die Aggregate für den Rest der Welt wurden auf der Basis durchschnittlicher Geldfaktoren der betrachteten Währungsräume in Bezug auf das Weltbruttoinlandsprodukt hochgerechnet.

Für die Schuldverschreibungen wurden die Monatsberichte der Bank für internationalen Zahlungsausgleich (BIS) und ergänzende Statistiken der ISDA-International Swaps and Derivatives Association, die auch eine Grundlage für die BIS-Statistiken bilden, herangezogen. Änderungen in der BIS-Statistik hinsichtlich der Zuordnung von Schuldtiteln der governmental agencies, sowie die rückwirkende Herausnahme spezieller Schuldtitel Großbritanniens wurden auf der Basis älterer Quellen auf die Folgezeitpunkte wieder zurück gerechnet.

Statistiken zum weltweiten Aktienmarkt kamen von der Weltbank, IMF und der „World Federation of Exchanges". Die Bruttoinlandsprodukte basieren auf Angaben von IMF, Eurostat und Weltbank, ergänzt um Datenmaterial von OECD und Destatis (Statistisches Bundesamt Deutschland). Weitere Zahlen über die Volkswirtschaft basieren auf der WEO-Datenbank (World Economic Outlook) des IMF.

Weitere verwendete Quellen: Federal Reserve Bank, EZB – Europäische Zentralbank, Bank of Japan, Statistikbüro im Innenministerium Japan, Bank of England, Schweizerische Nationalbank, Tokyo Stock Exchange, BEA-Bureau of Economic Analysis des US-Wirtschaftsministeriums, United Nations Statistics Division, UNPAN-United Nations Online Network in Public Administration and Finance, das US-Census Bureau und verschiedene offizielle Veröffentlichungen, insbesondere auch Jahresberichte und Bilanzen u. a. von Banken und Fondgesellschaften.

Es sei erwähnt, dass die zusammengestellten Zahlen in weiten Teilen auf einem freiwilligen Reporting von Ländern und Institutionen basieren (insbesondere auch die Zahlen der BIS-Statistiken). Das Zahlenmaterial muss daher als unvollständig und sogar eher als Abschätzung einer „unteren Grenze" für die Volumina des Weltfinanzmarktes und aller Aspekte der Verschuldung angesehen werden.

A.1   Volumina, umgerechnet in $

Zahlen zum Weltfinanzsystem   2005

(Hauptwährungen, debt securities, Derivate, stocks in USD billions/Milliarden, nominale Werte)

	USD	EUR	JPY	GBP	CHF	andere	Summe	Steigerung gegenüber 2004	Hinweise
Wechselkurs in $ (IMF Werte / WEO)	1	0,8027	110	0,5493	1,2431				
at BIS-reporting date, 31.12.2005	1	0,8444	117,868	0,5813	1,3159				
1. Zentralbankgeld und Giralgeld									
in bn/Mrd $									* geschätzt über GDP / gf
MO (Zentralbankgeld)	724	648	658	86	30	957	3.103	169	
Anteil weltweit	23,3%	20,9%	21,2%	2,8%	1,0%	30,8%	100,0%		
M1	1.369	4.262	3.533	1.374	234	4.671	15.444	1.331	
Anteil weltweit	8,9%	27,6%	22,9%	8,9%	1,5%	30,2%	100,0%		
M2 **	6.676	7.564	6.458	2.218	481	13.143	36.540	1.710	** M3 für CHF
Anteil weltweit	18,3%	20,7%	17,7%	6,1%	1,3%	36,0%	100,0%		
2. debt securities									
Hinweis: alle Quell-Daten in bn/Mrd $									
Finanz**** (ohne Gov.agen.)	9.539	7.431	627	1.239	250	1.705	20.791	2.663	
Anteil weltweit	45,9%	35,7%	3,0%	6,0%	1,2%	8,2%	100,0%		
Government**** (inkl. Gov.agen.)	12.786	6.720	8.012	946	156	3.712	32.333	1.785	Zuordnung wurde
Anteil weltweit	39,5%	20,8%	24,8%	2,9%	0,5%	11,5%	100,0%		**** 03/2003 geändert!
davon Governmental agencies****	6.275	892	883	112	16	284	8.461	222	Werte teilweise a. B.
Anteil weltweit	74,2%	10,5%	10,4%	1,3%	0,2%	3,4%	100,0%		2003 geschätzt

international Organizations	222	240	20	45	10	24	561	31
Anteil weltweit	39,6%	42,8%	3,6%	8,0%	1,9%	4,2%	100,0%	
Corporate	3.336	1.757	827	518	43	388	6.870	376
Anteil weltweit	48,6%	25,6%	12,0%	7,5%	0,6%	5,7%	100,0%	
total amounts	25.883	16.148	9.486	2.748	460	5.830	60.555	4.855
Anteil weltweit	42,7%	26,7%	15,7%	4,5%	0,8%	9,6%	100,0%	
3. OTC Derivate*****	3.121	4.047	879	575	114	698	9.433	607
Geld, debt securities und Derivate	35.679	27.759	16.823	5.541	1.055	19.670	106.528	7.172
Anteil weltweit	33,5%	26,1%	15,8%	5,2%	1,0%	18,5%	100,0%	
4. Stocks (market cap.)	17.001	7.314	4.962	3.243	992	8.398	41.909	5.994
Anteil weltweit	40,6%	17,5%	11,8%	7,7%	2,4%	20,0%	100,0%	
Finanzvermögen gesamt	52.680	35.073	21.785	8.784	2.047	28.068	148.438	13.165
Anteil weltweit	35,5%	23,6%	14,7%	5,9%	1,4%	18,9%	100,0%	
GDP zu laufenden Preisen	12.456	9.960	4.567	2.229	368	14.874	44.455	3.560
Anteil weltweit	28,0%	22,4%	10,3%	5,0%	0,8%	33,5%	100,0%	
Geldfaktoren (gf) für das GDP						******		
bzgl. Zentralbankgeld	17,22	15,36	6,94	25,90	12,30	15,54	14,33	
bzgl. M1	9,10	2,34	1,29	1,62	1,57	3,18	2,88	
bzgl. M2	1,87	1,32	0,71	1,01	0,76	1,13	1,22	
bzgl. Finanzmarktvolumen	0,24	0,28	0,21	0,25	0,18	0,53	0,30	

***** Währungszuordnung teilw. über Quote

****** geschätzt als Durchschnitt

Zahlen zum Weltfinanzsystem 2004

(Hauptwährungen, debt securities, Derivate, stocks in USD billions/Milliarden, nominale Werte)

	USD	EUR	JPY	GBP	CHF	andere	Summe	Hinweise
Wechselkurs in $ (IMF Werte / WEO)	1	0,8043	108	0,5459	1,2420			
at BIS-reporting date, 31.12.2004	1	0,7331	103,1	0,5192	1,1318			
1. Zentralbankgeld und Giralgeld								
in bn/Mrd $								
M0 (Zentralbankgeld)	**697**	**567**	**651**	**84**	**29**	**905**	**2.934**	* geschätzt über GDP / gf
Anteil weltweit	23,8%	19,3%	22,2%	2,9%	1,0%	30,8%	100,0%	
M1	**1.372**	**3.616**	**3.407**	**1.226**	**222**	**4.270**	**14.113**	
Anteil weltweit	9,7%	25,6%	24,1%	8,7%	1,6%	30,3%	100,0%	
**M2 **	**6.422**	**6.924**	**6.437**	**2.002**	**457**	**12.589**	**34.830**	** M3 für CHF
Anteil weltweit	18,4%	19,9%	18,5%	5,7%	1,3%	36,1%	100,0%	
2. debt securities								
Hinweis: alle Quell-Daten in bn/Mrd $								
Finanz** (ohne Gov.agen.)**	**8.205**	**6.484**	**712**	**1.061**	**234**	**1.433**	**18.129**	
Anteil weltweit	45,3%	35,8%	3,9%	5,9%	1,3%	7,9%	100,0%	
Government** (inkl. Gov.agen.)**	**12.303**	**6.390**	**7.406**	**845**	**157**	**3.447**	**30.548**	Zuordnung wurde
Anteil weltweit	40,3%	20,9%	24,2%	2,8%	0,5%	11,3%	100,0%	
davon Governmental agencies**	**6.225**	**810**	**834**	**100**	**16**	**254**	**8.239**	**** 03/2003 geändert!
Anteil weltweit	75,6%	9,8%	10,1%	1,2%	0,2%	3,1%	100,0%	Werte teilweise a. B. 2003 geschätzt

international Organizations	**215**	**223**	**21**	**41**	**10**	**20**	**530**
Anteil weltweit	40,6%	42,1%	4,0%	7,7%	1,9%	3,8%	100,0%
Corporate	**3.207**	**1.567**	**825**	**511**	**57**	**326**	**6.493**
Anteil weltweit	49,4%	24,1%	12,7%	7,9%	0,9%	5,0%	100,0%
total amounts	**23.930**	**14.664**	**8.964**	**2.458**	**457**	**5.227**	**55.700**
Anteil weltweit	43,0%	26,3%	16,1%	4,4%	0,8%	9,4%	100,0%
3. OTC Derivate*****	**3.259**	**3.583**	**694**	**468**	**117**	**705**	**8.827**
Geld, debt securities und Derivate	**33.610**	**25.172**	**16.095**	**4.928**	**1.031**	**18.521**	**99.357**
Anteil weltweit	33,8%	25,3%	16,2%	5,0%	1,0%	18,6%	100,0%
4. Stocks (market cap.)	**16.324**	**5.917**	**3.411**	**2.734**	**756**	**6.774**	**35.916**
Anteil weltweit	45,5%	16,5%	9,5%	7,6%	2,1%	18,9%	100,0%
Finanzvermögen gesamt	**49.934**	**31.088**	**19.507**	**7.662**	**1.787**	**25.295**	**135.272**
Anteil weltweit	36,9%	23,0%	14,4%	5,7%	1,3%	18,7%	100,0%
GDP zu laufenden Preisen	**11.712**	**9.625**	**4.587**	**2.155**	**359**	**12.820**	**41.258**
Anteil weltweit	28,4%	23,3%	11,1%	5,2%	0,9%	31,1%	100,0%
Geldfaktoren (gf) für das GDP						*******	
bzg. Zentralbankgeld	16,80	16,96	7,05	25,64	12,35	15,76	14,06
bzgl. M1	8,54	2,66	1,35	1,76	1,61	3,18	2,92
bzgl. M2	1,82	1,39	0,71	1,08	0,79	1,16	1,18
bzgl. Finanzmarktvolumen	0,23	0,31	0,24	0,28	0,20	0,51	0,31

***** Währungszuordnung

teilw. über Quote

******* geschätzt als Durchschnitt

Zahlen zum Weltfinanzsystem   2001

(Hauptwährungen, debt securities, Derivate, stocks in USD billions/Milliarden, nominale Werte)

	USD	EUR	JPY	GBP	CHF	andere	Summe	Hinweise
Wechselkurs in $ (IMF Werte / WEO)	1	1,1165	121,4555	0,6945	1,6861			
at BIS-reporting date, 31.12.2001	1	1,1289	131,14	0,6892	1,6732			
1. Zentralbankgeld und Giralgeld								* geschätzt über GDP / gf
in bn/Mrd $								
M0 (Zentralbankgeld)	581	209	472	54	21	491 *	1.828	
Anteil weltweit	31,8%	11,4%	25,8%	2,9%	1,2%	26,8%	100,0%	
M1	1.182	1.975	2.060	723	131	2.631	8.701	
Anteil weltweit	13,6%	22,7%	23,7%	8,3%	1,5%	30,2%	100,0%	
M2 **	5.451	4.121	5.328	1.268	295	7.571	24.035	** M3 für CHF
Anteil weltweit	22,7%	17,1%	22,2%	5,3%	1,2%	31,5%	100,0%	
2. debt securities								
Hinweis: alle Quell-Daten in bn/Mrd $								
Finanz**** (ohne Gov.agen.)	6.667	3.258	1.032	613	151	824	12.545	inkl. Gov. Agencies
Anteil weltweit	53,1%	26,0%	8,2%	4,9%	1,2%	6,6%	100,0%	Zuordnung wurde
Government**** (inkl. Gov.agen.)	9.290	3.697	4.892	520	85	1.921	20.405	**** 03/2003 geändert!
Anteil weltweit	45,5%	18,1%	24,0%	2,5%	0,4%	9,4%	100,0%	ab dann i.W. bei Finanz
davon Governmental agencies****	4.989	430	630	59	10	154	5.932	statt Government
Anteil weltweit	84,1%	7,3%	10,6%	1,0%	0,2%	2,6%	100,0%	

international Organizations	195	119	25	28	8	11	386
Anteil weltweit	50,5%	30,8%	6,4%	7,3%	2,1%	2,8%	100,0%
Corporate	3.001	717	828	296	49	409	5.300
Anteil weltweit	56,6%	13,5%	15,6%	5,6%	0,9%	7,7%	100,0%
total amounts	19.154	7.791	6.777	1.457	293	3.165	38.635
Anteil weltweit	49,6%	20,2%	17,5%	3,8%	0,8%	8,2%	100,0%
3. OTC Derivate*****	1.666	947	621	218	49	288	3.788
Geld, debt securities und Derivate	26.271	12.859	12.725	2.942	637	11.023	66.458
Anteil weltweit	39,5%	19,3%	19,1%	4,4%	1,0%	16,6%	100,0%
4. Stocks (market cap.)	13.827	4.381	2.475	2.142	616	4.103	27.544
Anteil weltweit	50,2%	15,9%	9,0%	7,8%	2,2%	14,9%	100,0%
Finanzvermögen gesamt	40.098	17.240	15.200	5.084	1.254	15.127	94.002
Anteil weltweit	42,7%	18,3%	16,2%	5,4%	1,3%	16,1%	100,0%
GDP zu laufenden Preisen	10.128	6.273	4.090	1.436	251	9.279	31.456
Anteil weltweit	32,2%	19,9%	13,0%	4,6%	0,8%	29,5%	100,0%
Geldfaktoren (gf) für das GDP						******	
bzgl. Zentralbankgeld	17,43	30,01	8,66	26,72	11,75	18,91	17,21
bzgl. M1	8,57	3,18	1,99	1,99	1,92	3,53	3,62
bzgl. M2	1,86	1,52	0,77	1,13	0,85	1,23	1,31
bzgl. Finanzmarktvolumen	0,25	0,36	0,27	0,28	0,20	0,61	0,33

***** Währungszuordnung teilw. über Quote

****** geschätzt als Durchschnitt

Zahlen zum Weltfinanzsystem   1992

(Hauptwährungen, debt securities, Derivate, stocks in USD billions/Milliarden, nominale Werte)

	USD	EUR	JPY	GBP	CHF	andere	Summe	Hinweise
Wechselkurs in $ (IMF Werte / WEO)	1	0,7420	126,5442	0,5664	1,4017			
at BIS-reporting date, 31.12.1992	1	0,8100	124,77	0,6605	1,4610			
1. Zerntralbankgeld und Giralgeld								
in bn/Mrd $								
M0 (Zentralbankgeld)	**293**	**168**	**552**	**36**	**18**	**280**	**1.347**	* geschätzt über GDP / gf
Anteil weltweit	21,7%	12,5%	41,0%	2,7%	1,3%	20,8%	100,0%	
M1	**1.025**	**1.638**	**2.987**	**339**	**83**	**1.761**	**7.832**	
Anteil weltweit	13,1%	20,9%	38,1%	4,3%	1,1%	22,5%	100,0%	
M2 **	**3.433**	**3.962**	**5.596**	**852**	**266**	**4.874**	**18.983**	** M3 für CHF
Anteil weltweit	18,1%	20,9%	29,5%	4,5%	1,4%	25,7%	100,0%	
2. debt securities								
Hinweis: alle Quell-Daten in bn/Mrd $								
Finanz*** (ohne. Gov.agen.)	**2.004**	**2.333**	**734**	**195**	**176**	**353**	**5.795**	*** inkl. Gov. Agencies
Anteil weltweit	34,6%	40,3%	12,7%	3,4%	3,0%	6,1%	100,0%	Zuordnung wurde
Government*** (inkl. Gov.agen.)	**5.691**	**3.000**	**2.267**	**319**	**62**	**1.110**	**12.450**	03/2003 geändert!
Anteil weltweit	45,7%	24,1%	18,2%	2,6%	0,5%	8,9%	100,0%	ab dann i.W. bei Finanz
davon Governmental agencies***	**1.734**	**311**	**581**	**0**	**0**	**8**	**2.635**	statt Government
Anteil weltweit	65,8%	11,8%	22,1%	0,0%	0,0%	0,3%	100,0%	

international Organizations	**96**	**76**	**40**	**20**	**18**	**17**	**267**
Anteil weltweit	35,8%	28,6%	15,1%	7,3%	6,9%	6,3%	100,0%
Corporate	**1.711**	**349**	**394**	**76**	**78**	**187**	**2.794**
Anteil weltweit	61,2%	12,5%	14,1%	2,7%	2,8%	6,7%	100,0%
total amounts	**9.502**	**5.758**	**3.435**	**610**	**334**	**1.667**	**21.307**
Anteil weltweit	44,6%	27,0%	16,1%	2,9%	1,6%	7,8%	100,0%
3. OTC Derivate	**129**	**56**	**53**	**19**	**12**	**24**	**293**
Geld, debt securities und Derivate	**13.064**	**9.777**	**9.084**	**1.481**	**612**	**6.564**	**40.582**
Anteil weltweit	32,2%	24,1%	22,4%	3,7%	1,5%	16,2%	100,0%
4. Stocks (market cap.)****	**4.506**	**1.304**	**2.319**	**928**	**189**	**1.467**	**10.714**
Anteil weltweit	42,1%	12,2%	21,6%	8,7%	1,8%	13,7%	100,0%
Finanzvermögen gesamt	**17.570**	**11.081**	**11.403**	**2.410**	**801**	**8.032**	**51.295**
Anteil weltweit	34,3%	21,6%	22,2%	4,7%	1,6%	15,7%	100,0%
GDP zu laufenden Preisen	**6.338**	**6.463**	**3.770**	**1.080**	**250**	**6.199**	**24.101**
Anteil weltweit	26,3%	26,8%	15,6%	4,5%	1,0%	25,7%	100,0%
Geldfaktoren (gf) für das GDP						*****	
bzgl. Zentralbankgeld	21,67	38,36	6,84	29,74	14,07	22,13	17,90
bzgl. M1	6,18	3,95	1,26	3,19	3,02	3,52	3,08
bzgl. M2	1,85	1,63	0,67	1,27	0,94	1,27	1,27
bzgl. Finanzmarktvolumen	0,36	0,58	0,33	0,45	0,31	0,77	0,47

Marktwert geschätzt a.B. 2001

**** Gruppe Euronext geschätzt

***** geschätzt als Durchschnitt

Zahlen zum Weltfinanzsystem 1970

(Hauptwährungen, debt securities, Derivate, stocks in USD billions/Milliarden, nominale Werte)

	USD	EUR	JPY	GBP	CHF	andere	Summe	Hinweise
Wechselkurs in $ (fix, € über DM)	1	1,8290	358,15	0,42	4,31			
1. Zentralbankgeld und Giralgeld								
in bn/Mrd $								
M0 (Zentralbankgeld)	49	14	11	10	4	70	157	* geschätzt GDP / gf
Anteil weltweit	30,9%	8,7%	7,0%	6,4%	2,3%	44,8%	100,0%	
M1	214	100	50	35	8	337	744	EUR M0 geschätzt
Anteil weltweit	28,8%	13,4%	6,8%	4,7%	1,0%	45,3%	100,0%	
**M2 ** **	627	182	133	85	22	806	1.855	** M3 für CHF
Anteil weltweit	33,8%	9,8%	7,2%	4,6%	1,2%	43,4%	100,0%	
2. debt securities ** *								
Hinweis: i.W. geschätzte Werte in bn/Mrd $								
Finanz **** (ohne Gov.agen.)	123	210	104	15	14	29	495	*** geschätzt auf der Basis von Zahlen für Deutschland.(1970 und 1992)
Anteil weltweit	24,8%	42,4%	21,1%	3,1%	2,8%	5,8%	100,0%	
Government **** (inkl. Gov.agen.)	455	213	134	25	5	87	920	
Anteil weltweit	49,5%	23,2%	14,5%	2,8%	0,5%	9,5%	100,0%	Zuordnung wurde
davon Governmental agencies ****	5	2	1	0	0	1	9	03/2003 geändert!
Anteil weltweit	51,5%	23,7%	14,1%	2,5%	1,4%	6,9%	100,0%	**** ab dann i.W. bei Finanz statt Government

international Organizations	**8**	**6**	**3**	**2**	**1**	**1**	**21**
Anteil weltweit	35,8%	28,6%	15,1%	7,3%	6,9%	6,3%	100,0%
Corporate	**408**	**28**	**31**	**6**	**6**	**15**	**494**
Anteil weltweit	82,6%	5,6%	6,3%	1,2%	1,2%	3,0%	100,0%
total amounts	**994**	**457**	**273**	**48**	**26**	**132**	**1.930**
Anteil weltweit	51,5%	23,7%	14,1%	2,5%	1,4%	6,9%	100,0%
3. OTC Derivate	**0**	**0**	**0**	**0**	**0**	**0**	**0**
Geld, debt securities und Derivate	**1.620**	**638**	**406**	**134**	**49**	**938**	**3.785**
Anteil weltweit	42,8%	16,9%	10,7%	3,5%	1,3%	24,8%	100,0%
4. Stocks (market cap.)*****	**393**	**114**	**202**	**81**	**17**	**128**	**935**
Anteil weltweit	42,1%	12,2%	21,6%	8,7%	1,8%	13,7%	100,0%
Finanzvermögen gesamt	**2.013**	**752**	**608**	**215**	**65**	**1.066**	**4.720**
Anteil weltweit	42,7%	15,9%	12,9%	4,5%	1,4%	22,6%	100,0%
GDP zu laufenden Preisen	**1.009**	**590**	**204**	**124**	**22**	**1.421**	**3.370**
Anteil weltweit	29,9%	17,5%	6,0%	3,7%	0,7%	42,2%	100,0%
Geldfaktoren für das GDP						*******	
bzg. Zentralbankgeld	20,76	43,18	18,63	12,37	6,18	20,22	21,46
bzgl. M1	4,71	5,92	4,06	3,53	2,87	4,22	4,53
bzgl. M2	1,61	3,25	1,53	1,46	0,98	1,76	1,82
bzgl. Finanzmarktvolumen	0,50	0,78	0,34	0,58	0,34	1,33	0,71

***** Währungszuordnung auf der Basis der Quoten von 1992

******* geschätzt als Durchschnitt

A.2   Volumina in nationalen Währungen

Zahlen zum Weltfinanzsystem   2005

(Hauptwährungen, debt securities, Derivate, stocks in USD billions/Milliarden, nominale Werte)

	USD	EUR	JPY	GBP	CHF	andere	Summe	Steigerung gegenüber 2004	Hinweise
						(in €)	(in €)	(in €)	
Wechselkurs in $ (IMF Werte / WEO)	1	0,8027	110,0133	0,5493	1,2431				
1. Zentralbankgeld und Giralgeld									* geschätzt über GDP / gf
in bn/Mrd									
M0 (Zentralbankgeld)	724	520	72.400	47	37	768 *	2.491	131	
Wachstum gegenüber 2004	3,8%	14,0%	2,8%	3,1%	2,9%	5,6%	5,6%		
M1	1.369	3.421	388.700	755	291	3.750	12.397	1.046	
Wachstum gegenüber 2004	-0,2%	17,6%	5,5%	12,8%	5,4%	9,2%	9,2%		
M2 **	6.676	6.072	710.500	1.218	598	10.550	29.332	1.317	** M3 für CHF
Wachstum gegenüber 2004	4,0%	9,0%	2,1%	11,5%	5,5%	4,2%	4,7%		
2. debt securities									
Hinweis: alle Quell-Daten in bn/Mrd									
Finanz**** (ohne Gov.agen.)	9.539	5.965	69.011	681	311	1.369	16.690	2.109	Zuordnung wurde
Wachstum gegenüber 2004	16,3%	14,4%	-10,3%	17,5%	7,2%	18,7%	14,5%		**** 03/2003 geändert!
Government**** (inkl. Gov.agen.)	12.786	5.394	881.433	520	194	2.980	25.955	1.385	Werte sind a.B.
Wachstum gegenüber 2004	3,9%	5,0%	10,1%	12,7%	-0,3%	7,5%	5,6%		2003 geschätzt
davon Governmental agencies ****	6.275	716	97.098	62	20	228	6.792	165	
Wachstum gegenüber 2004	0,8%	9,9%	7,7%	0,0%	0,0%	11,3%	2,5%		

international Organizations	222	192	2.194	25	13	19	450	24
Wachstum gegenüber 2004	3,2%	7,4%	-3,3%	10,5%	4,9%	17,1%	5,6%	
Corporate	3.336	1.411	90.978	285	53	312	5.514	292
Wachstum gegenüber 2004	4,0%	11,9%	1,9%	2,1%	-24,4%	18,8%	5,6%	
total amounts	25.883	12.963	1.043.616	1.510	572	4.680	48.609	3.809
Wachstum gegenüber 2004	8,2%	9,9%	7,7%	12,5%	0,7%	11,3%	8,5%	
3. OTC Derivate*****	3.121	3.248	96.673	316	142	560	7.572	473
Geld, debt securities und Derivate	35.679	22.283	1.850.789	3.044	1.312	15.790	85.513	5.600
Wachstum gegenüber 2004	6,2%	10,1%	6,3%	13,1%	2,5%	6,0%	7,0%	
4. Stocks (market cap.)	17.001	5.871	545.894	1.781	1.233	6.741	33.642	4.754
Wachstum gegenüber 2004	4,2%	23,4%	48,0%	19,4%	31,3%	23,7%	16,6%	
Finanzvermögen gesamt	52.680	28.154	2.396.683	4.825	2.545	22.531	119.155	10.354
Wachstum gegenüber 2004	5,5%	12,6%	13,6%	15,4%	14,7%	10,7%	9,5%	
GDP zu laufenden Preisen	12.456	7.995	502.479	1.225	457	11.940	35.685	2.858
Wachstum gegenüber 2004	6,3%	3,3%	1,3%	4,1%	2,5%	15,8%	7,5%	
Geldfaktoren (gf) für das GDP						******		
bzg. Zentralbankgeld	17,22	15,36	6,94	25,90	12,30	15,54	14,33	
bzgl. M1	9,10	2,34	1,29	1,62	1,57	3,18	2,88	
bzgl. M2	1,87	1,32	0,71	1,01	0,76	1,13	1,22	
bzgl. Finanzmarktvolumen	0,24	0,28	0,21	0,25	0,18	0,53	0,30	

***** Währungszuordnung teilw. über Quote

****** geschätzt als Durchschnitt

Zahlen zum Weltfinanzsystem 2004

(Hauptwährungen, debt securities, Derivate, stocks in USD billions/Milliarden, nominale Werte)

	USD	EUR	JPY	GBP	CHF	andere (in €)	Summe (in €)	Hinweise
Wechselkurs in $ (IMF Werte / WEO)	1	0,8043	108,1410	0,5459	1,2420			
1. Zentralbankgeld und Giralgeld in bn/Mrd								
M0 (Zentralbankgeld)	697	456	70.400	46	36	728 *	2.360	
Wachstum gegenüber 2001	20,0%	95,5%	22,7%	22,9%	0,5%	32,8%	15,6%	
M1	1.372	2.909	368.400	669	276	3.434	11.351	
Wachstum gegenüber 2001	16,1%	31,9%	47,3%	33,3%	25,5%	16,9%	16,8%	
M2 **	6.422	5.569	696.100	1.093	567	10.126	28.014	
Wachstum gegenüber 2001	17,8%	21,0%	7,6%	24,1%	13,8%	19,8%	4,4%	
2. debt securities								
Hinweis: alle Quell-Daten in bn/Mrd								
Finanz**** (ohne Gov.agen.)	8.205	5.215	76.955	579	290	1.153	14.581	
Wachstum gegenüber 2001	23,1%	43,4%	*-38,6%*	36,1%	14,3%	25,3%	4,1%	
Government**** (inkl. Gov.agen.)	12.303	5.139	800.910	461	195	2.772	24.570	
Wachstum gegenüber 2001	32,4%	24,5%	34,8%	27,8%	36,0%	29,3%	7,8%	
davon Governmental agencies****	6.225	651	90.192	55	20	205	6.627	
Wachstum gegenüber 2001	24,8%	35,6%	17,8%	0,0%	0,0%	19,0%	0,1%	

* geschätzt über GDP / gf

** M3 für CHF

**** Zuordnung wurde 03/2003 geändert! Werte sind a.B. 2003 geschätzt

international Organizations	215	179	2.268	22	12	16	426
Wachstum gegenüber 2001	10,3%	35,0%	-24,5%	13,2%	-7,0%	33,6%	-1,0%
Corporate	3.207	1.260	89.252	279	71	263	5.223
Wachstum gegenüber 2001	6,8%	57,5%	-11,2%	35,8%	-14,7%	-42,5%	-11,7%
total amounts	23.930	11.794	969.385	1.342	568	4.204	44.800
Wachstum gegenüber 2001	24,9%	35,6%	17,8%	32,7%	15,2%	19,0%	3,9%
3. OTC Derivate***	3.259	2.882	75.086	256	145	567	7.099
Geld, debt securities und Derivate	33.610	20.246	1.740.572	2.690	1.280	14.896	79.913
Wachstum gegenüber 2001	27,9%	41,0%	12,6%	31,7%	19,1%	21,0%	7,7%
4. Stocks (market cap.)	16.324	4.759	368.897	1.493	939	5.448	28.887
Wachstum gegenüber 2001	18,1%	-2,7%	22,7%	0,3%	-9,6%	18,9%	-6,1%
Finanzvermögen gesamt	49.934	25.005	2.109.469	4.183	2.219	20.345	108.801
Wachstum gegenüber 2001	24,5%	29,9%	14,3%	18,5%	5,0%	20,5%	3,7%
GDP in laufenden Preisen	11.712	7.741	496.059	1.177	446	10.311	33.184
Wachstum gegenüber 2001	15,6%	10,5%	-0,1%	18,0%	5,6%	-0,5%	-5,5%
Geldfaktoren (gf) für das GDP						******	
bzg. Zentralbankgeld	16,80	16,96	7,05	25,64	12,35	15,76	14,06
bzgl. M1	8,54	2,66	1,35	1,76	1,61	3,18	2,92
bzgl. M2	1,82	1,39	0,71	1,08	0,79	1,16	1,18
bzgl. Finanzmarktvolumen	0,23	0,31	0,24	0,28	0,20	0,51	0,31

***** Währungszuordnung teilw. über Quote

****** geschätzt als Durchschnitt

Zahlen zum Weltfinanzsystem 2001

(Hauptwährungen, debt securities, Derivate, stocks in USD billions/Milliarden, nominale Werte)

	USD	EUR	JPY	GBP	CHF	andere (in €)	Summe (in €)	Hinweise
Wechselkurs in $ (IMF Werte / WEO)	1	1,1165	121,4555	0,6945	1,6860			
1. Zentralbankgeld und Giralgeld								
in bn/Mrd								
M0 (Zentralbankgeld)	**581**	**233**	**57.354**	**37**	**36**	*	**2.041**	
Wachstum gegenüber 1992	98,7%	86,7%	-17,8%	81,3%	44,2%	163,6%	104,3%	
M1	**1.182**	**2.205**	**250.138**	**502**	**220**	**2.938**	**9.715**	
Wachstum gegenüber 1992	15,3%	81,4%	-33,8%	161,8%	89,9%	124,9%	67,2%	
M2 **	**5.451**	**4.601**	**647.118**	**881**	**498**	**8.453**	**26.836**	
Wachstum gegenüber 1992	58,8%	56,5%	-8,6%	82,5%	33,5%	133,7%	90,5%	
2. debt securities								
Hinweis: alle Quell-Daten in bn/Mrd								
Finanz**** (ohne Gov.agen.)	**6.667**	**3.638**	**125.341**	**426**	**254**	**920**	**14.007**	
Wachstum gegenüber 1992	232,7%	110,1%	34,9%	285,0%	3,1%	251,2%	225,7%	
Government**** (inkl. Gov.agen.)	**9.290**	**4.128**	**594.155**	**361**	**143**	**2.145**	**22.783**	
Wachstum gegenüber 1992	63,2%	85,4%	107,1%	99,5%	64,8%	160,4%	146,6%	
davon Governmental agencies****	**4.989**	**480**	**76.577**	**41**	**17**	**172**	**6.624**	
Wachstum gegenüber 1992	187,7%	108,5%	4,1%	.....	3222,4%	2728,0%	238,8%	

Hinweise:

* geschätzt über GDP / gf

** M3 für CHF

**** Zuordnung wurde 03/2003 geändert!

203

international Organizations	195	133	3.004	20	13	12	431
Wachstum gegenüber 1992	103,8%	134,4%	-41,2%	77,8%	-48,0%	-2,8%	117,3%
Corporate	3.001	800	100.547	205	83	456	5.917
Wachstum gegenüber 1992	75,4%	209,4%	101,8%	376,3%	-24,0%	229,6%	185,4%
total amounts	19.154	8.699	823.047	1.012	493	3.533	43.138
Wachstum gegenüber 1992	101,6%	103,6%	89,3%	192,7%	5,5%	185,7%	172,9%
3. OTC Derivate***	1.666	1.057	75.364	151	83	321	4.229
Geld, debt securities und Derivate	26.271	14.357	1.545.529	2.043	1.074	12.308	74.203
Wachstum gegenüber 1992	101,1%	97,9%	34,5%	143,6%	25,2%	152,7%	146,4%
4. Stocks (market cap.)	13.827	4.891	300.631	1.487	1.039	4.582	30.754
Wachstum gegenüber 1992	206,9%	405,5%	2,4%	182,9%	292,0%	320,8%	286,9%
Finanzvermögen gesamt	40.098	19.249	1.846.160	3.531	2.114	16.890	104.957
Wachstum gegenüber 1992	128,2%	134,1%	27,9%	158,7%	88,2%	183,4%	175,8%
GDP zu laufenden Preisen	10.128	7.004	496.777	997	422	10.360	35.122
Wachstum gegenüber 1992	59,8%	46,0%	4,1%	62,9%	20,4%	125,2%	96,4%
Geldfaktoren (gf) für das GDP						*******	
bzg. Zentralbankgeld	17,43	30,01	8,66	26,72	11,75	18,91	17,21
bzgl. M1	8,57	3,18	1,99	1,99	1,92	3,53	3,62
bzgl. M2	1,86	1,52	0,77	1,13	0,85	1,23	1,31
bzgl. Finanzmarktvolumen	0,25	0,36	0,27	0,28	0,20	0,61	0,33

***** Währungszuordnung teilw. über Quote

******* geschätzt als Durchschnitt

Zahlen zum Weltfinanzsystem 1992

(Hauptwährungen, debt securities, Derivate, stocks in USD billions/Milliarden, nominale Werte)

	USD	EUR	JPY	GBP	CHF	andere (in €)	Summe (in €)	Hinweise
Wechselkurs in $ (IMF Werte / WEO)	1	0,7420	126,5442	0,5664	1,4017			
1. Geld und Giralgeld								
in bn/Mrd								
MO (Zentralbankgeld)	293	125	69.800	21	25	208 *	999	* geschätzt über GDP / gf
Wachstum gegenüber 1970	501,9%	400,0%	1682,3%	389,3%	63,1%	61,7%	247,9%	
M1	1.025	1.215	378.000	192	116	1.306	5.811	EUR M0 geschätzt
Wachstum gegenüber 1970	378,1%	566,3%	2001,0%	1202,6%	252,4%	111,9%	327,0%	
M2 **	3.433	2.940	708.100	482	373	3.617	14.085	** M3 für CHF
Wachstum gegenüber 1970	447,9%	785,5%	1382,3%	1249,3%	285,7%	145,4%	315,2%	
2. debt securities								
Hinweis: alle Quell-Daten in bn/Mrd								
Finanz**** (ohne Gov.agen.)	2.004	1.731	92.941	111	246	262	4.300	
Wachstum gegenüber 1970	1535,3%	351,3%	148,6%	1599,8%	309,1%	399,7%	375,2%	
Government**** (inkl. Gov.agen.)	5.691	2.226	286.840	181	87	824	9.238	
Wachstum gegenüber 1970	1150,6%	470,4%	499,0%	1599,8%	312,3%	415,1%	449,1%	
davon Governmental agencies****	1.734	230	73.575	0	1	6	1.955	**** Zuordnung wurde 03/2003 geändert!
Wachstum gegenüber 1970	36033,3%	5606,7%	15500,7%	0,0%	0,0%	420,6%	11363,3%	

international Organizations	96	57	5.105	11	26	13	198
Wachstum gegenüber 1970	1160,4%	411,3%	345,3%	1599,8%	309,9%	411,3%	411,3%
Corporate	1.711	259	49.835	43	109	138	2.073
Wachstum gegenüber 1970	319,2%	411,3%	345,3%	1599,8%	309,9%	411,3%	129,4%
total amounts	9.502	4.273	434.721	346	468	1.237	15.810
Wachstum gegenüber 1970	856,4%	411,3%	345,3%	1599,8%	309,9%	411,3%	347,8%
3. OTC Derivate*	129	42	6.667	11	17	18	217
Geld, debt securities und Derivate	13.064	7.254	1.149.488	839	858	4.871	30.112
Wachstum gegenüber 1970	706,4%	521,3%	690,6%	1395,9%	306,8%	183,9%	335,0%
4. Stocks (market cap.)**	4.506	968	293.447	526	265	1.089	7.950
Wachstum gegenüber 1970	1045,8%	364,8%	304,9%	1445,2%	272,6%	364,8%	364,8%
Finanzvermögen gesamt	17.570	8.222	1.442.935	1.365	1.123	5.959	38.061
Wachstum gegenüber 1970	772,7%	497,6%	562,3%	1414,5%	298,2%	205,6%	340,9%
GDP at market exchange rates	6.338	4.795	477.081	612	351	4.600	17.883
Wachstum gegenüber 1970	528,2%	344,3%	553,8%	1076,4%	271,3%	76,9%	190,1%
Geldfaktoren (gf) für das GDP						*****	
bzgl. Zentralbankgeld	21,67	38,36	6,84	29,74	14,07	22,13	17,90
bzgl. M1	6,18	3,95	1,26	3,19	3,02	3,52	3,08
bzgl. M2	1,85	1,63	0,67	1,27	0,94	1,27	1,27
bzgl. Finanzmarktvolumen	0,36	0,58	0,33	0,45	0,31	0,77	0,47

*** Marktwerte geschätzt a.B. 2001

**** Gruppe Euronext geschätzt

***** geschätzt als Durchschnitt

Zahlen zum Weltfinanzsystem   1970

(Hauptwährungen, debt securities, Derivate, stocks in USD billions/Milliarden, nominale Werte)

	USD	EUR	JPY	GBP	CHF	andere (in €)	Summe (in €)	Hinweise
Wechselkurs in $ (fix, € über DM)	1	1,8290	358,15	0,42	4,31			
1. Zentralbankgeld und Giralgeld								
in bn/Mrd								
M0 (Zentralbankgeld)	49	25	3.916	4	15	129 *	287	
M1	214	182	17.992	15	33	617	1.361	
M2 **	627	332	47.772	36	97	1.474	3.392	
2. debt securities*								
Hinweis: i.W. geschätzte Werte in bn/Mrd								
Finanz**** (ohne Gov.agen.)	123	384	37.391	7	60	52	905	
Government**** (inkl. Gov.agen.)	455	390	47.888	11	21	160	1.682	
davon Governmental agencies****	5	4	472	0	1	1	17	

*   geschätzt GDP / U
    EUR M0 geschätzt

**   M3 für CHF

***   geschätzt auf der Basis von Zahlen
     für Deutschland. (1970 und 1992)

****   Zuordnung wurde
      03/2003 geändert!

internal Organizations	8	11	1.146	1	6	2	39
Corporate	408	51	11.190	3	27	27	904
total amounts	994	836	97.616	20	114	242	3.530
3. OTC Derivate	0	0	0	0	0	0	0
Geld, debt securities und Derivate	1.620	1.168	145.388	56	211	1.716	6.922
4. Stocks (market cap.)*****	393	208	72.482	34	71	234	1.710
Finanzvermögen gesamt	2.013	1.376	217.870	90	282	1.950	8.633
GDP zu laufenden Preisen	1.009	1.079	72.969	52	94	2.600	6.164
Geldfaktoren (gf) für das GDP						*******	*******
bzg. Zentralbankgeld	20,76	43,18	18,63	12,37	6,18	20,22	21,46
bzgl. M1	4,71	5,92	4,06	3,53	2,87	4,22	4,53
bzgl. M2	1,61	3,25	1,53	1,46	0,98	1,76	1,82
bzgl. Finanzmarktvolumen	0,50	0,78	0,34	0,58	0,34	1,33	0,71

***** Währungszuordnung auf der Basis der Quoten von 1992

******* geschätzt als Durchschnitt

B. Der Finanzmarkt

Der weltweite monetarisierte Markt unterteilt sich im Wesentlichen in drei Segmente:

1. den Güter- und Dienstleistungsmarkt (der das Bruttoinlandsprodukt bildet),
2. den Finanzmarkt (auf dem Geld und „verbriefte Sicherheiten" getauscht werden),
3. den Sachvermögensmarkt (auf dem alle unverbrieften Aktiva im weitesten Sinne gehandelt werden).

Im Folgenden soll nur der Finanzmarkt betrachtet werden. Der Güter- und Dienstleistungsmarkt ist weitestgehend abgegrenzt, viel diskutiert, seine Entwicklung — auch über die Zeit — ist an vielen Stellen dokumentiert (vgl. hierzu u. a. die Jahresberichte von WTO und Weltbank). Das aktuelle Niveau des Güter- und Dienstleistungsmarktes (2005) liegt bei ca. 44,5 Billionen \$ (35,7 Bill. €) nominal GDP[1] (ca. 60 Billionen \$ nach Kaufkraftparitäten bemessen). Der Markt für Sachvermögen (materielle und immaterielle Werte; also insbesondere Grund und Boden, Immobilien, langlebige Konsum- und Wirtschaftsgüter, Unternehmen (die nicht Aktiengesellschaften sind), Schürf- und Förderrechte, Patente, Gold, Silber, Platin usw.) ist statistisch nicht ausreichend dokumentiert. In vielen Fällen (z. B. Hypotheken-Kredite, Asset backed Securities) wird Sachvermögen zur Sicherung von Krediten verwendet.

B.1 Organisation des Finanzmarktes

Entscheidende Akteure des Finanzmarktes, die die Herausgabe (Issue) von so genannten „Securities" (das sind verbriefte Vermögensgegenstände bzw. die Ver-

---

[1] GDP ist die in offiziellen Statistiken üblicherweise genutzte Abkürzung für „Gross Domestic Product", d. h. der englischen Bezeichnung für Bruttoinlandsprodukt.

briefung von Ansprüchen) und das spätere Handeln damit ermöglichen, sind die Investment-Broker / Security Dealer. Diese haben mindestens die Qualifikation eines so genannten „Qualified Institutional Buyer (QIB)". QIB haben zudem auch einen besonderen Zugang zu im Folgenden noch erläuterten Facilities, z. B. zu den Schnittstellen von der Federal Reserve Bank und anderen Zentralbanken der Welt für Kredite, Übernacht-RePos u. a. Die Gruppe der Investmentbanken, die selber maßgeblich von Banken gehalten werden bzw. selber maßgeblich Anteile an Banken und Versicherungen halten — bzw. mit Banken und Versicherungen einen Konzernverbund darstellen —, bilden den so genannten Primary Market (vgl. hierzu auch Abb. 7 in Kap. V). Der Handel wird technisch (als Security Settlement System) über zentrale Institutionen, z. B. in den USA die DTCC (The Depository Trust and Clearing Corporation), in einem Kommunikationsnetzwerk abgewickelt. DTCC ist der zentrale Wertpapierverwahrer und -verwalter der USA, der 1999 entstanden ist als Zusammenschluss von DTC (Depository Trust Company) und NSCC (National Securities Clearing Corporation), die Ende der Sechziger / Anfang der Siebziger Jahre den Ursprung der „papierlosen" Handelsabwicklung bildeten. Eigentümer der DTCC sind die ihre Dienste nutzenden Finanzunternehmen, wobei sich die Anteilshöhe nach dem Nutzungsvolumen bestimmt [81]. DTCC ist ein wesentlicher Kern des internationalen Finanzmarktes. Gemäß Jahresberichten [33],[34] betrug das abgewickelte Transaktionsvolumen gehandelter Schuldtitel allein bei DTCC im Jahr 2004 ca. 1,2 Billiarden $, im Jahr 2005 ca. 1,4 Billiarden $. Weltweit ist hier mindestens das Doppelte, also ca. 3 Billiarden $ anzunehmen. Aktuell forciert das DTCC seine Bemühungen auch für den europäischen Bereich die führende Plattform bereitzustellen. Hierfür ist es 2007 gelungen die sieben führenden Investmentbanken Europas, die über 50 % des Marktes ausmachen, zur Nutzung der hundertprozentigen DTCC-Tochter EuroCCP zu gewinnen. Die Eigentümer dieser Plattformen regeln die Märkte selbst über eine eigenes Unternehmen. Seit 2007 ist das die FINRA (Financial Industry Regulatory Authority, Inc.), der

Zusammenschluss der „National Association of Securities Dealers (NASD) mit dem für die Regelung und Überwachung seiner Mitglieder zuständigen Bereich der New York Stock Exchange (NYSE).

Der Aufsatz „When the Back-Office moved to the Front-Burner" [46] beschreibt in Teilen die Funktionsweise dieses Marktes und zeigt dabei auf, wie hier über An- und Verkauf von Geld- und anderen Derivaten und Geldsurrogaten (Schuldtitel) Gewinne realisiert werden können.

Über die organisierten und geregelten (i. W. aber nicht staatlich regulierten, d. h. unter Finanzdienstleistungsaufsicht stehenden) Märkte[1] ist es Qualified Institutional Buyern möglich, Securities untereinander bzw. zwischen den die QIBs beauftragenden Investoren zu handeln bzw. im Auftrag eines so genannten Investment-Managers den erstmaligen Verkauf neu emittierter Sicherheiten auf dem Markt zu veranlassen. Im Fall von Finanzkonglomeraten können Emittent, Arrangeur, Dealer (Erstkäufer), Zahlstelle etc. sogar zu einem Verbund gehören (bspw. immer irgendwelche Konzernteile der Deutschen Bank). Die Abwicklung erfolgt dann elektronisch über Systeme wie der DTCC. Hier steht den Brokern und Banken mit dem ID-System (Institutional Delivery System) ein Kommunikationssystem zur Bestätigung und Abwicklung aller Geschäfte mit den im DTCC verwalteten oder lieferbaren verbrieften Sicherheiten zur Verfügung.

Die „verbrieften Sicherheiten" sind im Wesentlichen nichts anderes als Datenbankeinträge in einer zentralen Datenbank (dem sogenannten Depository), z. B. bei der DTCC, in denen auch die jeweils aktuelle Zuordnung der Security zu einem QIB, neben weitergehenden Informationen, wie Emittent usw., gespeichert werden. Die Handelsabwicklung ist dann maßgeblich nichts anderes als die Veränderung des Datenbankeintrages hinsichtlich der QIB-Zuordnung. „Papier gebundene" Wertpapiere (die es in den USA auch noch in größerem Umfang gibt)

---

[1] Man bezeichnet solche Märkte auch als OTC-Märkte (Over The Counter). Entsprechend bezeichnet man die gehandelten Produkte auch als OTC-Produkte.

werden hierzu von der DTCC in so genannter Sammelverwahrung verwaltet und über das so genannte Nominee-Verfahren (bei der ein einziger „Nominee", die „Cede & Co" stellvertretend als Eigentümer in DTCC eingetreten ist) elektronisch handelbar.

Das DTCC (oder ein anderes Security Settlement System) übernimmt dann noch als Dienstleistung das so genannte Netting in Verbindung mit segmentspezifischen „Clearing" Häusern [in den USA u. a. die NSCC (National Securities Clearing Corporation, die GSCC (Government Securities Clearing Corporation], die MBSCC (Mortage Backed Securities Clearing Corporation), die EMCC (Emerging Markets Clearing Corporation) und die OCC (Options Clearing Corporation). Bei dem Netting wird letztendlich überprüft bzw. herausgerechnet, welches Volumen an Sicherheiten nach Aufrechnung aller Käufe und Verkäufe eines Handelstages zwischen den Qualified Institutional Buyern auszutauschen ist. Bei Sicherheiten, die lediglich den Besitzer (Investor) wechseln, die beteiligten Investoren aber durch den gleichen Qualified Institutional Buyer repräsentiert sind, wird für den Austausch keine Zwischensicherheit (d h. Geld) benötigt, da der Qualified Institutional Buyer bereits im Besitz der Sicherheit ist und auch bleibt bzw. für beide beteiligten Investoren den so genannten Host für ihre Sicherheit darstellt (der den so genannten „Custody Service" übernimmt).

Dem DTCC ähnliche Zentralverwahr- und -abwickelungsinstitutionen existieren bspw. zur Zeit in den USA mit der Federal Reserve Fedwire Securities Service (für Staatspapiere), in Deutschland (CBF – Clearstream Banking Frankfurt), in den Niederlanden (Euroclear Nederland), Frankreich (Euroclear France), Italien (Monte Titoli), Japan (JASDEC), Österreich (OeKB – Österreichische Kontrollbank), Schweiz (SIS SegaIntersettle), Spanien (Iberclear), Belgien (Euroclear Bank), Dänemark (VP Security Services), Finnland (HEX Integrated Market Ltd.), Griechenland (Central Securities Depository), GB (Crest & Co), Irland

(National Treasury Management), Luxemburg (CBL), Norwegen (VPS ASA), Portugal (Interbolsa), Schweden (VPC AB), Singapur (The Central Depository (Pte) Ltd.), Hongkong (Hongkong Exchangees and Clearing Limited) und Kanada (Canadian Depository for Securities CDS) (vgl. hierzu [13] oder http://www.bundesbank.de/download/meldewesen/bankenstatistik/bankenstatistik_neuerungen/depotstatistik/depot_ausl_zentralverwahrer.pdf).

Eine „besondere" Form von Sicherheit ist Zentralbankgeld und Giralgeld (Geschäftsbankengeld). Dies wird immer dann benötigt, wenn neu emittierte Sicherheiten in den Primärmarkt hineingebracht werden, so dass der Emittent als Bezahlung für die neu eingebrachte Sicherheit Zentralbankgeld oder Giralgeld bekommt. Hierfür kommunizieren die Security Settlement Systeme über Datennetze mit entsprechenden „Payment Systems", die die Übertragung von Geld (Zentralbankgeld, Geschäftsbankengeld) vornehmen. Die Investmentbanken (teils über zwischengeschaltete Geschäftsbanken) verwalten insofern im Prinzip alle Sicherheiten (einschließlich des Giralgelds) ihrer Klienten (der Investoren bzw. Emittenten) und von sich selbst.

Der Primärmarkt nimmt im Wesentlichen neu emittierte Sicherheiten auf und vermittelt diese — sofern sie nicht bei den Investmentinstitutionen verbleiben — nach Abzug einer Marge an Versicherungen, Fonds und Privatanleger. Der dann stattfindende Handel der Investoren untereinander wird als Sekundärmarkt bezeichnet. Investoren sind zum einen auf der Suche nach den besten Anlagemöglichkeiten und versuchen, ihr Portfolio zu strukturieren, um Risiken gegeneinander auszugleichen. Andererseits findet zunehmend eine Konzentration im Finanzbereich statt, gerade auch nachdem die Gesetzeslage — strikte Trennung von Investment-Geschäften, Bankgeschäften und Versicherungen — Ende 1999 in den USA geändert wurde und auch in anderen Ländern und insbesondere auch der EU nicht gesetzlich gefordert ist. Daraus resultiert eine

Situation, in der Primär- und Sekundärmarktteilnehmer zu einem Finanzkonglomerat gehören können und damit die Investmentbanken die Schuldtitel gezielt z. B. bei Versicherungen, Fonds, Banken etc. (d. h. auch innerhalb des eigenen Konzerns) platzieren können.

Der Handel ist des Weiteren dadurch geprägt, dass im Finanzmarkt die Sicherheiten „Zentralbankgeld" und „Giralgeld" die schlechtesten Anlageformen darstellen, da sie zunächst einmal keine bzw. nur eine sehr geringe Verzinsung aufweisen. D. h. das Lagern von Geld auf dem (Giro-)Konto führt nicht dazu, dass man zu festgelegten Zeiten einen Zins ausbezahlt bekommt (bzw. man bekommt nur einen sehr geringen Zins). Daher sind alle Investoren interessiert daran, das Geld „arbeiten" zu lassen.

Eine Form ist dabei das Aufkaufen neu emittierter Sicherheiten mit einem höheren Zinssatz oder aber das Verleihen des Geldes über so genannte RePo's (Repurchase Agreements). Bei einem RePo wird im Prinzip für einen vorab vereinbarten Zeitraum Geld gegen eine andere Sicherheit getauscht und hierfür eine Gebühr bezahlt. Eine Verdienstmöglichkeit im Primär- und Sekundärmarkt besteht nun z. B. darin, dass man sogenannte Special und General Repurchase Agreements mit einem unterschiedlichen Zins belegt. Im „Special" wird Geld nur für eine ganz bestimmte oder eine ganz bestimmte Gruppe von Sicherheiten (z. B. eine ganz bestimmte US-Treasury-Note) angeboten, demgegenüber akzeptiert man in einem General RePo eine weitaus größere Gruppe von Sicherheiten. Der Special-Satz liegt dabei unterhalb des General-Satzes, so dass sich der Besitzer einer speziellen Sicherheit günstig Geld leihen kann, das er zu einem erhöhten Satz gegen eine andere Sicherheit (aus einer erweiterten Gruppe) weiter leihen kann.

Dabei kann es auch sein, dass der Special-Satz negativ ist, wenn eine bestimmte Sicherheit — z. B. weil sehr viele Leerverkäufe mit dieser Sicherheit getätigt wurden — zu einem „knappen Gut" wurde (Hinweis: unter Leerverkauf bezeichnet man den Verkauf einer Sicherheit, die man zum Zeitpunkt des Veräußerungsgeschäfts noch nicht besitzt.)

B.1.1 Geben sich Finanzinstitutionen eigentlich auch selber (gegenseitig) Kredite?

Es ist unter Finanzinstituten üblich, sich gegenseitig Kredite zu gewähren. Man bezeichnet dies auch als „Inter-Bankkredite", die ein großes Volumen ausmachen. Dafür gibt es mehrere Gründe. Beispielsweise kann man betrachten, welche Art von Geld eine Bank zu einem gegebenen Zeitpunkt situationsbedingt benötigt. Denn eine Bank hat sicherlich kein Interesse daran, Geld oder Giralgeld auf der Aktivseite vorzuhalten, wenn nicht z. B. die Mindestreserveverpflichtungen oder die Grundsätze über die Liquidität ein gewisses Volumen erzwingen. Im Folgenden hierzu zwei Beispiele, wo es für eine Bank sinnvoll sein kann, einen Kredit bei einer anderen Bank aufzunehmen:

B.1.1.1 Beispiel: Kredit eines Endkunden

In diesem Beispiel habe ein Kunde ein Konto bei einer Bank X und eine Bank Y will diesem Kunden z. B. einen gewerblichen Kredit gewähren. In diesem Fall benötigt die Bank Y „Bank X-Giralgeld" oder ein anderes von der Bank X „akzeptiertes" Geld / Geldsurrogat (vgl. hierzu auch die Frage (7) in Kap. XIV), ansonsten müsste sie den Kredit über „freies Zentralbankgeld" verfügbar machen oder Zentralbankgeld als Kredit bei der Zentralbank aufnehmen — z. B. über die sogenannte „Hauptrefinanzierungsfazilität". Das Zentralbankgeld würde dann von der Bank Y zu der Bank X transferiert. Eine Zentralbank begrenzt diese so mögliche Zentralbankgeldschöpfung aber aus geldpolitischen Überlegungen meist über spezielle Anforderungen an dafür hinterlegbare Sicherheiten, die Festlegung von Zinsen und über Volumenbegrenzungen. Was die Bank Y alternativ machen kann, ist: sie kann einen Kredit bei der Bank X aufnehmen ("Schöpfung von Bank X-Giralgeld"), sofern ihr dieser Kredit gewährt wird, und das so bei ihr verfügbar werdende Bank X-Giralgeld auf das Kundenkonto (bei der Bank X) transferieren.

Für diesen Fall sollen auch einmal die "Kosten" und Gewinne der beiden beteiligten Banken grob überschlagen werden. Hierzu sei angenommen, der Kredit habe ein Volumen von 100.000 € und die Kunden-Bonität sei 100 %, d. h. die 100.000 € seien zu 100 % Risikoaktiva der Bank Y. Dann bedeutet dies, dass 8 % davon als Eigenkapital bereitzuhalten ist (also 8.000 €). Bei einer Zieldefinition für die Eigenkapitalrendite von z. B. 25 % resultieren daraus während der Kreditlaufzeit für die Bank Y jährliche Kosten für den Kredit von 2.000 €, also 2 % des gesamten Kreditvolumens. Wenn die Bank Y das für den Kredit benötigte Giralgeld bei der Bank X als Inter-Bankkredit ausleiht, dann kostet dieser Kredit (bei einem hohen Rating der Bank Y) der Bank X nur ein Fünftel dessen, was die Bank Y an Kosten hat. Der Grund hierfür ist, dass Kredite an topp geratete Finanzinstitute nur zu 20 % als Risikoaktiva bewertet werden, d. h. der Inter-Bankkredit über 100.000 € führt zu einem Volumen von 20.000 € bei den Risiko-Aktiva. Und nur dafür sind von der Bank X dann 8 % Eigenkapital zu hinterlegen, d. h. also 1.600 €. Bei 25 % Eigenkapitalrendite (als Zielsetzung) sind damit dann 400 € oder 0,4 % des Kreditvolumens als "Kosten" für das neu geschöpfte Giralgeld bei der Bank X anzusetzen.

Der Zins, den die Banken untereinander einfordern, liegt dabei unterhalb des Kreditzinses des Endkunden. Also z. B. (August 2006) bei 3 % für Tagesgeld unter Banken (⇒ Gewinn für die Bank X ist zunächst ca. 2,6 %). Der Gewinn für die Bank Y ist von der Endkundenkondition abhängig, also bei z. B. 6 % beträgt deren Gewinnmarge[1] im Beispiel nur 1 % (5 % abzgl. der 2 % Kosten für Eigenkapital und abzgl. 3 % Kosten für Inter-Bankkredit).

[Geldmarkt – Zinssätze]

Der Geldmarktsatz (bzw. der Durchschnittswert) in Europa für Kredite der Banken unterein-ander wird z. B. als „EURIBOR" veröffentlicht. Es gibt dann noch für Übernachtkredite einen weiteren Zinssatz „EONIA". EURIBOR ist die Abkürzung für „European Interbank Offered Rate" und EONIA steht für „Euro Overnight Interbank Average"

Wenn der Kunde dann eine Überweisung tätigt, kann es passieren, dass wieder anderes Giralgeld benötigt wird, weil beispielsweise der Überweisungsempfän-ger sein Konto bei einer dritten Bank Z hat. In diesem Falle kann dann, wenn nicht genügend freies Zentralbankgeld bei der Bank X verfügbar ist, diese ge-zwungen sein bei Bank Z Giralgeld auszuleihen. Alternativ kann sie sich aber auch Zentralbankgeld leihen, beispielsweise über Overnight-RePos oder andere verfügbare Fazilitäten der Zentralbank.

In diesem Zusammenhang ist noch von Interesse, wie der Verbund der Europäi-schen Zentralbanken das Volumen der verfügbaren Geldmenge für Zentralbank- und Giralgeld kontrollieren will. Die EZB (Europäische Zentralbank) legt hierfür den sogenannten „Mindestbietungssatz" für Hauptrefinanzierungsgeschäfte der Banken bei den jeweiligen Zentralbanken fest. Wenn also die EZB „die Zinsen erhöht", bedeutet dies, dass bei den so genannten „Offenmarktgeschäften" der Zentralbanken im Rahmen der für kommerzielle Banken offenen Bieterverfah-ren zur Bewerbung um Zentralbank-Kredite der zu bietende Mindestzins steigt. Die Besorgung von Zentralbankgeld wird für die Banken teurer.

Bei der Federal Reserve Bank in den USA ist dies etwas anders. Wenn hier davon gesprochen wird, dass die Federal Reserve Bank den Zinssatz erhöht, dann ist damit nicht direkt ein Zinssatz gemeint, zu dem die Federal Reserve Bank selbst

[1] Genau genommen wäre diese Gewinnmarge noch um eine in diesem Beispiel aber der Einfachheit wegen nicht betrachtete Rendite durch die Anlage des Eigenkapitals zu erhöhen und um die „operativen Kosten" zu mindern.

Kredite vergibt. Die Federal Reserve Bank artikuliert vielmehr ihren Wunsch, zu welchem Zins sich die Banken untereinander Kredite gewähren sollen. Das wäre so, als ob die EZB ein Wunschziel für den EURIBOR ausgeben würde.

Die Europäische Zentralbank hat im Wesentlichen drei so genannte Leitzinsen. Das ist einmal der Zins für die so genannte Einlagefazilität, d. h. Banken können über Nacht zu diesem Zinssatz Zentralbankgeld bei der Zentralbank anlegen (dies betrifft insbesondere alle Mindestreserven). Bei der so genannten Hauptrefinanzierungsfazilität können Banken im ein- oder zweiwöchigen Rhythmus Liquidität in Form von Zentralbankgeld-Krediten aufnehmen. Bei der so genannten Spitzenrefinanzierungsfazilität können sie Sicherheiten im Tausch gegen Zentralbankgeld einlegen. Mit anderen Worten: Diese Leitzinsen definieren aus Sicht der Europäischen Zentralbank definitiv die Kosten für Zentralbankgeld, weil es sich dabei um die Zinsen für die Geschäfte der Banken mit der Zentralbank handelt. Die von der Federal Reserve Bank festgelegte „Federal Funds Rate" ist demgegenüber der Wunschzinssatz der Federal Reserve Bank, zu dem sich Finanzinstitute untereinander Geld leihen sollen. Aktiv versucht die Federal Reserve Bank maßgeblich über RePos und Reverse-RePos eine Geldmengensteuerung vorzunehmen, wobei anzunehmen ist, dass die „Federal Funds Rate" für diese Geschäfte eine gewisse Orientierung vorgibt.

B.1.1.2 Beispiel: Abwicklung von Investmentgeschäften durch Finanzinstitute

Betrachten wir hier beispielsweise die (ca. 50) Investmentbanken, die mehrheitlich die RBS (Royal Bank of Scottland) beherrschen [90]. So könnten diese Investmentbanken in einfacher Weise „Leveraged Buy-Outs" (Kreditfinanzierte Aufkäufe) realisieren, indem sie bei einem Geldbedarf für die Realisierung eines

Investments, das sie über eine topp geratete zwischengeschaltete Investmentfirma abwickeln (daraus folgt 0,2 Risikogewicht für das neu geschöpfte Giralgeld) lediglich 1,6 % des benötigten Giralgelds als Eigenkapital über ein geeignetes Eigenkapitalinstrument in die Royal Bank of Scottland einlegen müssten, um anschließend der Investmentfirma — z. B. zu Inter-Bankkreditzinsen — über die RBS den benötigten Kreditbetrag ausleihen zu können. Dieses Eigenkapital kann dabei natürlich auch (z. B. wenn es Zentralbankgeld ist, als verzinste Einlage bei der Zentralbank) eine Rendite erwirtschaften.

Die der RBS entstehenden Kosten für den Kredit sind entsprechend den Ausführungen in Kap. B.1.1.1 maßgeblich davon abhängig, welchen Typ von Giralgeld oder auch Geldsurrogaten man dann für das Investment anschließend im Konkreten benötigt, um den ursprünglichen Eigentümer auszuzahlen. Man hat hier u. a. Gestaltungspotential, um die Kosten zu minimieren, bspw. indem gezielt die Aktivpositionen der übernommenen Firma (liquide Geldmittel oder „Assets" als Absicherung für Kredite) bei der eigenen Bank (in diesem Beispiel die RBS) platziert werden. Dadurch reduziert sich dann für die Royal Bank of Scottland letztendlich der Bedarf an andersartigem Geld (d. h. nicht RBS-Giralgeld) und damit reduzieren sich dann für das gesamte Finanzkonglomerat die Kosten für das Besorgen der benötigten Kreditvolumina.

Es geht also letztendlich immer darum, sich transaktionsorientiert das „richtige" Geld bzw. Geldsurrogat zu beschaffen. In einer allgemeinen Form geschieht dies über das so genannte Security Lending, man abstrahiert also letztendlich hierbei von dem Begriff „Geld" und kommt zu dem Begriff „Security", wenngleich dieser Begriff, wie in Kap. II angesprochen, irreführend ist, weil einer „Security" keine Sicherheit (also kein materieller oder immaterieller Wert) unterlegt sein muss.

B.2   Die Rolle der Banken; insb. Geschäftsbanken

Die Banken (Zentralbanken und Geschäftsbanken) sind die „Kreditinstitutionen" des Finanzmarktes, die im Rahmen gesetzter Regelungen und auch internationaler Vereinbarungen die Möglichkeit haben, Giralgeld (Zentralbankgeld,
Geschäftsbankengeld) neu zu schöpfen (die Zentralbanken auch Bargeld). Geldschöpfung passiert immer dann, wenn eine Bank einem Kunden einen Kredit
einräumt (oder z. B. Sachvermögen kauft). Dabei verbucht die Bank auf ihrer
Aktivseite eine Forderung an den Kunden (oder das neue Sachvermögen) und
erhöht auf der Passivseite die Giralgeldeinlagen, d. h. dem Kundenkonto (bzw.
dem Konto des Verkäufers) wird bankeigenes Giralgeld, das bei der Kreditvergabe oder dem Kauf neu „aus dem Nichts" entsteht (deshalb auch „Fiat-Money"
genannt, „Es werde Geld"), gutgeschrieben.

Begrenzt wird das Volumen, das eine Geschäftsbank auf diese Weise an neuem
Giralgeld schöpfen kann, zum einen durch die Grundsätze für Liquidität [29]
(in Verbindung mit einer Mindestreservehaltung, d. h. vorzuhaltendes Zentralbankgeld [38], und über bewertete Aktivpositionen gemäß der damit verbundenen Liquidität) und zum anderen über die Grundsätze für Solvabilität [25],[28],
d. h. die geforderte Eigenkapitalhinterlegung bei den sogenannten Risikoaktiva,
und dies sind im besonderem Maße die Kredite.

Als wichtiger Punkt erscheint dabei, dass u. a. mit den Vereinbarungen Basel I
und Basel II [14] bei den Banken der Spielraum ausgeweitet wurde, ein Vielfaches
der eigenen Eigenkapitalbasis in Form von Krediten zu vergeben. So war dies
bereits mit Gültigkeit von Basel I so, dass die gewichtete Risikosumme der Kredite mit 8 % Eigenkapital zu hinterlegen war, wobei Schuldtitel von Schuldnern
mit exzellentem Rating mit einem Faktor < 1 gewichtet wurden. Dies verbessert
sich noch einmal mit Basel II, u. a. durch die Möglichkeit, die Eigenkapitalbasis
über „innovative Eigenkapitalinstrumente" auszuweiten. Zum anderen werden

Schulden der öffentlichen Hand von entwickelten Ländern mit 0 multipliziert. Geschäftsbanken haben dadurch die Möglichkeit, (Giral-)Geld als einen „ungedeckten", d. h. nicht über Sachwerte abgesicherten Vermögensgegenstand in großem Volumen neu zu generieren. Dies geschieht mittlerweile maßgeblich über so genannte „Repurchase Agreements", bei denen die Geschäftsbank eine verbriefte Sicherheit bekommt (kauft) und der Eigentümer dieser Sicherheit mit Giralgeld bezahlt wird und dieses Geschäft nach einem verabredeten Zeitraum umgekehrt wird. Faktisch stellt dieses Geschäft einen Kredit dar, rechtlich wird es als Kaufgeschäft betrachtet. Je nach Typ der verbrieften Sicherheit, also letztendlich dem Rating dieser Sicherheit selbst, leitet sich dann auch der Zinssatz ab, der für das so „ausgeliehene" Giralgeld zu bezahlen ist.

Schuldverschreibungen bzw. „verbriefte Sicherheiten" haben mittlerweile annähernd die Liquidität von Giralgeld und Zentralbankgeld durch die Verfügbarkeit entsprechender Security Settlement Systems am Kapitalmarkt. Damit verbunden ist eine Vielzahl an Möglichkeiten zur Refinanzierung von Bankgeschäften, u. a. durch die Verbriefung von Krediten über Special Purpose Vehicle etc.. Im Folgenden sollen in diesem Zusammenhang Möglichkeiten diskutiert werden, wie Geschäftsbanken — neben der Emission von neuen Aktien — das gemäß Basel I / Basel II anrechenbare Eigenkapital (und damit das Geldschöpfungspotential) erhöhen können. Dabei sind natürlich bei Geschäftsbanken mit einer bestimmten (Mehrheits-)Eigentümerstruktur besonders solche Lösungen interessant, die das Eigenkapital ohne Kapitaleinsatz der Eigentümer und ohne dass die Eigentümermehrheitsverhältnisse sich ändern, erhöhen. Und hier liefert der Finanzmarkt mittlerweile verschiedene Möglichkeiten.

Eine Möglichkeit besteht darin, dass die Geschäftsbank beispielsweise konkretisiert über ein ADR (American Depositary Receipt — eine Art Aktienzertifikat mit Währungskonvertierung) eine Privatplatzierung eines „Aktienäquivalentes" im bzw. über den primären Markt vornimmt. Ein ADR ist im Prinzip ein „Stellvertreter" für eine Aktie (bzgl. Marktwert und Dividendenzahlung) ohne Stimmrecht. Diese spezielle Schuldverschreibung (es gibt aber noch eine Vielzahl anderer Ausgestaltungsvarianten für „innovative Eigenkapitalinstrumente") hat die rechtliche Eingruppierung als Eigenkapital und kann daher zur Eigenkapitalhinterlegung von Risikoaktiva (insbesondere also Kredite) voll genutzt werden. Die Geschäftsbank entzieht zwar damit dem Markt zunächst ein Giralgeldvolumen in dieser Höhe, wenn sie das Zertifikat an den Nichtbanken-Sektor veräußert, hat aber dann die Möglichkeit, ein weitaus größeres Volumen davon an Giralgeld (über Kredite) zu generieren.

Es ist keine Regulierung bekannt, die es verbieten würde, dass die Investmentbanken bzw. -fonds Eigentümer dieser ADR`s sein können. Es ist daher nicht grundsätzlich auszuschließen, dass „befreundete Fonds" der Gruppe der Investmentbanken, die auch als Erstzeichner für die neu ausgegebenen Sicherheiten fungieren, diese Sicherheiten im Primärmarkt als die so genannten „Exit-Buyer" (Käufer im Sekundärmarkt) aufkaufen — und den Kauf anschließend, z. B. auch über einen Kredit, refinanzieren. Dabei ist auch anzunehmen, dass die zeichnenden Investmentbanken bei der jeweils emittierenden Geschäftsbank über die notwendigen Aktienmehrheiten zur Steuerung der Bank verfügen (Beispiel: Royal Bank of Scottland in Kap. B.1.1).

Aktuell geben aber auch laufende Aktienrückkäufe und die damit einhergehende Reduktion des Streubesitzes Grund zur Sorge, dass diese Steuerungsmöglichkeiten auch bei bislang noch nicht beherrschten Geschäftsbanken vorbereitet wird.

Die Baseler Vereinbarungen legen fest, in welchem Maße eine Geschäftsbank, die über dieses „frische" Eigenkapital verfügt, nunmehr ein Vielfaches davon an Krediten vergeben kann (neu geschöpftes Giralgeld). Das mögliche Gesamtvolumen ergibt sich aus den so genannten gewichteten Risikoaktiva. Diese werden so berechnet, dass die vergebenen Kredite (und andere Aktivpositionen, die Forderungen darstellen) mit einem Faktor multipliziert werden — abhängig vom Rating des jeweiligen Schuldners. So ist bspw. im Falle der G7 Staaten als Schuldner, deren Kreditvolumen mit Null zu multiplizieren ($\Rightarrow$ unendliches Geldschöpfungspotential), sofern (Prime-) Banken die Kreditnehmer sind mit 0,2 (20 %). Auch alle anderen A+-gerateten Schuldner führen zu einem Faktor 0,2 (20 %), vgl. hierzu [14],[25]. Die Summe der so gewichteten Risikoaktiva ist dann mindestens zu 8 % mit Eigenkapital abzusichern. Mit anderen Worten: Sofern die Geschäftsbank über RePo Geschäfte mit beispielsweise US Treasury Bonds oder anderen Bankschuldverschreibungen Kredite vergibt, kann dieses Volumen weit mehr als das 60-fache des neu gewonnenen Eigenkapitals ausmachen.

Wenn die Geschäftsbank nunmehr den mit ihr verbundenen oder anderen Fonds dieses Kreditvolumen einräumt, können diese Fonds von den Banken Giralgeld durch die temporäre Abgabe von anderen Sicherheiten bei der Bank erhalten, d. h. der Primärmarkt bzw. der Vermögensmarkt hat eine Refinanzierungsmöglichkeit über diesen Mechanismus, ohne Einschaltung von irgendeiner Zentralbank oder anderen Dritten. Ein Fond kann so beispielsweise einen Special RePo mit der Bank abwickeln, bekommt also Giralgeld zu einem geringen Zinssatz und kann dieses Giralgeld anschließend zu einem höheren Zinssatz, z. B. über einen General RePo an jemand Anderen weitergeben.

Auf der anderen Seite ist klar, dass beispielsweise Regierungen neu emittierte Sicherheiten bzw. laufende Sicherheiten in diesen Markt einbringen bzw. eingebracht haben. Diese weisen in der Regel einen höheren Zinssatz auf. (Beispiel 2005: US-Treasury-Note 5 % Rendite, EU-Treasury-Note 4 % Rendite, General RePo 3 % Rendite, Special RePo 1,5 % Rendite).

Einmal angenommen, ein Fond X habe bei einer Bank Y für alle Treasury-Notes einen Special RePo-Satz von 1,5 %. Bei einer neu emittierten US-Treasury-Note kann er den Kauf der Treasury-Note dann durch ein RePo bei seiner Bank Y mit Gewinn finanzieren. Er zahlt für das neu geschöpfte Giralgeld 1,5 % Zinsen und bekommt im Gegenzug eine Verzinsung von 5 % (Leverage Geschäfte).

Dies ist für alle Beteiligten attraktiv. Die Bank kann über das neu hereingenommene Eigenkapital das 60-fache und mehr als RePo-Kredite vergeben. Bei einem Zinssatz von 1,5 % bedeutet dies durch Multiplikation mit 60 eine Rendite von 90 % in Bezug auf das eingesetzte Eigenkapital.

Auf der anderen Seite ist über die Fonds eine zusätzliche Verzinsung dieses Eigenkapitals bis zu einer Höhe der Security-Rendite, wieder multipliziert mit dem Faktor 60 und mehr, möglich, in unserem Beispiel also zusätzliche 3,5 % x 60 = 210 %, woraus eine Gesamtrendite von 300 % auf das neu eingesetzte Eigenkapital resultiert. Hierbei ist anzumerken, dass die Laufzeit von Staatsschuldverschreibungen 5, 10 oder teilweise auch 30 Jahre beträgt.

B.3   Die Rolle der Fonds

Eine Aufgabe eines Fonds kann darin bestehen, als so genanntes SPV (Special Purpose Vehicle) Risiken von der Bank selbst wegzunehmen und über Diversifikationen zu streuen. Eine Geschäftsbank kann einen Fond mit einem (vergleichsweise geringem) Eigenkapital ausstatten und ihm über ein großes Kreditvolumen im Rahmen von Repurchase Agreements den Aufkauf von Sicherheiten ermöglichen. Ein so operativ am Markt tätiger Fond kann dann versuchen, einen Teil seines Giralgeldes „von außen" in den Markt zu holen, indem er sich als Publikums-Fond auch Kleininvestoren, der „Öffentlichkeit", anbietet.

Die Kleininvestoren bekommen in diesem Falle, bestimmt durch das Fond-risiko (durch die Art der eingekauften Sicherheiten) eine diversifizierte Verzin-sung des eingebrachten Giralgeldes angeboten, deren tatsächliche Höhe sich letztendlich erst im Nachhinein real festlegt, weil sie sich aus dem Ertrag der Fondsgesellschaft ableitet. Es ist dabei — wie in B.2 ausgeführt — möglich, dass der Fondertrag von der mit dem Fond verbundenen Bank durch die Höhe des Giralgeldkreditzinses beeinflusst werden kann. Es ist weiter davon auszugehen, dass im Falle eines Verlustes, d. h. beispielsweise der Zahlungsunfähigkeit eines Emittenten einer bestimmten Sicherheit, die im Fonds-Portfolio liegt, zunächst einmal die Kleininvestoren — das „Publikum" — belastet werden, nicht aber die Zinszahlungen für das geliehene Giralgeld darunter leiden.

Bei dem Extremfall eines Zusammenbruchs des Fonds sind hier wahrscheinlich auch erstrangig diese Giralgeldkredite bzw. RePos aufzulösen, und anschließend werden die Fondsanteilseigner mit möglichen Restauszahlungen „beglückt". Durch geeignete Diversifizierung des Fond-Portfolios und Ausgestaltung der Fremdkapitalausstattung kann so das Risiko für die Banken nahezu auf Null gebracht werden.

B.4   Die Rolle der Versicherungen

So wie auch Fonds (vgl. Kap. B.3) sind Versicherungen als Teilnehmer des so genannten Sekundärmarktes in gewisser Hinsicht Kapitalsammelstellen. Die Versicherungen „sammeln" das Geld von ihren Kunden ein (über Versiche-rungsbeiträge). Das Geld wird dann im Finanzmarkt angelegt in Aktien, Schuld-verschreibungen, Fondanteilen usw.. Versicherungen sind insofern ein wichtiger Endkunde (Exit Buyer) im Finanzmarkt.

Im Jahr 2005 beliefen sich die gesamten Beitragseinnahmen der Versicherer weltweit auf ca. 3,4 Bill. US-Dollar [84]. Hiervon entfielen ca. 2 Bill. $ auf den Bereich der Lebensversicherungen. Insbesondere diese „Kapitalbasis" kann von den Versicherern in Finanzwerte investiert werden.

In Hinblick auf das Geldschöpfungspotential der Kreditinstitute ist zu bemerken, dass für Versicherungen (anders als bei Geschäftsbanken) bislang keine gesetzlich vorgeschriebenen Eigenkapitalanforderungen bezüglich der gehaltenen Risikoaktiva existieren. Das bedeutet: Während eine Bank entsprechend der Basel II-Regelungen für einen vergebenen Kredit einen gewissen Prozentsatz als Eigenkapital vorhalten muss, gibt es diese Verpflichtung für eine Versicherung nicht. Eine Versicherung kann daher einen verbrieften Kredit von einer Bank erwerben und muss für diesen Kredit kein Eigenkapital vorhalten. Das bei der Bank gebundene Eigenkapital wird dadurch wieder frei.

Da einige Versicherungen u. a. durch Zahlungsausfälle bei gehaltenen Forderungen in finanzielle Schwierigkeiten geraten sind, wurde vor wenigen Jahren in Europa ein Prozess unter dem Stichwort „Solvency II" angestoßen, geeignete Eigenkapitalrichtlinien für Versicherungen zu erarbeiten und gesetzlich verpflichtend zu machen [85]. Dabei strebt man aktuell an, dass eine Umsetzung in nationales Gesetz ab dem Jahr 2009 erfolgt. Bislang steht aber noch die erste Stufe des Prozesses, die Entwicklung der Rahmendirektive, aus.

B.5   Weitere Akteure

Eine weitere Rolle spielen in dem Primärmarkt manche Zentralbanken, hier z. B. die Federal Reserve Bank sowie die Schweizerische Nationalbank.

Die Schweizerische Nationalbank (wie viele andere Zentralbanken auch) hat bspw. mittlerweile ihre zentrale Offenmarktpolitik auf das RePo-Geschäft ausgelegt [2], d. h. sie legt Zinssätze für eine Refinanzierung der Geschäftsbanken über RePos bei der Schweizerischen Nationalbank fest und steuert damit die Hereinnahme von Giralgeld, ausgehend von der Nationalbank selbst (dies ist vom Prinzip her ähnlich zu sehen, wie der eingeräumte Kreditspielraum eines Fonds bei einer Bank wie in Kap. B.2 geschildert). Die Nutzung eines Zentralbank-RePos wird insbesondere immer dann nötig, wenn eine Bank temporär die Passivseite ihrer Bilanz ausweiten muss, um ein gewünschtes Kreditvolumen zu realisieren.

Die Federal Reserve Bank hat eine Fazilität, die als „SOMA" bezeichnet ist (System Open Market Account), bei der so genannte Primary Dealer (die von der Fed zugelassen sind) für einen gewissen Zeitraum beliebige Treasury Schuldverschreibungen gegen andere Treasury Schuldverschreibungen austauschen können. Damit wird es diesen Akteuren möglich, bei Nichtverfügbarkeit spezieller gewünschter US-Securities diese bei der Federal Reserve zu bekommen, gegen Hinterlegung anderer momentan nicht benötigter Securities. Der Bestand der Federal Reserve an ausleihbaren US-Securities wird derzeit (2005) auf 1,5 Billionen $ geschätzt.

B.6   Die privilegierte Rolle der „Primary Dealer"

Die US-Staatsschuldverschreibungen werden über das Fed-Wire-Network über eine sehr kleine Anzahl so genannter „Primary Dealer" emittiert [42]. Diese Dealer stellen die Erstkäufer für alle US-Treasury-Bills, -Notes und -Bonds dar, mit der Option, diese dann ggf. weiter zu verkaufen.

Die Primary Dealer haben allerdings die Möglichkeit, sämtliche US-Schuldverschreibungen mit einem geringen Mitteleinsatz und unter Zuhilfenahme von RePo-Vereinbarungen aufzukaufen. Angenommen, ein Primary Dealer hat „Geld" in Höhe von 100 Millionen $. Dann kann er dafür Treasury-Notes kaufen, die er anschließend für eine Re-Finanzierung so nutzt, dass er mit den Treasury-Notes als Sicherheit über ein RePo Geld beschafft, mit dem er die nächste Tranche US-Treasury-Notes einkauft usw. (vgl. hierzu auch die Ausführungen unter B.2/B.3).

Das bedeutet, dass man Zentralbankgeld oder Giralbankgeld lediglich für die Kaufabwicklung benötigt und die Treasury-Notes selbst durch die Nutzung von RePos kurzfristig verfügbares Geld (besser gesagt ein Geldsurrogat) darstellen. Man landet in einer Kaufkaskade: Mit dem Geld vom Typ 1 kauft man Geld vom Typ 2, das man kurzfristig wieder in Typ 1 wandeln kann, um damit weiteres Geld vom Typ 2 zu kaufen. Diese Kaskade erfordert weder eine weitere Eigenkapitalhinterlegung (bei hoch gerateten Staaten ist das Risikogewicht 0) noch eine Mindestreservehaltung (da die Schuldtitel nicht bei den mindestreservepflichtigen „Kreditinstituten" verbleiben), so dass das dadurch erzeugbare „Kreditvolumen" eigentlich unendlich ist. Eine Begrenzung ist im Grunde lediglich durch die Anzahl der Trades pro Tag und die Anzahl der Trading-Days gegeben.

Dabei wird u. a. ausgenutzt, dass Giralgeld oder Zentralbankgeld in sich keine (hohe) Rendite erwirtschaftet, d. h. quasi als Zero-Coupon-Note ausgestattet ist, die zum Nominalwert gehandelt wird. Zudem ist aufgrund der Inflation das Giralgeld oder Zentralbankgeld zusätzlich (implizit) mit einem nicht gestaltbaren negativen Zinssatz belastet. Daraus resultiert, dass die Eigentümer von Giralgeld oder Zentralbankgeld in sich ein Interesse daran haben, dieses Geld „Zins bringend" anzulegen, d. h. Giralgeld und Zentralbankgeld „hungert" danach, im Rahmen von RePos oder auf andere Art eine Rendite zu erwirtschaften.

B.6.1 Der „Hunger" nach US-Schuldverschreibungen

Wenn man die Rolle und die privilegierte Stellung der Primary Dealer analysiert und interpretiert, wird klar, warum es im Rahmen des weitgehend unregulierten Kapitalmarktes einen nie enden wollenden „Hunger" nach US-Schuldverschreibungen (aber auch nach anderen Titeln) gibt. Die Primary Dealer sind — nicht zuletzt über ihre mittlerweile auch institutionell zulässige Verknüpfung mit Banken und Versicherungen — wie gesagt in der Lage, ein einmal verfügbares Volumen an Giralgeld für das Aufkaufen eines nahezu unbegrenzten Volumens an Schuldverschreibungen zu verwenden. Die Schuldverschreibungen haben dabei eine höhere Rendite als die im Gegenzug über RePos aufzunehmenden Geldmittel, die lediglich für die Abwicklung des Kaufgeschäfts dienen, die aber grundsätzlich als Einlagen im Finanzsektor verbleiben.

B.6.2 Staatsverschuldung und deren Auswirkung auf die konsolidierte Bankenbilanz

Im Wesentlichen sind hinsichtlich der Auswirkung einer Staatsverschuldung auf die Gesamtbilanz der Banken zwei Alternativ-Szenarien denkbar.

Erstes Szenario: Eine Bank benutzt „freies" Giral- oder Zentralbankgeld, dem auf der Passivseite entsprechend viel Einlagen und Eigenkapital als Verbindlichkeiten gegenüberstehen, zum Aufkaufen einer Staatsschuldverschreibung, wodurch sich temporär eine Umschichtung von Geld in andere Aktiva ergibt. Da aber der Staat das Geld selbst auf Konten hält, führt dies zu einer Erhöhung des Einlagevolumens im Bankensektor, also zur Verfügbarkeit von entsprechend viel Giralgeld, allerdings abzüglich der geforderten Mindestreserve (sofern die Schuldverschreibung nicht selbst als Liquiditätsreserve gewichtet wird). D. h. in diesem Fall erfolgt bei einer Ausweitung der Bilanz eine Umschichtung einer „Geld"-Position in die „Mindestreserve"-Position (die jederzeit über ein RePo mit der Zentralbank in Zentralbankgeld gewandelt werden kann). Die Ausweitung der Bankenbilanz entspricht dem Volumen der aufgekauften Schuldverschreibung.

Zweites Szenario: Ein Anleger (Nicht-Bank) kauft eine Schuldverschreibung des Staates. Die Schuldverschreibung landet in einem Kundendepot. Der entsprechende Geldgegenwert wird auf ein Konto des Staates überwiesen, d. h. die Einlagegeldmenge bleibt unverändert.

Diese beiden Szenarien werden in den Kapiteln B.6.2.2 und B.6.2.3 genauer erläutert.

B.6.2.1 Was ist in den beiden Szenarien zu erwarten?

Wenn eine Bank die Schuldverschreibung eines Staates kauft, steigt die Menge besonders kurzfristig verfügbaren Geldes (gemeint ist hier M1). Dabei kann man davon ausgehen, dass ein Teil dieser Geldmenge auf der Suche nach einer Anlage von Vermögen ist, da es für Konsumzwecke nicht benötigt wird. Die Bank kann in einem solchen Fall als Market-Maker operieren und letztendlich einen geeigneten Zinssatz für Geldanlagen verhandeln. Jedoch wird diese Geldmenge auch nach alternativen Anlageformen suchen, die insbesondere nicht inflationsbehaftet sind, da ja als Effekt einer Geldmengenausweitung eine inflationäre Tendenz möglich ist. Aktuell ist gerade klar zu beobachten, dass zunehmend zunächst „Sachwerte" gekauft (umgeschichtet) werden, bis das Giralgeld in ein Geldsurrogat gewandelt wird — d. h. die Geldmengenerhöhung wirkt sich auf den Vermögensmarkt aus!

Wenn Nicht-Banken die Staatsschuldverschreibungen erwerben, ist nicht viel zu erwarten, da sich der Handlungsspielraum der Banken nicht verändert hat, die Geldmenge gleich geblieben ist und lediglich die Finanzvermögensposition Einzelner erhöht wurde. Für Finanzinstitutionen ist dies als nicht sonderlich attraktiv einzustufen. Eine spätere Nutzung der erworbenen Schuldtitel — vor Ablauf — für Konsumzwecke ist für die Nicht-Banken nur über den Umweg einer Veräußerung des Finanzvermögens, d. h. im Tausch Konsum gegen Vermögen, realisierbar. Es sei denn, die Vermögenden nehmen bei den Banken gegen Hinterlegung ihrer Vermögenskomponente einen Kredit zum Zwecke des Konsums auf.

Alternativ zu einem Kredit ist der Verkauf der Vermögenskomponente an die Bank denkbar, wodurch sich — wie beim Kredit — die Geldmenge gemäß Szenario 1 (Kauf durch eine Bank) erhöhen würde.

B.6.2.2 Staatsschuldverschreibungen sind Bankkredite

Im Folgenden werden die beiden Szenarien ablauftechnisch betrachtet.

a) Kauf der Schuldverschreibung durch eine Bank:
Die Aktivpositionen einer Bank bilden die Sicherheiten zur Abdeckung der Verbindlichkeiten (Passiva). Eine Position ist hier die Bar-Reserve, eine andere sind die kurzfristig verfügbaren Einlagen bei anderen Kreditinstituten (und den Zentralbanken). Eine Einzahlung eines Kunden auf sein Konto bedeutet letztendlich eine Buchung dieses Betrages auf dem Kundenkonto, sowie gleichzeitig eine Buchung dieses Betrags beispielsweise bei den Bar-Reserven der Bank (bei einer Bareinzahlung durch den Kunden) oder eben auf einem Einlagekonto der Bank bei einem anderen Kreditinstitut (bei einer Kundenüberweisung). Der Bank steht somit auf ihrer Aktivseite das Giralgeld des Kunden in Form von Einlagen — nach Abzug von Mindestreserveverpflichtungen — für Akquisitionen

zur Verfügung. Wenn nun Banken mit diesem Geld einen Staatsschuldtitel kaufen, wird letzten Endes ein Betrag von der Aktivposition des Bankensektors auf ein Einlagekonto eines Kunden (den Staat) transferiert, was damit wiederum eine Erhöhung der Aktivposition des Bankensektors um denselben Betrag bedeutet (natürlich nur in einer weltweit konsolidierten Bilanzsicht). Ein solcher Kauf durch eine Bank erhöht somit die Giralgeldmenge um den Betrag der Schuldverschreibung und ist damit faktisch ein Kredit. Richtigerweise würde sich nun das Geldvolumen immer wieder dann reduzieren, wenn eine Bank einen solchen Aktivtitel im Austausch mit Giralgeld an einen Bankkunden veräußert.

b) Was passiert, wenn eine Staatsschuldverschreibung von einem Bankkunden (Nicht-Bank) als Vermögensanlage gekauft wird? Hierzu soll die konsolidierte Bankenbilanz des Weltbankensektors betrachtet werden. In diesem Falle hat der Bankkunde ein Gelddepot (ein Konto), auf dem genügend Giralgeld verbucht ist, das insofern kurzfristig angelegtes Geld darstellt, und er möchte dieses kurzfristig angelegte Geld in einen langfristigen Vermögenstitel, nämlich eine Staatsschuldverschreibung anlegen. Hierzu kauft er die Staatsschuldverschreibung, die in sein Wertpapierdepot wandert, und das Giralgeld wird auf das Konto des Staates gebucht und taucht damit als Einlage wiederum in der Gesamtbilanz der Banken auf, d. h. ein Konto wird im Soll, ein anderes Konto im Haben gebucht. In diesem Falle hat sich die Geldmenge, auch das Giralgeldvolumen, nicht verändert. Diese Vorgehensweise setzt voraus, dass immer bei Neu-Emissionen von Schuldverschreibungen genügend kurzfristig angelegte Geldtitel verfügbar sind, die in langfristige Vermögensanlagen umgewandelt werden sollen. Eine solche Abwicklung ist dann geldmengenneutral.

Dabei stellt sich die Frage, ob nicht die Banken als Qualified Institutional Buyer, die auf den Marktplattformen (wie bspw. DTCC) als „verwahrende Marktteilnehmer" mit den Sicherheiten eingetragen sind, damit noch weitere Geschäfte tätigen können? Denn wie beim Geld ein Konto benötigt der Bankkunde ein „Depot", das seinen Besitz dokumentiert. Das Geld selbst wird von der Bank verwahrt und kann in Form von Krediten weitergegeben werden, wodurch sich die Geldforderung des Kunden in eine Giralgeldforderung wandelt, die nur über die Verpflichtung der Mindestreservehaltung mit Zentralbankgeld gedeckt ist.

In der gleichen Weise ist es prinzipiell denkbar, bankenseitig für die Kunden „Schuldtiteldepots" einzurichten, die den Besitzanspruch des Kunden dokumentieren, während aber aktivseitig von der Bank nur zu einem gewissen Grade diese Forderungen durch tatsächlich im Besitz befindliche Schuldtitel abgedeckt sind (also im übertragenen Sinne Giral-Securities). Es spricht vieles dafür, dass sich die in den Bankbilanzen als „Handelspassiva" ausgewiesenen Leerverkäufe auf die verwalteten Kundenbestände beziehen.

B.6.2.3 Die Emission von Bundesschatzbriefen

Im Folgenden soll beispielhaft ein Zahlungsverkehr bei der Emission öffentlicher Schuldtitel aufgezeigt werden, in diesem Fall mit Zentralbankgeld. Am Beispiel der Deutschen Bundesbank als Zahlungsverkehr-Clearing-Instanz soll demonstriert werden, wie über ein gesetzliches Zahlungsmittel die Emission einer Schuldverschreibung erfolgt, in diesem Fall exemplarisch durch die Bundesrepublik.

Hierbei wird zunächst angenommen, dass die beteiligte Bank, die den Kauf durchführt, über ein geeignet hohes Einlagevolumen von Zentralbankgeld (in Form einer Giroeinlage bei der Deutschen Bundesbank) verfügt. Des Weiteren wird angenommen, dass im Anschluss an die erfolgte Zahlung die Bundesrepublik Deutschland mit Hilfe der verkauften Schuldverschreibung anschließend ihren Zahlungsverpflichtungen in Form von Überweisungen an Zahlungsempfänger (beispielsweise an Gehaltsempfänger des Bundes) nachkommt. Dabei wird zudem als Vereinfachung angenommen, dass die Zahlungsempfänger ihre Konten bei der kaufenden Bank haben.

In diesem Falle erfolgt in einem ersten Schritt die Zahlung des Kaufpreises für die Schuldverschreibung der Bank, angenommen 1.000 €, die Belastung des Bundesbankkontos der kaufenden Bank A um diesen Betrag, sowie die entsprechende Gutschrift auf das Konto der Bundesrepublik bei der Deutschen Bundesbank. Im Anschluss daran erfolgt die Aktivierung der Schuldverschreibung in der Bilanz der kaufenden Bank, für die sich die Aktivseite nicht erweitert, sondern gleich bleibt. Es erfolgt anschließend die Überweisung durch die Bundesrepublik, was bedeutet, dass 1.000 € den Zahlungsempfängern gutgeschrieben werden, gemäß der hier getroffenen Annahme ihren Konten bei der kaufenden Bank. Dann erfolgt bei der Bundesbank die Belastung des Kontos der Bundesrepublik um 1.000 € sowie die Gutschrift von 1.000 € der kontoführenden Bank für die Zahlungsempfänger sowie dann die Erweiterung der Passivseite der Bank A um 1.000 € (also um die Einlagen der Zahlungsempfänger), wodurch sich die Bilanz der Bank A um 1.000 € verlängert, und zwar sowohl auf der Passiv- als auch auf der Aktivseite.

Insofern stellt der Kauf der Schuldverschreibung durch die Bank A eine Kreditvergabe an die Bundesrepublik Deutschland dar. Im Detail könnte daraus resultieren, dass die kaufende Bank einen kleinen Refinanzierungskredit bei der Deutschen Bundesbank aufnehmen muss, um einer erhöhten Mindestreservehaltung nachkommen zu können. (Hinweis: Gewisse Schuldverschreibungen werden von der Bankenaufsicht als „hoch liquide" eingestuft und erhöhen damit die Liquiditätsreserve / Mindestreserve; Bundesschatzbriefe stellen beispielsweise Kategorie-1-Zertifikate für die Refinanzierungs-Fazilität der Bundesbank dar und können daher bedarfsorientiert in Zentralbankgeld umgewandelt werden.)

Es ist offensichtlich, dass aufgrund der Bilanz-Verlängerung der Bank erneut die eingesetzten Mittel für den Kauf der ersten Schuldverschreibung wieder bei der Bank verfügbar sind, um eine zweite Tranche zu kaufen. Wenn die Überweisung durch die Bundesrepublik an die Zahlungsempfänger zu einem späteren Zeitpunkt vorgenommen wird, muss sich die Bank für den Einkauf einer zweiten Tranche gegebenenfalls kurzfristig refinanzieren, wozu sie — wie angenommen — über ein RePo-Agreement die bereits gekaufte Schuldverschreibung in das für den nächsten Trade notwendige Geld umtauschen kann. Hierzu steht ihr auf jeden Fall die Refinanzierungs-Fazilität der Bundesbank zur Verfügung, alternativ kann sie das Geld aber auch in Form von Giralgeld bei allen anbietenden Investoren am Geldmarkt aufnehmen. Dies vor dem Hintergrund, dass eine Geldanlage der Investoren bei Banken im Zweifelsfall mittels einer Überweisung von Zentralbankgeldeinlagen bei der Deutschen Bundesbank erfolgt. (Hinweis: dies muss nicht notwendig so sein, da auch mehrere Banken z. B. in Giroverbänden gekoppelt sein können mit einem eigenen Zahlungssystem; eine Überweisung innerhalb eines Giroverbandes macht nämlich keinerlei Zentralbankgeld-Umschichtung erforderlich — vgl. hierzu auch Frage (7) in Kap. XIV).

Prinzipiell unterscheidet sich die Emission von Schuldverschreibungen von Unternehmen nicht wesentlich vom gerade geschilderten Prozess. Der Unterschied besteht darin, dass nicht notwendigerweise Zentralbankgeld für die Abwicklung der Emissionen benötigt wird. Wenn beispielsweise die Konten des emittierenden Unternehmens innerhalb eines Giroverbandes geführt werden, können sämtliche Teilnehmer des Giroverbandes eine Unternehmensschuldverschreibung erwerben, und dabei braucht keine Zentralbank involviert zu sein. Hier erfolgt der

Erwerb nicht mit Hilfe von Zentralbankgeld, sondern mit Hilfe von Giralgeld. Es kann jedoch sein, dass nach dem abgewickelten Kauf die kaufenden Banken beispielsweise bei der Zentralbank über die Refinanzierungs-Fazilität einen Betrag in Höhe der Mindestreserveverpflichtung als Kredit aufnehmen müssen.

Es soll nun noch diskutiert werden, welchen Geldeffekt der Kauf einer Staatsschuldverschreibung durch eine Nichtbank hätte, d. h. durch eine juristische Person, die nicht über eine eigene Zentralbankgeldhaltung verfügt (also beispielsweise kein Konto bei der Deutschen Bundesbank hat). Diese juristische Person müsste letztendlich für die Abwicklung des Kaufs Geld, das ihr zur Verfügung steht (annahmegemäß soll dies Giralgeld sein), in Zentralbankgeld umwandeln. Im einfachsten Falle hat hierzu die juristische Person ihr Giralgeld auf dem Konto einer Bank, die dem Deutschen Bankengesetz unterliegt, d. h. die die Einlagen ihrer Kunden in Form von Mindestreserven / Liquiditätsreserven u. a. auch — zumindest in geringem Umfang (2 % Mindestreserve) — durch Zentralbankgeld abgedeckt hat. In dem oben skizzierten Fall wird angenommen, dass diese juristische Person das Konto bei derselben Bank hat wie die Zahlungsempfänger des Bundes. Der Kauf der Schuldverschreibung würde das Konto der kaufenden juristischen Person um 1.000 € belasten und mit dem oben angesprochenen Zeitversatz zu einer Gutschrift auf den Konten der Zahlungsempfänger führen mit den oben schon geschilderten Transaktionen auf den Konten der Bank sowie der Bundesrepublik. Die Bilanz der Bank würde sich dadurch nicht verändern, allerdings auch nicht die vorzuhaltende Mindestreserve / Liquiditätsreserve. Nun verfügt die juristische Person über Geld vom Typ Staatsschuldverschreibung, das sie ihrerseits wieder verwenden kann, um es am Geldmarkt zu refinanzieren und damit in einem zweiten Tradingvorgang eine zweite Tranche zu erwerben. Der Unterschied besteht nun darin, dass die juristische Person auf ein RePo-Geschäft angewiesen ist, wenn sie eine zweite Tranche erwerben will, während die Bank dies nur für den Zeitraum bis zu der erfolgten

Überweisung an die Zahlungsempfänger (die annahmegemäß ihre Konten bei dieser Bank haben) benötigt. Die juristische Person kann aber prinzipiell, also über den Geldmarkt selbst, wieder das RePo mit der eigenen Bank haben, was wiederum einer Kreditgewährung entspricht. Der Unterschied besteht darin, dass die juristische Person weiterhin der wirtschaftliche Nutznießer von Erträgen aus der Staatsschuldverschreibung bleibt. Die Bank dagegen sieht sich zwei unterschiedlich zu kalkulierenden Transaktionskosten gegenüber. Sie wird prüfen, ob ein Eigenerwerb oder die Refinanzierungsoption für verschiedene Geldtypen attraktiver ist.

Wichtig ist, dass das Zentralbankgeld bei diesen Geschäften nicht dem Kreislauf entzogen wird. Dies bedeutet faktisch eine Ausweitung der insgesamt verfügbaren Liquidität. Denn durch die Verfügbarkeit eines funktionierenden Geldmarktes und der Akzeptanz von Staatsschuldverschreibungen als „Geldsurrogat" können diese über den Umweg Giralgeld jederzeit in Zentralbankgeld getauscht werden. Der Zinscoupon der Schuldtitel landet dabei als Vermögenszuwachs bei den Käufern, die sich gegebenenfalls diesen Vermögenszuwachs teilen müssen mit denjenigen, die temporär das erforderliche Giralgeld bereitstellen.

B.7 Geldschöpfung durch Emission von Bankschuldverschreibungen

Bankschuldverschreibungen werden im Allgemeinen als Titel angesehen, die dazu dienen sollen, dass Banken sich im Hinblick auf vergebene Kredite refinanzieren können. Dies ist wohl prinzipiell so gemeint, dass eine Bank, die eine Bankschuldverschreibung vergibt, von einem Investor, der diese Bankschuldverschreibung kauft, Giralgeld erhält, wodurch die liquiden Mittel der Bank auf der Aktivseite, die sie beispielsweise in Form von Einlagen bei Banken hält, erhöht werden. Die weltweit konsolidierte Bankenbilanz hat sich dabei — ohne

Giralgeldschöpfung — um den Betrag der Schuldverschreibung verlängert. Giralgeld ist dabei von der Position „Einlagen von Nichtbanken" zu der Position „Einlagen von Banken" gewandert. Eine Geldschöpfung kann dann im nächsten Schritt passieren, wenn nämlich der Besitzer der Bankschuldverschreibung bei einer Bank einen durch die Schuldverschreibung gesicherten Kredit aufnimmt. Dies bewirkt dann — für die Kredit gebende Bank — eine sehr geringe Anrechnung des Kredits als Risikoaktivum. Das bedeutet, dass für das so geschöpfte neue Geld wenig Eigenkapitalhinterlegung erforderlich ist.

Prinzipiell sind damit die „Primebanken" in der Lage, sich selbst mit Liquidität auszustatten, lediglich begrenzt durch das Maß der geforderten Eigenkapitalhinterlegung, (wobei auch Eigenkapital in gewissem Maße über „innovative Eigenkapitalinstrumente", d. h. besondere Formen von Schuldverschreibungen gebildet sein kann). Die Bank bestimmt dabei selber den Zinssatz, indem sie mit einem geeigneten Partner den Kreditzins festlegt. Solche Kredite sind für die Bank prinzipiell risikolos, da sie ja mit den selbst herausgegebenen Schuldverschreibungen gesichert werden können. Prinzipiell könnte dies auf einem Primärmarkt wie folgt realisiert sein: Die Broker auf diesem Markt bieten einen General Collateral-Satz für Bankschuldverschreibungen an, und jede Bank ist bereit, für einen Special Collateral-Preis eigene Bankschuldverschreibungen gegen Giralgeld in Pension zu nehmen.

C. Glossar

Im Folgenden werden einige der im Text genutzten Begriffe kurz erläutert. Genauere Ausführungen zu den Begriffen und auch Ausführungen zu weiteren damit im Zusammenhang stehenden Begriffen finden sich in der Vielzahl der im Internet verfügbaren Fachglossare für bankfachliche Begriffe. Beispiele hierzu sind:

http://www.bundesbank.de/bildung/bildung_glossar.php [32]
http://www.deutsche-bank.de/lexikon [23]
http://www.ecb.int/home/glossary/html/glossa.en.html [37]
http://glossary.reuters.com/index.php/Main_Page [77]
http://de.wikipedia.org/wiki/Portal:Wirtschaft [100]

Abkürzungen	
ABS	Asset Backed Security
ADR / ADS	American Depositary Receipt / American Depositary Share
Bill.	Billion = 1.000 Milliarden
BIP	Bruttoinlandsprodukt
BIS / BIZ	Bank for International Settlement / Bank für internationalen Zahlungsausgleich
CLS	Continuous Linked Settlement
EZB	Europäische Zentralbank
Fed	Federal Reserve Bank
GDP	Gross Domestic Product ($\Rightarrow$ BIP)
GSE	Governmental Sponsored Enterprises (= Governmental Agencies)
IMF / IWF	International Monetary Fund / Internationaler Währungsfond
OTC	Over The Counter
QIB	Qualified Institutional Buyer
RePo	Repurchase Agreement
SPV	Special Purpose Vehicle

Account Sweeping

Unter *Account Sweeping* versteht man die Umwandlung von täglich fälligen Guthaben auf Girokonten in längerfristige Anlagen. Diese Umwandlung erfolgt im Prinzip aber nur für den Zeitpunkt der Meldepflicht der Finanzinstitute (hinsichtlich der Feststellung mindestreservepflichtiger Einlagen). Eine Bank kann hierzu beispielsweise langfristige Schuldverschreibungen (keine Mindestreservepflicht) emittieren, die im Rahmen eines Overnight RePos am Geschäftstagesende an Bankkunden „verkauft" werden. Dadurch reduziert sich entsprechend das Volumen der von der Bank verwalteten Giralgeldmenge und entsprechend ihre Mindestreserveverpflichtungen. Zu Beginn eines Geschäftstages kauft die Bank dann ihre Schuldverschreibung (wie über das RePo vereinbart) wieder zurück und der Kunde erhält so für den Geschäftstag wieder das Giralgeld. Auf diese Weise ist das hoch liquide Giralgeld zwar während der Geschäftszeiten verfügbar, muss aber nicht gemeldet werden. Dieses *Account Sweeping* wird in großem Volumen auch mit eurocurrency-basierten „Certificates of Deposit" durchgeführt. Entsprechende „Tagesgeldkonten" werden als „Fremdwährungskonten" außerhalb der währungsraumspezifischen Regulierungen verwaltet (Eurodollar, Euroyen, Eurosterling, Euroeuro etc.). Man „kauft" mit seinem Giralgeld dabei eine auf die gleiche Währung lautende Schuldverschreibung, die aber aus Sicht der emittierenden Bank ein nicht mindestreservepflichtiger „Fremdwährungstitel" ist. Die Rückwandlung erfolgt dann, wenn man Giralgeld benötigt.

242

**ADR –
American
Depositary Receipt**

In einer prinzipiellen Sicht stellen *ADRs* eine Art Aktienzertifikat dar. Sie sind eine spezielle Schuldverschreibung einer Bank, die als Stellvertreter auf eine bestimmte Aktie referenziert. Dabei weisen *ADR* und Aktie im Allgemeinen eine unterschiedliche Währung auf. Ursprünglich sind *ADRs* entwickelt worden, um für nicht amerikanische Firmen in vergleichsweise einfacher Form Eigenkapital in Dollar, d. h. von US-Bürgern, aufnehmen zu können. Vereinfacht gesprochen werden die von Banken ausgegebenen *ADRs* stellvertretend für die referenzierten Aktien in der anderen Währung gehandelt. Details hierzu findet man beispielsweise in [24].

Asset

Mit dem englischen Begriff *Asset* bezeichnet man im Prinzip jedweden Vermögensgegenstand bzw. bilanztechnisch jede Aktivposition. Es kann sich dabei also beispielsweise um reale Gegenstände handeln (Häuser, Gold, Grundstücke), aber genauso auch um Forderungen (beispielsweise einen gewährten Kredit).

**Asset Backed
Securities**

Unter *Asset Backed Securities* versteht man Schuldverschreibungen oder auch Unternehmensanteile, die durch irgendwelche Assets, d. h. Vermögenswerte des Unternehmens abgesichert sind. Im Prinzip werden *Asset Backed Securities* von einer eigens hierfür gegründeten Unternehmung ausgegeben, die mit dem über die Ausgabe eingenommenen Geld einen Forderungsbestand oder reale Vermögenskomponenten

Special Purpose Vehicle (SPV)

kauft. Die von diesem speziellen Unternehmen, dem sogenannten *Special Purpose Vehicle (SPV)* ausgegebenen *Asset Backed Securities* sind insofern über die Aktiva des SPVs abgesichert. Die *Asset Backed Securities* können dabei sowohl Unternehmensanteile des SPVs sein oder selbst wiederum Schuldverschreibungen des SPVs. Besondere juristische Formen von SPVs werden als Conduit bezeichnet.

Bill

Schuldverschreibungen werden teils auch nach ihrer Laufzeit klassifiziert. Dies betrifft insbesondere Schuldverschreibungen des US-amerikanischen Federal Government. Bei diesen so genannten Treasury Securities (auch Treasuries genannt) haben Treasury *Bills* eine Laufzeit von weniger als einem Jahr, üblicherweise ca. 1, 3 oder 6 Monate.

Bond

Schuldverschreibungen werden teils auch nach ihrer Laufzeit klassifiziert. Dies betrifft insbesondere Schuldverschreibungen des US-amerikanischen Federal Government. Bei diesen so genannten Treasury Securities (auch Treasuries genannt) haben Treasury *Bonds* eine Laufzeit von 10 Jahren und darüber.

Bretton-Woods

In dem Ort *Bretton-Woods* wurden am 22. Juli 1944 die Grundsätze für ein Währungssystem zur Abwicklung des Welthandels mit festen Wechselkursen verabredet. Der Dollar wurde dabei als Weltleitwährung festgesetzt und die USA haben sich verpflichtet, jederzeit Dollar gegen

Bretton-Woods

Gold zu einem festen Kurs von 35 $ je Feinunze Gold zu tauschen. Diese vertragliche Übereinkunft brach zusammen, nachdem die USA diesen Wechselverpflichtungen nicht mehr nachkommen konnte und 1971 dann ihre Verpflichtung aufkündigte. In Folge wurden 1973 die Wechselkurse frei gegeben. Bestand haben bis heute die im Rahmen der Vereinbarungen von *Bretton-Woods* installierten Institutionen IWF – Internationaler Währungsfond (IMF – International Monetary Fund) und Weltbank (World Bank).

BIP –

Bruttoinlands-

produkt

GDP –

Gross Domestic

Product

Die *BIP-Berechnung* fasst die gesamtwirtschaftlichen Leistungen eines Jahres zusammen, die in einem Land erbracht werden. Sie dient als Indikator für die Wertschöpfung hinsichtlich aller im Inland hergestellten Waren und Dienstleistungen, soweit diese nicht als Vorleistungen für die Produktion anderer Waren und Dienstleistungen verwendet werden. Es gibt dabei drei prinzipielle Ansätze, die Wertschöpfung zu bestimmen (nominal). Dies ist zum einen die Entstehungsrechnung (Produktionsansatz). Bei dem Produktionsansatz ermittelt man die Wertschöpfung als Differenz zwischen dem (Markt-)Wert aller produzierten Waren und Dienstleistungen (Produktionswert) und dem Vorleistungsverbrauch, zzgl. allen nicht abzugsfähigen Gütersteuern (beispielsweise Mineralöl- oder Mehrwertsteuer) und abzüglich etwaiger Gütersubventionen. Bei der Verwendungsrechnung ermittelt man den Konsum aller privaten Haushalte, aller privaten Organisationen ohne Erwerbscharakter und der öffentlichen Hand und rechnet hier die Bruttoinvestitionen und die Exporte hinzu, subtrahiert die Importe und bereinigt diese Zahl um Vorratsveränderungen. Bei der dritten Möglichkeit, der Verteilungsrechnung, geht man vom Volkseinkommen aus (Einkommen aus unselbstständiger Arbeit zzgl. dem Unternehmens- und Vermögenseinkommen) und addiert hierzu Produktions- und Importabgaben an den Staat sowie Abschreibungen, substrahiert etwaige Subventionen. Diese Zahl wird dann noch bereinigt um den Saldo der Primäreinkommen aus der übrigen Welt bzw. an die übrige Welt.

Reales BIP

Im Allgemeinen werden Wachstumsraten nicht auf das nominale BIP bezogen, sondern es wird zunächst ein *reales BIP* kalkuliert. Das heißt, die Waren und Dienstleistungen werden *preisbereinigt*. Hier stellt sich natürlich immer die Frage, wie die Preisbereinigung vorzunehmen ist, d. h. welche Inflation man zugrunde legt. Zunehmend wird dabei ein **hedonischer Ansatz** gewählt, eine Berechnungsmethode, mit der man versucht, Verbesserungen bei Waren und Dienstleistung mit zu berücksichtigen. Angenommen, ein Warenkorb zur Bestimmung der Inflation enthalte einen Computer mit durchschnittlicher Leistung, der im Vorjahr 1.000,– Euro gekostet hat. Wenn dann in diesem Jahr ein Computer durchschnittlicher Leistung 1.100,– Euro kostet, würde man eine Inflation auf Vorjahresbasis von 10 % feststellen. Bei einer hedonischen Berechnung wird beispielsweise die Leistungssteigerung berücksichtigt. Das heißt, wenn ein Computer durchschnittlicher Leistung im

246

aktuellen Jahr über doppelt soviel Hauptspeicher verfügt wie im Jahr zuvor, wird argumentiert, dass man für die 1.100,– Euro nunmehr einen doppelt so guten Computer erhält, der im Jahr zuvor 2.000,– Euro gekostet haben müsste, so dass man für diesen Teil des Warenkorbs eine drastische Deflation verzeichnet (von 2.000,– Euro auf 1.100,– Euro), d. h. minus 45 %. Dieses kleine sehr vereinfachte Beispiel zeigt auf, wie viel „Gestaltungspotential" die hedonische Berechnung zulässt.

In den USA wird die *hedonische Preisermittlung* schon seit vielen Jahren angewandt (seit 1996). Um Ländervergleiche mit den USA aussagekräftiger zu gestalten, finden hedonische Berechnungsgrundlagen zunehmend auch in europäischen Staaten Verwendung, in Deutschland erfolgte eine entsprechende Revision der volkswirtschaftlichen Gesamtrechnung im Jahr 2005.

Unter einem *Carry-Trade* versteht man ein kreditfinanziertes Investment in zwei unterschiedlichen Währungen, bei denen das Zinsgefälle ausgenutzt wird. Ist in einem Währungsraum das Zinsniveau besonders niedrig und in einem anderen Währungsraum dagegen höher, so kann ein Investor, der in dem einen Land einen Kredit zu einem niedrigen Zinssatz aufnimmt, in dem anderen Land mit diesem aufgenommenen Geld ein Investment tätigen (beispielsweise auch eine Schuldverschreibung des jeweiligen Staates oder einer anderen Institution erwerben, die gegenüber dem Kreditzins eine höhere Rendite als Ertrag zu realisieren gestattet). Der Gewinn ist zunächst einmal die Differenz aus der Investment-Rendite und dem Kreditzins. Kommt es in Folge einer Geldmengenausweitung dann zu inflationären Tendenzen in dem Währungsraum, in dem der Kredit aufgenommen wurde, so ist zu erwarten, dass bei Fälligkeit des Kredites, die sinnvollerweise mit der Auszahlung des Investments (Fälligkeit, Refinanzierung oder Verkauf) zusammenfällt, der Wechselkurs gegenüber dem Zeitpunkt der kreditfinanzierten Investition für den Investor günstiger ist. Nimmt der Investor beispielsweise einen Kredit in Yen mit 1 % Kreditzins auf, wechselt den Yen in US $ (z. B. 110 zu 1) und kauft damit eine US-Schuldverschreibung mit beispielsweise 5 % Rendite, so macht er zunächst einen Gewinn von 4 %. Wenn er nun bei Fälligkeit der US-Schuldverschreibung den Dollarbetrag ausbezahlt bekommt und der Kurs US $ zu Yen nun aufgrund inflationärer Tendenzen in Japan (durch die Geldmengenausweitung) z. B. 120 zu 1 ist, so muss der Investor weniger $ für die Rückzahlung seines in Yen aufgenommenen Kredites aufbringen. Er profitiert insofern gleich doppelt.

Certificate of deposit

Ein *Certificate of deposit* ist eine Bankschuldverschreibung. Wie alle anderen „Inhaberschuldverschreibungen" (quasi ein Barscheck) können diese leicht frei gehandelt werden. *Certificates of deposit* sind also keine „Namensschuldverschreibungen" (quasi Verrechnungsschecks), die nur einem speziellen Eigentümer zugeordnet sind. Die Namensgebung (deutsche Begriffe sind z. B. Einlagenzertifikat, Depositen-Zertifikat oder Geldmarkt-Zertifikat) soll suggerieren, dass damit gewissermaßen

Certificate of deposit

ein Kontoguthaben (Giralgeld) „verbrieft" wird. Ein *Certificate of deposit* unterscheidet sich für den Bankkunden aber nicht von anderen Bankschuldverschreibungen. Immer „tauscht" man Giralgeld gegen ein Zertifikat, d. h. einen verbrieften Geldanspruch. Für die Bank liegt der Vorteil u. a. darin, dass unter gewissen Bedingungen das Volumen der ausgegebenen Zertifikate keiner Mindestreservehaltungspflicht unterliegt. Dies gilt insbesondere beispielsweise in den USA für *Certificates of Deposit*, die auf eine Fremdwährung lauten (also aus Sicht der USA beispielsweise auf Euro, Yen oder Pfund Sterling). Diese werden dann auch „Eurocurrency Certificates of deposit", „Euroeuro Deposits", „Euroyen CD" etc. genannt. Außerhalb der USA werden auch „Eurodollar Deposits" geführt und als Zertifikate verbrieft.

CLS / CLS Bank

CLS ist die Abkürzung für *Continuous Linked Settlement*. Damit wird eine spezielle Abwicklung (über ein Softwaresystem) im internationalen Devisenhandel bezeichnet, der mittlerweile an manchen Tagen ein Volumen von über 6 Billionen $ erreicht. Die CLS Bank International als Betreiberplattform für diesen Handel ist eine Tochtergesellschaft (nach US-Recht mit Sitz in New York) der CLS UK Intermediate Holding Ltd. (einer Gesellschaft nach englischem und wales'schem Recht mit Sitz in London; so wie auch deren zweite Tochtergesellschaft CLS Services Ltd.). Diese englische Holding ist wiederum eine Tochtergesellschaft der CLS Group Holding AG (einer Aktiengesellschaft nach schweizer Recht mit Sitz in Zürich). Eigentümer sind ca. 70 Finanzinstitutionen, die weitestgehend die gesamten weltweiten Devisentransaktionen durchführen.

Credit Default Swap

Ein *Credit Default Swap* ist ein so genanntes Kreditderivat, d. h. eine Schuldverschreibung, über die das Ausfallrisiko eines Kredites gehandelt werden kann. Der *Credit Default Swap* erhält hierzu eine Bindung an den Wert einer Forderung (dem Kredit). Sofern es zu einem Forderungsausfall kommt, d. h. der Schuldner den Kredit nicht zurückzahlen kann, verliert der *Credit Default Swap* vollständig seinen Wert. Der Eigentümer des *Credit Default Swap* verliert insofern sein eingesetztes Geld, d. h. den Betrag, den er für den Erwerb des *Credit Default Swap* gezahlt hat (i. W. die Kreditsumme) oder bei einem Kreditausfall zu zahlen hat.

Daylight Overdraft

Unter einem *Daylight Overdraft* wird ein Überziehungskredit bezeichnet, der nur während der Geschäftszeiten besteht. D. h. zu Beginn eines Geschäftstages kann ein Geschäftsbankenkunde eine größere Zahlung veranlassen und überzieht dabei sein Konto. Der Kunde bekommt also hier einen Kredit eingeräumt (⇒ Giralgeldschöpfung). Sofern der Kunde vor Beendigung des Geschäftstages sein Konto wieder ausgleicht, wird das geschöpfte Giralgeld wieder vernichtet, d. h. der Bestand an von der Bank zu meldenden Krediten am Ende eines Geschäftstages muss diesen *Daylight Overdraft* nicht berücksichtigen.

Derivat

Als *Derivate* bezeichnet man Finanzprodukte, deren Wert sich aus anderen Produkten (den so genannten Basisinstrumenten) ableitet. Beispiele für solche *Derivate* sind die so genannten Swaps, Optionen und Futures, mit denen bestimmte Rechte in Bezug auf ein Basisinstrument festgeschrieben werden. Eine Kaufoption ist beispielsweise das Recht, innerhalb eines vereinbarten Zeitraums von dem Kaufoptionsvertragspartner ein bestimmtes Basisinstrument zu einem bestimmten Preis zu kaufen. Die Fülle an *Derivaten* ist mittlerweile nicht mehr überschaubar. Nicht zuletzt, weil letztendlich auch alle Zertifikate, also Schuldverschreibungen, deren Wertentwicklung sich aus einem zugrunde liegenden Basisinstrument ableitet, zu den *Derivaten* zu rechnen sind.

Fiat-Money

Mit dem Begriff *Fiat-Money* („es werde Geld") wird jegliches Geld bezeichnet, das über keine realen, d. h. Sachvermögenswerte gedeckt ist. Faktisch ist dies seit dem Aufkündigen der Golddeckung des Dollars (in Verbindung mit den festen Wechselkursen) im Rahmen der Bretton-Woods-Vereinbarung heutzutage jedes Geld, das Geschäftsbanken oder andere Emittenten herausgeben. Auch Zentralbankgeld ist heute im Wesentlichen ungedeckt, weil es selbst bei Zentralbanken, die noch Goldreserven besitzen, keine Verpflichtung zum Eintausch von beispielsweise Geldscheinen gegen Gold besteht. In gewisser Hinsicht ist Zentralbankgeld, weil es als gesetzliches Zahlungsmittel festgeschrieben ist, noch von einer gewissen Werthaltigkeit, weil dafür gesetzlich ein schuldbefreiender Annahmezwang festgeschrieben ist. Ein Gläubiger ist gesetzlich verpflichtet, Zentralbankgeld von einem Schuldner anzunehmen, um damit dessen Schuld bei ihm zu begleichen. Dies ist für anderes Geld, insbesondere das Geschäftsbankengeld (Giralgeld), also das, was man auf einem Konto bei einer Geschäftsbank hat, nicht der Fall.

Fond

Ein *Fond* ist ein spezielles Finanzinstitut, das stellvertretend für andere am Weltfinanzmarkt teilnimmt. Der *Fond* verwaltet dabei ein so genanntes „Sondervermögen", das von Anlegern in den *Fond* eingezahlt wird. Die Anleger erhalten dafür Fondanteile (Securities). Das eingezahlte Sondervermögen kann nun vom *Fond* benutzt werden, um damit Investitionen zu tätigen, also beispielsweise Schuldtitel oder Aktien zu kaufen. Es gibt aber auch *Fonds,* die mit dem Sondervermögen beispielsweise in Immobilien investieren. Nach Abzug von Verwaltungsgebühren u. a. werden die so vom *Fond* erwirtschafteten Gewinne an die Fondanleger ausgeschüttet.

Future

Ein *Future* ist die Verbriefung der Verpflichtung, ein Termingeschäft im Verlauf eines verabredeten Zeitraums auszuführen. Termingeschäfte sind dabei Käufe oder Verkäufe, die in der Zukunft liegen. Als Beispiel: Bei einem bestimmten Aktienfuture hat der Besitzer die Pflicht, bei dem Emittenten des *Futures* im Rahmen eines gewissen Zeitraums eine bestimmte Aktie zu einem bestimmten Preis zu erwerben. Der konkrete Zeitpunkt ist dabei i. A. frei wählbar. *Futures* müssen aber vom Besitzer ausgeführt werden.

Geldmengen

Bei Geldtheoretischen Betrachtungen werden verschiedene Geldmengen gegeneinander abgegrenzt. Mit M0 bezeichnet die Europäische Zentralbank das insgesamt von der Zentralbank geschöpfte Geldvolumen (Bargeld und Zentralbankeinlagen). M0 zuzüglich dem geschöpften Geschäftsbankengeld (Bargeld und täglich fälliges Guthaben auf Girokonten) bildet bei der europäischen Zentralbank EZB die *Geldmenge* M1. Die *Geldmenge* M2 umfasst bei der EZB darüber hinaus noch die Geldansprüche, die erst nach Ablauf einer verabredeten Laufzeit (bis zu zwei Jahren) oder einer Kündigungsfrist (bis zu drei Monaten) fällig werden (Termingelder und Spareinlagen). Es gibt darüber hinaus noch weitere Geldmengenabgrenzungen, in denen auch Schuldverschreibungen und andere „Zentralbankgeldansprüche" mit ganz unterschiedlichen Laufzeiten oder Fristen einbezogen werden. Die Geldmengenabgrenzungen sind nicht standardisiert und können daher trotz gleicher Benennung voneinander abweichen. Spareinlagen mit einer gesetzlichen Kündigungsfrist von drei Monaten werden bei der Deutschen Bundesbank bspw. erst in der *Geldmenge* M3 erfasst.

Good-Faith Deckung

Man spricht bei Geld, das nicht gesetzliches Zahlungsmittel ist, auch von einer *Good-Faith Deckung*, d. h. einer Wertbeimessung, die auf Treu und Glauben beruht. Die Besitzer von diesem Geld vertrauen darauf, dass andere das Geld mit derselben Wertschätzung als

Tauschmittel für Waren, Dienstleistung und reale Vermögensgegenstände auch zukünftig akzeptieren werden. Eine gesetzliche Verpflichtung dazu gibt es aber nicht.

Hedonische Bewertung

In manchen Ländern, wie beispielsweise der USA, aber in manchen Bereichen mittlerweile auch in der Europäischen Union, werden bei der Berechnung des Bruttoinlandsproduktes *hedonische Bewertungen* angesetzt. Darunter versteht man Bewertungsverfahren, bei denen qualitative Veränderungen in einem Produkt oder auch einer Dienstleistung bei der Gegenüberstellung der Marktpreise zu unterschiedlichen Zeitpunkten berücksichtigt werden. Ist beispielsweise die Taktfrequenz bei einem „Standard-Computer" gestiegen und der Preis gleichgeblieben, so resultiert bei einer *hedonischen Bewertung* daraus ein Absinken der „realen" Preise. Die Argumentation ist dabei, dass ein Kunde aktuell mehr für sein Geld bekommt als noch im Jahr zuvor. Der „innere" (reale) Wert ist gestiegen, der Preis (nominale Wert) nicht. Es gab somit kein Inflation, sondern eine Preissenkung (Deflation) für dieses Gut. Bei einer hedonischen Bewertung von Immobilien kommen für die Preisermittlung bspw. noch die äußeren Faktoren hinzu. Wird bspw. in der Nähe eines betrachteten Wohngebäudes eine neue Schule oder ein Kaufhaus gebaut, so ist der innere (Real-) Wert gestiegen, d.h. auch der Preis (nominale Wert) wird höher angesetzt (siehe hierzu auch ⇒ BIP).

Hybride Finanzinstrumente

Nationale und Internationale Gesetze unterscheiden, beispielsweise bei der steuerlichen Gewinnermittlung, Eigenkapital und Fremdkapital. An Eigenkapital sind bestimmte Haftungsfragen gekoppelt, und bei Fremdkapital mindern die Zinsen als Aufwand den zu versteuernden Ertrag. Mit *Hybriden Finanztiteln* versucht man beide Aspekte zu verbinden, d. h. dass sowohl Eigenkapital-, als auch Fremdkapitaleigenschaften abgedeckt werden. So können *Hybride Finanztitel* beispielsweise für die Finanzinstitute zur Erfüllung von Eigenkapitalanforderungen eingesetzt werden, aber dennoch die steuerlichen Bevorzugung von Fremdkapital haben. Zinszahlungen auf *Hybride Finanztitel* — genauso wie Zinszahlungen auf Fremdkapital — können ertragsmindernd angesetzt werden.

Leverage Strategie

Mit *Leverage Strategie* bezeichnet man im Prinzip alle kreditfinanzierten Käufe, d. h. bei einer *Leverage Strategie* werden Schulden aufgenommen, um dann eine Investition zu tätigen. Dies ist immer dann zielführend, wenn die über die Investition erzielbare Rendite über den Schuldzinsen liegt. Eine besondere Ausprägung ist dabei der kreditfinanzierte Erwerb von z. B. Unternehmen, bei der anschließend das Unternehmen selbst (oder ein Teil der Unternehmensaktiva) zur Sicherung der Kredite genutzt wird (Leveraged Buy Out).

Netting

Teilnehmer von Security Settlement Systemen müssen für die Bezahlung bei einem Kaufgeschäft kein Geld bereitstellen, wenn Verkaufsgeschäfte — im Verlauf eines Handelstages — mit gleichem Volumen getätigt werden. Die Security Settlement Systeme bieten hierzu so genannte „Overdraft Fazilitäten" an. Diese stellen Kreditlinien für die Teilnehmer dar, die am Tagesabschluss jeweils aufgelöst werden müssen. Am Tagesabschluss werden alle Kauf- und Verkaufvorgänge einander gegenübergestellt (saldiert) und nur der Saldo ist in Form von Geld auszugleichen. Dies bezeichnet man als *netting*. D. h. das Transaktionsvolumen bei Security Settlement Systemen kann um ein Vielfaches höher sein als das für die Abwicklung aller Transaktionen benötigte Geldvolumen.

Note

Schuldverschreibungen werden teils auch nach ihrer Laufzeit klassifiziert. Dies betrifft insbesondere Schuldverschreibungen des US-amerikanischen Federal Government. Bei diesen so genannten Treasury Securities (auch Treasuries genannt) haben Treasury *Notes* eine Laufzeit von 2 bis zu 10 Jahren.

Option

Unter einer *Option* versteht man die Verbriefung des Rechts, ein Termingeschäft im Verlauf eines verabredeten Zeitraums auszuführen oder auch den Zeitraum ohne die Nutzung dieses Rechts verstreichen zu lassen. Termingeschäfte sind dabei Käufe oder Verkäufe, die in der Zukunft liegen. Als Beispiel: Bei einer bestimmten Aktienoption hat der Besitzer das Recht (nicht aber die Pflicht), bei dem Emittenten der *Option* im Rahmen eines gewissen Zeitraums eine bestimmte Aktie zu einem bestimmten Preis zu erwerben. Sollte die Preisentwicklung

Option

der Aktie am Markt schlechter sein, wird der Besitzer der *Option* diese *Option* nicht wahrnehmen. Sollte der Preis aber gestiegen sein, wird er dies sicherlich tun, weil er danach beim Verkauf der Aktie einen Gewinn erzielen kann. *Optionen* sind insofern Futures ohne die damit verbundene Verpflichtung zur Ausführung des verabredeten Termingeschäfts.

OTC-Markt

Unter einem *OTC-Markt* versteht man jedweden außerhalb der Börse stattfindenden Handel von Schuldverschreibungen, Aktien u. a. Sicherheiten. Der Begriff zielt darauf ab, dass hier zwei Handelspartner „unter sich" ein Geschäft abschließen. Dies kann telefonisch und auf andere Art erfolgen. Also auch mittels Unterschrift an einem Bankschalter. *OTC* ist die Abkürzung für „Over the Counter", auf deutsch also „über die Theke".

Overnight RePo

Unter einem *Overnight RePo* wird ein RePo (Repurchase Agreement) mit Laufzeit einer Nacht bezeichnet. Geschäftsbanken nutzen *Overnight RePos* insbesondere auch mit Zentralbanken, um ihre Verpflichtungen hinsichtlich Liquidität und Mindestreserven zu erfüllen. Der Hintergrund ist, dass die Daten von der Bank am Ende eines Geschäftstages zu erfassen sind. Am Ende eines Geschäftstages wird die Bank, wenn ihr Zentralbankgeld fehlt, eine Sicherheit über ein RePo mit der Zentralbank gegen Zentralbankgeld tauschen und zu Beginn des neuen Geschäftstages wieder die Sicherheit zurückkaufen und dafür das Zentralbankgeld an die Zentralbank zurückgeben. Die Geschäftsbank hat sich über ein *Overnight RePo* insofern nur für die Nacht (genauer: nur für den Meldezeitpunkt) mit Zentralbankgeld versorgt.

Payment Systeme

Payment Systeme (deutsch: Zahlungssysteme) sind die elektronischen Abwicklungssysteme für Zahlungen mit Zentralbankgeld und Giralgeld. Über Paymentsysteme werden alle Überweisungen von einem Konto auf ein anderes Konto vorgenommen.

QIB –
Qualified institutio-
nal Buyer

Die Gesetze und Regelungen im Bereich der Finanzdienstleistungsaufsicht machen mittlerweile die Anforderungen an Finanzdienstleister z. B. hinsichtlich der Dokumentation, Registrierung etc. von den jeweiligen verschiedenen Käufergruppen abhängig. Die Bandbreite der betrachteten Kundengruppen von Finanzprodukten reicht vom „naiven" Kunden bis hin zum „*Qualified Institutional Buyer*". Argumentiert wird hier mit dem Kundenschutz, letztendlich erreicht man dadurch aber auch eine gewisse Abschirmung mancher Märkte bzw. mancher Produkte. Die Gesetze geben z. B. vor, dass gewisse Produkte, die „nicht so einfach verstehbar sind" oder die besonderen Risiken unterliegen, nur von *Qualified Institutional Buyern* gekauft werden dürfen. Eine Abgrenzung dieser Gruppe erfolgt beispielsweise über ihre rechtliche Zuordnung als Finanzinstitut oder aber auch über eine Eingrenzung typischer Handelsvolumina (also z. B. 100 Mill. $), eine hohe Eigenkapitalausstattung oder ähnliches.

258

**RePo –
Repurchases
Agreement**

**Manufactured
Payment**

Unter einem *RePo* versteht man die Verabredung eines Kassa-Verkaufs zusammen mit einem Termin-Rückkauf. D. h. bei Abschluss eines *RePo*-Geschäftes erfolgt zum aktuellen Zeitpunkt (Kassa) der Verkauf z. B. einer Security und man verabredet zugleich den Rückkauf zu einem späteren Zeitpunkt (Termin). Beide Verabredungen werden aber als separate Geschäfte getroffen, d. h. sie sind juristisch nicht miteinander in Beziehung zu setzen. *RePos* wurden „erfunden" u. a. um Steueroptimierungen vorzunehmen. Hierzu wurde beispielsweise für einen einzigen Tag eine Aktie kurz bevor eine Dividendenzahlung erfolgte, an jemanden in einem anderen Land verkauft, der unter steuerlichen Gesichtspunkten besonders attraktive Konditionen hinsichtlich der Besteuerung von Dividenden hat. Der verabredete Rückkauf der Aktien wurde dabei preislich so gestaltet, dass der Erwerber der Aktie einen Teil der Steuereinsparungen für seine Bemühungen bekam, der Rest minderte den Rückkaufspreis der Aktie. Über das *RePo* wurde so die Dividendenzahlung umgewandelt in einen Gewinn aus Aktiengeschäften. Man sagt hierbei auch, dass die juristische Eigentümerschaft (legal ownership) für einen gewissen Zeitraum auf den Käufer übergeht, demgegenüber aber die wirtschaftliche Eigentümerschaft (economic ownership) beim Veräußerer verbleibt. Die während des Zeitraums des *RePos* anfallenden Einnahmen, die aus dem Besitz des Papiers (der juristischen Eigentümerschaft) resultieren (insbesondere die Dividendenzahlungen), werden über den vereinbarten Rückkaufpreis an den ursprünglichen Besitzer weitergeleitet (nach Abzug einer gewissen Aufwandsentschädigung). Man bezeichnet dies als *„manufactured payment"*.

Securities Depositories

Die verbrieften Sicherheiten, d. h. jedwede Form elektronisch handelbarer Schuldverschreibungen, werden als Datensatz mit Angaben wie Art der Schuldverschreibung, Volumen, Eigentümer, Emittent etc. in speziellen Datenbanken verwaltet. Die entsprechenden Datenbanken werden *Securities Depositories* genannt. Je nach Umfang eines Depository wird es auch als nationales Security Depository, zentrales Security Depository oder internationales Security Depository bezeichnet. Depositories sind also eine Art „Verwahrer" für ein jeweils spezifisches Volumen von Schuldverschreibungen.

Security Settlement Systeme

Security Settlement Systeme sind die elektronischen Plattformen zur Handelsabwicklung. Sie übernehmen die Verwaltung der so genannten „verbrieften Sicherheiten" und wickeln den Handel der Sicherheiten ab (Eigentumsübertragung und Bezahlung). Für Details siehe auch in diesem Text die Ausführungen in Kap. XI.1.

Solvabilität

Unter dem Begriff *Solvabilität* versteht man im Finanzbereich die Ausstattung eines Finanzinstituts mit Eigenkapital, d. h. mit haftendem Vermögen, zur Abdeckung von Verlustrisiken.

Swaps

Ein *Swap* ist ein spezielles Derivat. Mit Hilfe von *Swaps* werden im Wesentlichen Zahlungsströme in unterschiedlichen Währungen oder unterschiedlicher

Swaps

zeitlicher Abwicklung ausgetauscht. *Swaps* verweisen insofern auf zwei Basisinstrumente. Bei einem *Währungsswap* bekommt beispielsweise der Besitzer einer Dollarschuldverschreibung die Zinszahlungen einer Euroschuldverschreibung, die ein anderer Besitzer hat und umgekehrt. Bei einem *Zinsswap* kann beispielsweise jemand, der aufgrund einer emittierten Schuldverschreibung eine monatliche Zahlungsverpflichtung hat, diese gegen eine jährliche Zahlungsverpflichtung swappen (und umgekehrt). Es können aber auch spezielle Zahlungsströme wechselseitig in einem *Swap* verbrieft werden. Bei einem „Credit Default Swap" wird beispielsweise das Kreditausfallrisiko gegen eine Prämienzahlung geswapt. Man bildet hierüber gewissermaßen eine Versicherung ab, bei der ein Sicherungsgeber eine z. B. jährliche Prämienzahlung erhält, im Falle eines Kreditausfalls aber an den Sicherungsnehmer diesen Kreditbetrag zu zahlen hat.

Verbriefte Sicherheiten

Der Begriff *„verbriefte Sicherheit / debt securities"* wird in offiziellen Statistiken stellvertretend für prinzipiell jede Form von Schuldverschreibungen genutzt. Eine „Sicherheit" (in Form eines materiellen oder immateriellen Wertes) muss dabei aber in Wirklichkeit nicht hinterlegt sein. Reale „Sachwerte" als Pfand sind sogar eher die Ausnahme. In weitaus größerem Volumen sind „ungedeckte Schuldverschreibungen" die Regel, also lediglich eine „good faith"-Deckung der Schuld. Selbst bei den so genannten „Asset Backed Securities" müssen die „Assets" (Aktiva) nicht reale Sachvermögenswerte sein.

Es kann sich auch hier lediglich um Forderungen handeln (sogar im Extremfall bspw. um zukünftig zu erwartende, aber noch nicht sichere Einnahmen). Treffender ist insofern der Begriff „verbriefte Schuld" oder „debt obligations", der darauf abzielt zu verdeutlichen, dass damit im Prinzip jede Form eines handelbaren Rückzahlungsanspruchs eines gewährten Kredites gemeint ist.

Zertifikat

Ein *Zertifikat* ist eine spezielle Form von Schuldverschreibung. Bei *Zertifikaten* wird allgemein ein Referenzobjekt festgelegt, auf das sich ein *Zertifikat* bezieht. Dies kann beispielsweise eine Aktie sein, aber auch ein Aktienindex und beliebiges anderes. Es gibt mittlerweile eine kaum überschaubare Fülle von ganz unterschiedlich ausgestatteten *Zertifikate*n. Der Wert des *Zertifikats* wird im Allgemeinen in irgendeiner Form an das jeweilige Referenzobjekt gebunden, d. h. entsprechend der Wertentwicklung des Referenzobjekts ändert sich auch der Wert des *Zertifikats*. Ein *Zertifikat* kann insofern stellvertretend für das Referenzobjekt gehandelt werden, ohne dass dies Einfluss auf den Wert des Referenzobjektes selbst hat. Wichtig ist dabei allerdings, dass im Allgemeinen kein Recht auf die Herausgabe des Referenzobjektes für den Zertifikatsbesitzer verabredet ist (es beinhaltet also insbesondere keine Kaufoption). D. h. ein *Zertifikat* ist im Allgemeinen eine ungesicherte Schuldverschreibung. Man erwirbt damit nicht etwa ein Referenzobjekt, auch nicht den Anspruch auf ein Referenzobjekt.

Danksagung

Wie kommt man dazu, sich mit „dem Weltfinanzsystem" auseinander zu setzen und den Versuch zu unternehmen, ein Verständnis dafür zu entwickeln, was in diesem für die Weltwirtschaft zentralen, aber nur schwer durchschaubaren Themenfeld in den letzten Jahren passiert ist?

Neben einem großen persönlichen Interesse an der Fragestellung bedarf es eines motivierenden Umfeldes, das einem die Möglichkeit eröffnet, ein solches Thema in Angriff zu nehmen. Das betrifft die Problemstellung an sich, notwendige Vorarbeiten, den geeigneten Zugang und eine ständige inhaltliche Rückkoppelung. Hinzu kommt insbesondere auch die Bereitstellung notwendiger Ressourcen, finanziell und auf Seiten der benötigten Informationen und Informationsträger.

Das Forschungsinstitut für anwendungsorientierte Wissensverarbeitung/n hat mir all dies ermöglicht. Ich bin den Stiftern des Instituts und ihren Vertretern in den FAW/n Gremien außerordentlich dankbar, dass sie in dieser Institution eine langfristig ausgerichtete Auseinandersetzung mit derartigen Themen aus einem spezifischen Blickwinkel heraus ermöglichen. Nur in einem solchen Klima konnte in den vergangenen 20 Jahren in Ulm Stück für Stück eine spezifische Sichtweise auf den „Superorganismus Menschheit" mit seinen unterschiedlichen Dimensionen erarbeitet werden. Diese Sichtweise, die daraus abgeleitete Herangehensweise und die erzielten Forschungsergebnisse bilden den Ausgangspunkt für die vorliegende Analyse, die sich einbettet in den am FAW/n nun seit vielen Jahren thematisierten Fragenkomplex der Globalisierungsgestaltung mit den Hauptzielen Nachhaltigkeit sowie Good and Global Governance. Die Rollen von Geld, Steuern, Gesetzen und Verabredungen zum Weltfinanzsystem sind in diesem Kontext zentral.

Bei dieser Arbeit konnte ich auf drei wesentlichen Vorprägungen aufbauen. Meine Zeit als Wirtschaftsingenieur an der Universität Karlsruhe, die mich zu einer Promotion in den Wirtschaftswissenschaften geführt hat. Die Arbeiten an der Universität St. Gallen, die im Jahr 1999 in eine Habilitation in Betriebswirtschaft mündeten. Schließlich die prägende Zeit am FAW in Ulm seit dem Aufbau dieses Forschungsinstituts für anwendungsorientierte Wissensverarbeitung im Jahr 1987 und die Fortsetzung nun am FAW/n seit 2005.

Mein Dank geht besonders an Prof. Dr. Dr. Franz Josef Radermacher, der mich nicht nur ermutigt hat, das Thema aufzugreifen, sondern mich bei der Bearbeitung eng begleitet hat. Zugleich hat er mit seinen Untersuchungen zur Zukunft der Welt, zur Rolle der Ökosozialen Marktwirtschaft und zum Global Marshall Plan in Wechselwirkung mit Partnern über die vielen Jahre einen tragfähigen Denkansatz etabliert, der dem vorliegenden Text zugrunde liegt. Seine prägnante Einschätzung der aktuellen Situation und Ausgangslage (in Kürze und Präzision oft unübertroffen) haben mir geholfen, mich mit der richtigen Einstellung und Deutung meinem Thema zu widmen.

Herrn Prof. Dr. Dr. h.c. mult. Wolfgang Eichhorn danke ich für sein „Geleitwort", für den intensiven Dialog und die Mühe, die er sich mit der Durchsicht und Überarbeitung des Manuskripts zu diesem Buch gemacht hat.

Wenn man sich mit der Gesamtthematik des Weltfinanzsystems auseinandersetzt (aber nicht nur dann), ist es wichtig, ein „langsames Bohren dicker Bretter" zu verfolgen, Geduld zu haben und nicht nachzulassen. Das prägende persönliche Umfeld hat dazu beigetragen, eine solche Herangehensweise zu fördern. Hierfür möchte ich den Mitarbeitern, Partnern, Freunden, Auftraggebern und Förderern des FAW danken.

Ein ganz besonderer Dank gilt weiterhin meinen „drei Frauen" Monika, Desiree und Anja Solte, die mir den notwendigen familiären Rückhalt gegeben haben und mich — wenn nötig — gestützt und aufgebaut haben.

Und dann kommen viele wichtige Informationsquellen und persönliche Kontakte hinzu, die mir in der Auseinandersetzung mit offenen Fragen, in der Diskussion von Erklärungsansätzen und bei der Reflexion des entstehenden Textes geholfen haben. Besonders danken möchte ich hierfür vielen Wissenschaftlern, Fachleuten und Praktikern, die mir mit ihrem wertvollen Wissen, ihren Erkenntnissen und Erfahrungen geholfen haben und mit mir Details diskutiert haben. Besonders erwähnen möchte ich: Helmut Beckemeier, Walter Bodenmüller, Bernd Essler, Dr. Frank Freimuth, Wilhelm Gans, Prof. Dr. Lorenz Jarass, PD Dr. Thomas Kämpke, Walter Laitenberger, Dr. Alexander Müller, Dr. Bernd F. Pelz, Dr. Jan Stefan Roell, Hans-Wilhelm Ruland, Huschmand Sabet, Marlies Tietze, Prof. Dr. Joachim Voeller, Dr. Harald Wozniewski.

Mein Dank gilt schließlich meinen Mitarbeitern Elke Moc und Tobias Rehfeld für die Zusammenstellung dieses Textes und die geduldige Einarbeitung von Änderungen und Ergänzungen sowie Marcus Merz für die gestalterische Aufbereitung.

Ulm, März 2007

Dirk Solte

Literaturverzeichnis

[1]   Aktiengesetz, Bundesgesetzblatt Jahrgang 2006 Teil I Nr. 31,
       13. Juli 2006, http://www.aktiengesetz.de/inhalt.htm

[2]   Alig, K.: „Das Repo-Geschäft, eine Innovation am Schweizer
       Finanzmarkt", Dezember 1998,
       http://www.fmpm.ch/docs/2nd/alig.pdf

[3]   Amtsblatt der Europäischen Union: „Verordnung (EG) Nr.
       1745/2003 der Europäischen Zentralbank vom 12. September 2003
       über die Auferlegung einer Mindestreservepflicht (EZB/2003/9),
       http://www.bundesbank.de/download/gm/mindestreserven_
       verordnungen/gm_veg174503.pdf

[4]   Amtsblatt der Europäischen Union: „Richtlinie 2000/12/EG" des
       Europäischen Parlaments und des Rates vom 20. März 2000 über
       die Aufnahme und Ausübung der Tätigkeit der Kreditinstitute,
       http://eur-lex.europa.eu/LexUriServ/site/de/oj/2000/l_126/
       l_12620000526de00010059.pdf

[5]   Amtsblatt der Europäischen Union: „Richtlinie 2002/87/EG"
       des Europäischen Parlaments und des Rates vom 16. Dezember
       2002 über die zusätzliche Beaufsichtigung der Kreditinstitute,
       Versicherungsunternehmen und Wertpapierfirmen eines
       Finanzkonglomerats,
       http://eur-lex.europa.eu/LexUriServ/site/de/oj/2003/l_035/
       l_03520030211de00010027.pdf

[6]   Amtsblatt der Europäischen Union: „Richtlinie 2006/48/EG" des
       Europäischen Parlaments und des Rates vom 14. Juni 2006 über
       die Aufnahme und Ausübung der Tätigkeit der Kreditinstitute
       (Neufassung),
       http://www.bafin.de/internationales/eu_eg-recht/bankenrl.pdf

[7] Amtsblatt der Europäischen Union: „Richtlinie 2006/49/EG" des
     Europäischen Parlaments und des Rates vom 14. Juni 2006 über die
     angemessene Eigenkapitalausstattung von Wertpapierfirmen und
     Kreditinstituten (Neufassung),
     http://www.bafin.de/internationales/eu_eg-recht/cadneu.pdf

[8] Amtsblatt Nr. L141 vom 11/06/1993: „Richtlinie 93/22/EWG
     des Rates vom 10. Mai 1993 über Wertpapierdienstleistungen",
     S. 0027–0046,
     http://www.bafin.de/internationales/eu_eg-recht/wpdlRL_1.htm

[9] Amtsblatt Nr. L145: „Richtlinie 2004/39/EG", des
     Europäischen Parlaments und des Rates vom 21.04.04 über
     Märkte für Finanzinstrumente zur Änderung der Richtlinien
     85/611/EWG und 93/6/EWG des Rates und der Richtlinie
     2000/12/EG des Europäischen Parlaments und des Rates und
     zur Aufhebung der Richtlinie 93/22/EWG des Rates, S. 1–44,
     http://eur-lex.europa.eu/LexUriServ/site/de/oj/2004/l_145/
     l_14520040430de00010044.pdf

[10] Bank for International Settlements: "76th Annual Report
     – 1 April 2005–31 March 2006", Basel, 26 June 2006,
     http://www.bis.org/publ/arpdf/ar2006e.pdf

[11] Bank for International Settlements: "BIS Quaterly Review",
     March 2003, International Banking and Financial Market
     Developments, ISSN 1683-0121
     http://www.bis.org/publ/qtrpdf/r_qt0303.pdf

[12] Bank for International Settlements: Monetary and Economic
     Department: "Guide to the international banking statistics",
     BIS Paper No 16, April 2003, ISBN 92-9131-647-4,
     http://www.bis.org/publ/bispap16.pdf

[13] Bank for International Settlements: "Payment and settlement systems in selected countries", April 2003, Committee on Payment and Settlement Systems, http://www.bis.org/publ/cpss53.pdf

[14] Basel Committee on Banking Supervision: "International Convergence of Capital Measurement and Capital Standards, A Revised Framework", November 2005, Bank for International Settlements, ISBN 92-9131-669-5, http://www.bis.org/publ/bcbs118.pdf

[15] Börsengesetz in der Fassung der Bekanntmachung vom 21. Juni 2002 (BGBl. I S. 2010), http://www.bafin.de/gesetze/boersg.htm

[16] Bundesanstalt für Finanzdienstleistungsaufsicht: „Rundschreiben 1/2004 VA, Versicherungsaufsicht", http://www.bafin.de/rundschreiben/90_2004/040217.htm

[17] Bundesanstalt für Finanzdienstleistungsaufsicht: „Rundschreiben 12/2004 BA, Grundsatz II über die Liquidität der Institute gemäß § 11 KWG, Anerkennung nicht-börsennotierter Wertpapiere als Liquidität erster Klasse", http://www.bundesbank.de/download/bankenaufsicht/pdf/rs_20041229.pdf

[18] Bundesministerium der Finanzen, Fachblick: „Die wichtigsten Steuern im internationalen Vergleich", Steuerquoten / Abgabenquoten / Tarife, Ausgabe 2002, http://www.attac.de/themen/steuern/steuervergleich.pdf

[19] Bundesministerium der Finanzen: REIT, Entwurf eines Gesetzes der Bundesregierung zur Schaffung deutscher Immobilien-Aktiengesellschaften mit börsennotierten Anteilen, http://www.bundesfinanzministerium.de/lang_de/DE/Aktuelles/Aktuelle__Gesetze/Gesetzentwuerfe__Arbeitsfassungen/007__a,templateId=raw,property=publicationFile.pdf

[20]   Bundesministerium für Wirtschaft und Technologie: „Allgemeine
       Wirtschaftspolitik, Makrodaten / Finanzdaten", Mai 2006,
       http://www.bmwi.de/BMWi/Navigation/Service/
       publikationen,did=38944.html

[21]   Consulting Technology Outsourcing: "World Wealth Report 10th
       Anniversary 1997–2006", Capgemini,
       http://www.ml.com/media/67216.pdf

[22]   Davies, James B.; Sandstrom, Susanna; Shorrocks, Anthony; Wolff,
       Edward N.: "The World Distribution of Household Wealth",
       December 2006, Department of Economics, University of Western
       Ontario, London, Canada, N6A 5C2,
       http://www.wider.unu.edu/research/2006-2007/2006-2007-1/
       wider-wdhw-launch-5-12-2006/wider-wdhw-report-5-12-2006.pdf

[23]   Deutsche Bank: „Bank- und Börsen-Lexikon",
       http://www.deutsche-bank.de/lexikon/

[24]   Deutsche Bank: „Depositary Receipts Handbook",
       http://adr.db.com/shared/DepositaryReceiptsHandBook.pdf

[25]   Deutsche Bundesbank: „Entwurf Verordnung 1 über die
       angemessene Eigenmittelausstattung (Solvabilität) von Instituten
       – Solvabilitätsverordnung", (SolvV), Stand 31. März 2006,
       http://www.bundesbank.de/download/bankenaufsicht/pdf/
       entwurf.pdf

[26]   Deutsche Bundesbank: „Finanzstabilitätsbericht", November 2006,
       http://www.bundesbank.de/download/volkswirtschaft/mba/2006/
       finanzstabilitaetsbericht2006.pdf

[27]   Deutsche Bundesbank: „Geld & Geldpolitik: Ein Heft für die Schule,
       Sekundarstufe II", Ausgabe 2007,
       http://www.bundesbank.de/download/bildung/geld_sec2/
       geld2_gesamt.pdf

[28] Deutsche Bundesbank: „Grundsatz I über die Eigenmittel der Institute, Bankrechtliche Regelungen 2a", SolV1, Januar 2001, ISBN 3-933747-55-5,
http://www.bundesbank.de/download/bankenaufsicht/pdf/grundsatzi.pdf

[29] Deutsche Bundesbank: „Grundsatz II über die Liquidität der Institute, Bankrechtliche Regelungen 2b", ISBN 3-933747-21-X,
http://www.bundesbank.de/download/bankenaufsicht/pdf/grundsatzii.pdf

[30] Deutsche Bundesbank: „KWG Gesetz über das Kreditwesen", B11-2, überarbeitete Lesefassung der Sechsten KWG-Novelle, Nichtamtlicher Teil, September 2005,
http://www.bundesbank.de/download/bankenaufsicht/pdf/kwg_0407.pdf

[31] Deutsche Bundesbank: „Rundschreiben Nr. 4/2004", Änderung der Allgemeinen Geschäftsbedingungen der Deutschen Bundesbank (AGB),
http://www.bundesbank.de/download/presse/rundschreiben/2004/20040119_rs_04.pdf

[32] Deutsche Bundesbank: „Schule und Studium – Glossar",
http://www.bundesbank.de/bildung/bildung_glossar.php

[33] DTTC, The Depository Trust & Clearing Corporation: "What's a quadrillion?", Annual Report 2004,
http://www.dtcc.com/AboutUs/2004annual/DTCC_2004_Annual_Report.pdf

[34] DTTC, The Depository Trust & Clearing Corporation: "The Value of Infrastructure", Annual Report 2005,
http://www.dtcc.com/AboutUs/2005annual/dtcc2005_annual.pdf

[35] EU-Kommission: „Finanzdienstleistungen, Umsetzung des Finanzmarktrahmens: Aktionsplan", Mitteilung der EU-Kommission, KOM(1999)232,11. Mai 1999,
http://www.bafin.de/internationales/eu_eg-recht/fsap-aktionsplan.pdf

[36] Europäische Zentralbank: „Jahresbericht 2005",
http://217.110.182.54/download/ezb/jahresberichte/2005jb_ezb.pdf

[37] European Central Bank: "All glossary entries",
http://www.ecb.int/home/glossary/html/glossa.en.html

[38] European Central Bank: "Regulation (EC) No 1745/2003 of the European Central Bank of 12 September 2003 on the application of minimum reserves (ECB/2003/9)",
http://www.ecb.int/ecb/legal/pdf/l_25020031002en00100016.pdf

[39] Eurostat: „Euro-Indikatoren Pressemitteilung 48/2006 24. April 2006", Bereitstellung der Daten zu Defizit und Verschuldung 2005,
http://europa.eu/rapid/pressReleasesAction.do?reference=STAT/06/139&format=HTML&aged=1&language=DE&guiLanguage=en

[40] Executive Office of the President of the United States, Historical Tables, Fiscal Year 2007,
http://www.whitehouse.gov/omb/budget/fy2007/pdf/hist.pdf

[41] Federal Financial Institutions Examination Council, FFIEC: "Wholesale Payment Systems WPS", July 2004, IT Examination Handbook,
http://www.ffiec.gov/ffiecinfobase/booklets/Wholesale/whole.pdf

[42] Federal Reserve Bank of New York: "Primary Dealers List, Memorandum to all Primary Dealers and Recipients of the Weekly Press Release on Dealer Positions and Transaction",
http://www.ny.frb.org/markets/pridealers_current.html

[43] Federal Reserve statistical release: Z1 "Flow of Funds Accounts of the United States", Flows and Outstandings Second Quarter 2006, September 19, 2006,
http://www.federalreserve.gov/RELEASES/z1/Current/z1.pdf

[44] Feldstein, Martin: „Ruhe vor dem großen Sturm". Interview in „DIE ZEIT", Nr. 20, 11. Mai 2006-05-23

[45] Fleming, Michael J.; Adrian, Tobias: "What Financing Data Reveal about Dealer Leverage, Current Issues in Economics and Finance", March 2005, Vol. 11, No. 3; Federal Reserve Bank of New York,
http://www.ny.frb.org/research/current_issues/ci11-3.pdf

[46] Fleming, Michael J.; Garbade, Kennet D.: "When the Back Office moved to the Front Burner: Settlement Fails in the Treasury Market after 9/11", Economic Police Review, November 2002, Vol 8, No. 2, Federal Reserve Bank of New York,
http://www.ny.frb.org/research/epr/02v08n2/0211flem.html

[47] Global Financial Stability Report: "Market Developments and Issues", September 2006,
http://www.imf.org/External/Pubs/FT/GFSR/2006/02/index.htm

[48] Gramm-Leach-Bliley ACT, Text of the Gramm-Leach-Bliley Bill, Released November 1, 1999,
http://banking.senate.gov/conf/confrpt.htm

[49] HM Treasury, Department for International Development: "International Finance Facility", January 2003,
http://www.hm-treasury.gov.uk/media/790/14/ACF6FB.pdf

[50] IMF World Economic Outlook (WEO): "Globalization and Inflation", April 2006,
http://www.imf.org/Pubs/FT/weo/2006/01/index.htm

[51] International Monetary Fund: "Monetary and Financial Statistics Manual", October 20, 2000,
http://www.imf.org/external/pubs/ft/mfs/manual/index.htm

[52] Investmentgesetz, BGBI I 2003, 2676, 15. Dezember 2003,
http://www.gesetze-im-internet.de/bundesrecht/invg/gesamt.pdf

[53] Issing, Otmar: „Einführung in die Geldtheorie", Vahlen GmbH, 2007 (14. Auflage), ISBN 978 38006 33661

[54] Jarass, L.; Obermaier, G. M.: „Geheimnisse der Unternehmenssteuern", Metropolis Verlag 2003

[55] Jarass, L.; Obermaier, G. M.: „Jeder sollte Steuern zahlen – ein Beitrag zur Unternehmenssteuerreform 2008", Global Marshall Plan Initiative, ISBN 3-9809723-9-9

[56] Jarass, L.; Obermaier, G. M.: „Wer soll das bezahlen?" Metropolis Verlag 2002

[57] Kämpke, T.; Pestel, R.; Radermacher, F.J.: „A computational concept for normative equity." Europ. J. of Law and Economics, No. 15, 129–163, 2003

[58] KfW, Bankengruppe, Gesetz über die KfW vom 5. November 1948 (WiGBl. S. 123),
http://bundesrecht.juris.de/bundesrecht/kredanstwiag/gesamt.pdf

[59] Kollruss, Thomas: „Fiktive Abrechnung ausländischer Steuern im System der neuen Hinzurechnungsbesteuerung: Lässt sich die Hinzurechnung durch Gewinnausschüttungen der ausländischen Zwischengesellschaft vermeiden?" IStR 2006, 513-521

[60] Körperschaftssteuergesetz (KStG),
http://www.gesetze-im-internet.de/bundesrecht/kstg_1977/gesamt.pdf

[61] Lhabitant, Francois-Serge: "Hedge Funds. Myths and Limits" , ISBN 0470844779, April 2002

[62] Lietaer, Bernard; Brunnhuber, Stefan: "Money and Sustainability – The Missing Link", Report to the Club of Rome, Dezember 2005

[63] Merten, Hans Lothar: „Steueroasen, Ausgabe 2005, Handbuch für flexible Steuerzahler, Auslandsvermögen, EU-Zinsbesteuerung, Neue Steueroase EU-Ost", Walhalla Fachverlag, ISBN 3-8029-3356-7

[64] Neue Wirtschaftsbriefe (NWB): „Die neuen Regelungen zur Gesellschafter-Fremdfinanzierung – unter Berücksichtigung des BMF-Schreibens vom 15.07.2004", Beilage 11/2004 (zu Heft 34/2004), http://www.lawlaw.de/KU_HTML_D/KUCERA_RG_Krauss_P_D.html

[65] OANDA, The Currency Site: Foreign Exchange Services and Trading, http://www.oanda.com

[66] OECD Economic Outlook: December No. 78 – Volume 2005 Issue 2, http://caliban.sourceoecd.org/vl=11064933/cl=44/nw=1/rpsv/factbook/10-03-02.htm

[67] Officer, Lawrence H.: "Exchange rate between the United States Dollar and 40 other Countries", 1913–1999, Economic History Services EH.Net, 2002, http://www.eh.net/hmit/exchangerates

[68] Ökosoziales Forum Europa, „Welt in Balance – Zukunftschance Ökosoziale Marktwirtschaft", Global Marshall Plan Initiative, Universitätsclub Klagenfurt, ISBN 3-9809723-1-3

[69] Pestel, R.; Radermacher, F. J.: "Equity, Wealth and Growth: Why Market Fundamentalism Makes Countries Poor". Manuscript to the EU Project TERRA 2000, FAW, 2003

[70] Radermacher, F. J.; Beyers, Bert: „Welt mit Zukunft – Überleben im 21. Jahrhundert" Murmann Verlag Hamburg, März 2007, ISBN: 978-3-938017-86-9

[71] Radermacher, F. J.: „Balance oder Zerstörung: Ökosoziale
      Marktwirtschaft als Schlüssel zu einer weltweiten nachhaltigen
      Entwicklung." Ökosoziales Forum Europa (ed.), Wien, 4. Auflage,
      Juli 2005, ISBN: 3-7040-1950-X

[72] Radermacher, F. J.: „Global Marshall Plan / Ein Planetary
      Contract. Für eine weltweite Ökosoziale Marktwirtschaft."
      Ökosoziales Forum Europa (ed.), Wien, Sept. 2004,
      ISBN: 3-9501869-2-1

[73] Radermacher, F.J.: „Globalisierung Gestalten – die neue
      zentrale Aufgabe der Politik / Das Wirken des Bundesverband
      für Wirtschaftsförderung und Außenwirtschaft für eine
      globale Rahmenordnung einer Ökosozialen Marktwirtschaft."
      Terra Media Verlag, Berlin, Mai 2006

[74] Radermacher, F. J.: „Ökosoziale Grundlagen für
      Nachhaltigkeitspfade – Warum der Marktfundamentalismus die
      Welt arm macht." GAIA 13, Nr. 3, 170-175, 2004

[75] Radermacher, F. J.: „Perspektiven für den Globus – welche
      Zukunft liegt vor uns?" Festvortrag bei der Eröffnung der Intergeo,
      Hamburg, September 2003. zfv – Zeitschrift für Geodäsie,
      Geodateninformation und Landemanagement, Teil 1 in Heft
      3/2004, 129. Jg., Juni 2004; Teil 2 in Heft 4, S. 242–248, 2004

[76] Report of the High-Level Panel on Financing for Development,
      (Zedillo-Report), 2001,
      http://www.un.org/reports/financing/full_report.pdf

[77] Reuters Financial Glossary,
      http://glossary.reuters.com/index.php/Main_Page

[78] Riegler, Josef; Moser, Anton: „Konfrontation oder Versöhnung,
      Ökosoziale Politik mit der Weisheit der Natur", Graz 2001,
      Ökosoziales Forum Steiermark, ISBN 3-7020-0938-8

[79]   Riegler, Josef; Moser, Anton: „Ökosoziale Marktwirtschaft, Denken und Handeln in Kreisläufen", Graz 1996, Ökosoziales Forum Steiermark, ISBN 3-7020-0732-6

[80]   Riegler, Josef: „Antworten auf die Zukunft, Ökosoziale Marktwirtschaft", 1990, Adolf Holzhausens Nfg., Wien, ISBN 3-900-518-05-X

[81]   Rules, By-Laws And Organization Certificate Of The Depository Trust Company Index, http://www.dtc.org/dtcpublic/pdf/rulesandfees/ DTC_New_Business_Rules.pdf

[82]   Sabet, Huschmand: „Globale Maßlosigkeit. Der (un)aufhaltsame Zusammenbruch des weltweiten Mittelstandes", Patmos-Verlag, 2005

[83]   Sachs, Jeffrey D.: „Das Ende der Armut – ein ökonomisches Programm für eine gerechtere Welt", Siedler Verlag München, 2005, ISBN 3-88680-830-0

[84]   Sigma Nr. 5/2006, Assekuranz Global 2005: moderates Prämienwachstum, ansprechende Rentabilität, Schweizer Rückversicherungsgesellschaft, Juni 2006, http://www.swissre.com/INTERNET/pwsfilpr.nsf/ vwFilebyIDKEYLu/MPDL-6RLD6T/$FILE/ Sigma5_2006_d_.pdf

[85]   Solvency II – Introductory Guide; CEA – Comité Européen des Assurances, Juni 2006, http://www.cea.assur.org/cea/v2.0/de/

[86]   Soros, G.: „Der Globalisierungs-Report. Weltwirtschaft auf dem Prüfstand", Alexander Fest Verlag, Berlin, 2001

[87]   Soros, G.: „Die Krise des globalen Kapitalismus. Offene Gesellschaft in Gefahr", Alexander Fest Verlag, Berlin, 1998

[88] Spahn, Paul Bernd (1996): "The Tobin Tax and Exchange Rate Stability", finance and development, Washington D.C. (June), 24–27;
http://www.imf.org/external/pubs/ft/fandd/1996/06/pdf/spahn.pdf

[89] Stiglitz, J. E.: „Die Schatten der Globalisierung", Siedler, Berlin 2002

[90] The Royal Bank of Scotland Group: "Annual Report and Accounts 2004",
http://www.shareholder.com/Shared/DynamicDoc/rbs/813/RBS_Group_Accounts_2004.pdf

[91] The World Bank (ed.): "Millennium Development Goals", Report No. 24613, 2002

[92] Tobin, James (1974): "The New Economics One Dealer Older", The Eliot Janeway Lectures on Historical Economics in Honour of Joseph Schumpeter, 1972, Princeton University Press: Princeton

[93] U.S. Trade in Goods and Services – Balance of Payments (BOP) Basis,
http://www.census.gov/foreign-trade/statistics/historical/gands.pdf

[94] United State Government: "2004 Financial Report of the United States Government", http://www.gao.gov/financial/04frusg.pdf

[95] United State Government: "2005 Financial Report of the United States Government",
http://www.gao.gov/financial/fy2005/05frusg.pdf

[96] Verordnung über die Anlage des gebundenen Vermögens von Versicherungsunternehmen, 20.12.2001, BGBl. I 2001, 3913,
http://gesetze-im-internet.de/bundesrecht/anlv/gesamt.pdf

[97] Versicherungsaufsichtsgesetz – VAG, Gesetz über die Beaufsichtigung der Versicherungsunternehmen in der Fassung der Bekanntmachung vom 17.12.1992 (BGBl. 1993 I S. 2), http://www.gesetze-im-internet.de/bundesrecht/vag/gesamt.pdf

[98] Wechsler, R. Dr.: „Das Repo-Geschäft, eine Innovation am Schweizer Finanzmarkt, Aspekte der Verbuchung und Unterlegung von RePos", April 1999, http://www.eurexrepo.com/download/publications/chf/chf_repobro_de.pdf

[99] von Weizsäcker, Ernst Ulrich; Young, Oran R.; Finger, Matthias: „Grenzen der Privatisierung", Hirzel S. Verlag, Januar 2006, ISBN: 3777614440

[100] Wikipedia: „Portal Wirtschaft", http://de.wikipedia.org/wiki/Portal:Wirtschaft

[101] World Economic Outlook: "Focus on Transition Economies", October 2000, A Survey by the Staff of the International Monetary Fund, http://www.imf.org/external/pubs/ft/weo/2000/02/index.htm

[102] World Economic Outlook: "Globalization and Inflation, World Economic and Financial Surveys, International Monetary Fund", April 2006

[103] ZEW, Zentrum für Europäische Wirtschaftsforschung GmbH, Max-Planck-Institut für Geistiges Eigentum und Wettbewerbs- und Steuerrecht: „Reform der Einkommens- und Unternehmensbesteuerung durch die Duale Einkommensteuer", Expertise im Auftrag der Bundesminister der Finanzen und für Wirtschaft und Arbeit vom 23.02.2005, http://www.sachverstaendigenrat-wirtschaft.de/download/press/dit_gesamt.pdf

Forschungsinstitut für anwendungsorientierte Wissensverarbeitung/n

Zukunftsforschung und Wissensmanagement

.: Ein multidisziplinärer Ansatz

Der vom FAW/n verfolgte Ansatz ist multidisziplinär. Er verbindet Insiderwissen hinsichtlich der Rolle von Technik und Innovation mit neuartigen Einsichten bzgl. der Gestaltung von (welt)ökonomischen Prozessen, der Behandlung der Umwelt und Ressourcenfragen und der Gestaltung der sozialen Balance.

Dies gilt sowohl innerhalb als auch zwischen Gesellschaften und zielt auf die adäquate Verankerung dieser Themen in einer zukünftigen Weltordnung. Ein besonderes Anliegen besteht in den Bereichen Bildung, Ausbildung und Wissen, ferner geht es um die Rolle von Chancengleichheit und die Organisation von Mobilität. Ziel ist eine bessere Gestaltung der Globalisierung und von Global Governance, orientiert an der Leitidee einer nachhaltigen Entwicklung.

Großes Interesse gilt dabei auch den Chancen und Risiken für Demokratie und die Offenheit von Gesellschaften (im Popperschen Sinne) in Zeiten der Globalisierung und des unmittelbaren Aufeinandertreffens unterschiedlicher Kulturen. Daraus werden relevante Handlungsoptionen für Unternehmen, die öffentliche Hand, aber auch für die Menschen als tragende Elemente der Wirtschaft abgeleitet, gerade auch mit Bezug zu Themen wie Global Corporate Responsibility, Sustainability Indices im Bereich von Finanzierungsinstrumenten, Label im internationalen Handel, Rolle von Fair Trade, etc.

.: Stifter

 AL-KO Kober AG

 BWA-Bundesverband für Wirtschaftsförderung und Außenwirtschaft, Deutscher Wirtschaftsverband e.V.

DSV Gruppe Deutscher Sparkassen Verlag GmbH
Deutscher Sparkassenverlag

 MÜLLER WEINGARTEN Müller Weingarten AG

m+w zander M + W Zander Holding
total facility solutions ►►►►

 Verband der Sparda-Banken e.V.

Sparkasse KölnBonn Stadtsparkasse KölnBonn

UNiQUARE UNiQUARE Financial Solutions

Zwick / Roell Zwick GmbH & Co. KG

.: Netzwerk

Das FAW/n ist als Think Tank und Impulsgeber eng verbunden mit der Arbeit von Nichtregierungsorganisationen und anderen Einrichtungen. Wichtige Partner des FAW/n sind folgende Organisationen: